上海市人民政府
发展研究中心系列报告

迈入新时代
谋划新发展

未来上海发展思路研究

上海市人民政府发展研究中心◎编

格致出版社　上海人民出版社

前　言

　　过去五年，上海按照勇当全国改革开放排头兵，争做创新发展先行者的战略要求，着力推进经济社会平稳有序发展，取得了显著成效，经济总规模从 2 万亿元跨上 3 万亿元台阶，人均 GDP 上升到近 2 万美元，服务业比重提高到近 70%，经济结构和质量效益持续向好；中国(上海)自由贸易试验区、具有全球影响力的科技创新中心建设取得了重大突破，"四个中心"建设取得实质性进展，城市功能大幅提升；民生保障、社会治理、城市管理、生态文明建设等领域再上新台阶，取得明显成效。但同时，城市也面临着国际化能级不高、科技创新能力偏弱、城乡发展差距明显、民生保障短板犹存等一系列问题，亟待在未来发展中加以突破。

　　今后五年，是我国全面建成小康社会的决胜期和"两个一百年"奋斗目标的历史交汇期，也是上海基本建成"四个中心"和社会主义现代化国际大都市的冲刺期。中国特色社会主义进入新时代，上海经济社会发展迈入新阶段，肩负着在更高水平上全面建成小康社会，基本建成"四个中心"和社会主义现代化国际大都市的重大历史使命，并将开启建设卓越的全球城市的新征程。新时代、新阶段给上海城市发展提出了新任务和新要求。站在新的历史起点，面对持续深刻变化的内外环境和自身发展的瓶颈，上海必须深入践行习近平新时代中国特色社会主义思想，坚持五大发展理念，紧扣主要矛盾变化，以供给侧结构性改革为主线，全面谋划好未来发展的思路和工作重点，促进高速增长转向高质量增长，进一步当好新时代改革开放排头兵和创新发展先行者，满足人民群众对美好生活的需求。

　　为了深入研究新阶段上海经济社会发展面临的重大问题，以新发展理念推动上海城市发展再上新台阶，更好地发挥决策咨询作用，上海市人民政府发展研究中心集中开展了上海经济社会发展战略思路研究，包括八个专题，涉及内外环境、目标思路、经济转型、改革开放、城市建设、社会民生、生态环境、城乡发展等。为更好发挥本项研究成果的作用，我们将研究报告整理出版，供广大读者参阅，同时希望对有关方面的工作起到参考作用，需要特别声明的是，本书观点仅限于学术范围。不足之处，敬请指正。

王德忠

上海市人民政府发展研究中心主任

2018 年 3 月

目　录

第1章

上海经济社会发展面临的新形势和新问题

　　当前,上海城市发展进入了新的历史阶段,面临着更趋复杂的内外环境。世界经济在经过十年调整后,有望走出"后危机时代",但也面临着贸易保护主义、民粹主义等不确定性因素影响,增速难以回升至金融危机之前水平。中国经济增速稳的态势更加巩固,经济转向高质量发展的特征更趋明显。但同时,面临的国际诉求不断增多,人民日益增长的美好生活需求和不平衡不充分发展的矛盾依然严峻,转型任务依然艰巨。外部环境的复杂性也使得上海未来发展机遇与挑战并存,且两者之间相互交织。按照建设卓越的全球城市的目标愿景,上海已具备了一定的现实基础,但仍存在不少差距,同时在复杂多变的外部环境影响下,上海亟待突破系列瓶颈问题,着力提升城市创造力、吸引力和竞争力,在新起点、新阶段实现新作为。

1.1　全球经济有望走出"后危机时代"

　　近年来,全球经济增长逐步企稳,特别是在 2016 年以后,全球经济增长回升势头明显,并有望走出"后危机时代"。但与此同时,逆全球化和保护主义抬头,全球经济和国际贸易形成持续健康较快增长的格局还需要相当长时间。

1.1.1 主要经济体和国际贸易呈现恢复性增长，但难以回升至金融危机之前的水平

2008 年全球金融危机之后,世界各国加快了货币、财政、产业、贸易等政策调整步伐,致力于重构经济增长动力。经过近十年的调整与变革,全球经济迎来了走出"后危机时代"的曙光。国际货币基金组织分析显示,2017 年全球经济增速可达 3.6％,为 2010 年以来的最高增速。

一是全球经济首先出现 2008 年国际金融危机以来的大范围向好、主要经济体同步增长的局面。在 2008 全球金融危机爆发后的很长时间里,世界经济增长更多依赖中国和美国,然而近年来,在中美经济引擎保持稳定的同时,欧洲、日本、金砖国家和新兴经济体的经济增长均出现复苏态势。2017 年,有四分之三的经济体增速提高,全球经济增长格局更显均衡。从美国看,消费、生产、出口等指标全面回暖,经济增速逐季回升。2017 年,美国季度 GDP 同比增速分别为 2.0％、2.2％、2.3％和2.5％(不变价),全年经济增速达到 2.3％,创近年新高。居民消费持续稳定向好,出口延续增长态势,有力支撑了 GDP 增长。制造业呈现稳步增长态势,1—12 月制造业新增订单月均同比增长 3％以上,ISM 制造业采购经理人指数各月均值为 57.54,持续处于扩张区。在经济基本面向好的形势下,美国接近充分就业,12 月失业率降至 4.1％,创 2001 年 2 月以来新低。就业形势的持续改善对私人消费的快速增长形成有力支撑。同时,特朗普政府力推的一系列政策举措,有助于释放经济增长潜力,提升美国经济增长内在动力。

从欧洲看,尽管经济复苏势头缓慢,但经济增长基础不断夯实,复苏步伐更显坚定。2017 年欧元区 GDP 同比增长 2.5％,创下近 10 年以来的最高增速,这表明欧洲经济在缓慢摆脱银行业危机、创纪录的失业问题以及主权债务危机之后,已经站稳脚跟,并且增长势头好于预期。欧洲经济的企稳回暖主要受益于制造业和服务业的快速增长。12 月欧元区制造业采购经理人指数达到有统计以来的最高值,

服务业 PMI 和综合 PMI 达到 6 年多来的最高值,综合新订单指数达到 2007 年 7 月以来的最高值。与此同时,贸易稳步回升也推动了欧洲经济回升。欧元区主要国家和英国三季度贸易持续增长,其中德国进出口均实现两位数增长。在经济企稳回升的同时,失业率呈继续下降态势,12 月欧元区失业率为 8.7%,创 2009 年 3 月以来新低,这表明欧洲经济复苏步伐更显坚定。

从日本看,经济连续 8 个季度持续增长,创下 28 年来最长的连续增长纪录。个人消费、出口和资本支出的快速增长引领日本经济复苏。2017 年四季度,日本消费扭转颓势,环比增长 0.5%。出口增长 2.4%,持续 6 个季度增长,其中汽车、半导体类产品出口增加带动日本出口继续保持强劲。与此同时,企业业绩不断向好,2017 年三季度日本生产类企业销售额同比增加 1.0%,营业利润同比上涨 4.0%。可见,伴随宽松货币政策、财政刺激计划和结构性经济改革等一系列举措的实施,日本经济复苏的动能正在增强。

从新兴经济体看,经济增势尽管仍有分化,但总体处于筑底回暖阶段,经济运行“渐进升轨”。2017 年,受全球总需求改善,大宗商品价格上涨,新兴经济体经济增长呈现企稳回升态势。巴西、俄罗斯、南非等国呈现增长加速态势。巴西在 2017 年二季度实现了 2014 年以来的首次正增长,三季度 GDP 同比增长达 1.41%。俄罗斯 GDP 同比增速为 1.41%,出现恢复性增长。南非三季度 GDP 同比增速为 0.79%,逐渐摆脱了衰退。中国、印度等国仍保持 6% 以上的增速。

二是全球贸易和国际投资逐步回暖,且开始出现加速增长态势。在全球经济延续复苏、大宗商品价格持续走高,全球需求稳步回暖的背景下,全球贸易和投资呈现加速增长态势。从全球采购经理人指数看,无论是服务业还是制造业,第三季度全球经济继续维持较好的态势。2017 年,全球贸易和投资领域的数据释放令人振奋的增长势头。其中第三季度,全球贸易增速达到年率 5.1%,是 2011 年第一季度以来的最高增长率。对全球贸易增速恢复作出积极贡献的是中国,在中国“一带一路”倡议带动下,中国和欧洲的贸易联系范围扩大,智能手机相关零配件和制造业设备的国际贸易非常繁忙,成为贸易增速的主要贡献因素。与此同时,新兴市场经济体也对全球贸易增长起到了推动作用。由于经济表现改善,新兴经济体第三季度贸易总体比上年同期增长 6.5%。世界贸易组织对 2017 年全球贸易增长的预期数由此前的 2.4%大幅上调至 3.6%,远高于 2016 年的水平;IMF 预测 2017 年全球贸易增速回升至 4%左右,有望在 2012 年以后首次超过 GDP 增速。联合国贸发会议预计 2017 年全球外国直接投资将增长 5%,而 2016 年则为下降 2%。

总体而言,自 2007 年次贷危机爆发至今,全球金融危机已走过 10 年,世界主要经济体普遍复苏,这为全球经济复苏换挡提速奠定了基础。今后几年,全球经济增长与过去十年相比,增长格局将更加平衡,动能将更为强劲。IMF 预测的 2018 年全球经济增速,不仅高于 2008—2017 年危机期间年均的 3.33%,还高于 1980—2017 年历史平均的 3.48%。显示复苏换挡过程强劲有力,换挡前景值得期待。如果复苏换挡按基准情景有序推进,那么全球经济 2018—2022 年的预期增长均速为 3.73%,明显高于历史趋势水平和此前五年水平,增长中枢有望上升至全新挡位。但值得注意的是,全球经济增长将依然面临贸易保护主义、逆全球化思潮、地缘政治、新兴经济体债务高企等一系列不确定性因素的挑战,增长势头有限,无法回升至金融危机之前的增速平台。

1.1.2 科技创新和产业提升加速,为各国形成新动能创造新的机遇

全球新一轮科技革命和产业变革已进入加速演进期,数字化、智能化、个性化和绿色化已成为技术演进的主要方向。科技创新将成为推进全球产业发展和经济增长的新兴驱动力,将重构产业格局和生产方式,为世界各国发展创造一系列新的机遇,有助于各国形成发展新动能。

一是新技术将催生新需求,增强经济增长的需求拉动力。技术变革往往来自现实需要,但同时又会激发新的需求。作为全球研发投入最集中的领域,信息网络、生物科技、清洁能源、新材料与先进制造等正孕育一批具有重大产业变革前景的颠覆性技术。量子计算机与量子通信、干细胞与再生医学、合成生物和"人造叶

绿体"、纳米科技和量子点技术、石墨烯材料等,已展现出诱人的应用前景。如以脑科学、精准医疗为代表的生物医疗技术,将扩大人们在医疗、保健、养生等方面的需求。

二是新技术将拓宽产业发展空间,形成经济增长的新支柱。随着科技革命的演进,科技更加以人为本,绿色、健康、智能成为引领科技创新的重点方向,并在此过程中形成新的产业发展空间。如未来科技将更加重视生态环境保护与修复,致力于研发低能耗、高效能的绿色技术与产品。以分子模块设计育种、加速光合作用、智能技术等研发应用为重点,绿色农业将创造农业生物新品种,提高农产品产量和品质,保障粮食和食品安全。基因测序、干细胞与再生医学、分子靶向治疗、远程医疗等技术大规模应用,医学模式将进入个性化精准诊治和低成本普惠医疗的新阶段。人工智能技术的进步催生了机器人制造产业,新能源技术的发展催生了风能设备制造,量子通信技术的进步将催生新的通信产业等。

三是新技术将改进生产流程,形成新的生产组织模式。在新技术的催化下,先进制造正向结构功能一体化、材料器件一体化方向发展,极端制造技术向极大(如航母、极大规模集成电路等)和极小(如微纳芯片等)方向迅速推进。人机共融的智能制造模式、智能材料与 3D 打印结合形成的 4D 打印技术,将推动工业品由大批量集中式生产向定制化分布式生产转变,引领"数码世界物质化"和"物质世界智能化"。如信息技术的广泛使用将会使制造业实现智能化、柔性化生产,不仅能使制造业更好更快地适应市场需求的变化,与市场实现"无缝对接",大幅减少产成品所占用的生产资源,而且能优化工艺流程,高效地使用各种生产要素。

1.1.3　逆全球化和保护主义抬头,不可控、不确定性因素仍然较多

近年来,逆全球化思潮、贸易保护主义、民粹主义抬头,全球经济增长仍面临诸多不可控、不确定性因素的影响与冲击。今后几年,尽管全球主要经济体出现同步复苏势头,但全球经济复苏进程可能因这些不可控、不确定性因素而略显曲折,尤其是大区域分化或将更加明显。

一方面,全球主要国家将进入"缩表"进程,全球流动性出现拐点,将对不同经济体产生不同程度影响。随着美联储加息政策的实施,世界主要经济体央行货币政策将持续呈现宽中趋紧的特征,尽管在"缩表"步伐上存在不一致,但各主要央行之间的分歧将逐渐从货币政策取向不同转为方向相同。未来一段时间,缩表、加息将成为美联储货币政策的主旋律。欧央行宣布从 2018 年 1 月开始缩减 QE 规模,表明欧洲已将货币政策的转向提上议事日程。在当前国际资本流动规模空前巨大的情况下,全球金融周期性的扩张与收缩,将对国际货币、金融体系不同地位的国家产生不同程度的冲击,致使其经济发展将出现分化,特别是新兴经济体面临较大压力。尽管短期内市场对缩表已经有所预期,缩表举措对市场情绪的影响大于实质,再加上初期缩减的规模不大,对全球经济和世界主要经济体的影响有限。但从中长期看,缩表的直接结果是市场流动性紧缩,资本或将流出新兴经济体。自次贷危机后,美联储量化宽松政策导致大量美元流入新兴经济体,致使新兴经济体的汇率和资产价格上升以及信贷繁荣。而随着美国经济复苏,美联储货币政策逐步收紧,资本开始重新回流美国。近年来,新兴市场的资本流入量一直呈现下降趋势。尤其是 2017 年以来,FDI 和跨境资本流动都开始趋缓。如果现有趋势延续,2017年有可能是新兴市场自 2008 年以来净资本流入最少的年份。

另一方面,不同国家经济转型的进程有快有慢,债务负担有高有低,其发展动能也将不尽相同,存在分化。全球金融危机后,大部分发达国家经过大力整顿,财政收支已趋于改善。美国财政不仅赤字率大幅改善,债务/GDP 亦开始下降;欧元区经过艰难紧缩,财政压力也开始大幅缓解。相对于欧美等国财政大幅改善,新兴市场国家财政状况仍不容乐观,特别是债务风险不断显现,以印度、印度尼西亚等"脆弱五国"为甚。根据 IMF 2017 年 6 月的研究报告显示,当前超过 70% 的 EMDE政府债务情况都在恶化。平均来看,EMDE 政府债务/GDP 比率已经由 2007 年的12% 上升至 2016 年的 47%,财政赤字率也由 2007 年的盈余 1% 上升至 2016 年的赤字 5%。其中,新兴市场国家表现尤为突出。金融危机前,新兴经济体的债务率为国内生产总值的 15%—20%,而 2015 年后,这一比例升至 35%。此外,2016 年新兴经济体将共有 7 300 亿美元政府债券和公司债券到期,2017 年将有 8 900 亿美元债务到期,其中三分之一为美元债务。新兴经济体税收的很大一部分被用于支付条件并不优惠的债务利息支出。过高的负债水平和可能的去杠杆显然会阻碍经济增长,直接影响新兴市场国家的经济增长和复苏进程。

1.1.4　全球治理体系加速变革,可能出现治理供给"赤字"局面

近年来,全球治理站在了新的十字路口。经济低迷、分配不均和难民危机等问题,滋生了各国保护主义、民粹思潮与排外倾向,并通过选举与公投等形式改变了传统治理格局。未来,全球治理体系将进入加速变革期,发达国家与新兴国家可能会出现基于国家利益之争基础上的贸易规则之争。与此同时,未来全球可能出现全球性问题在上升而全球治理能力在下降的治理供给"赤字"的局面,全球治理体系将面临重大变革。

一方面,全球治理需求将大幅增加。全球利化益格局的变动导致全球治理需求大幅增加。全球化收益在国家内部分配不均衡,再加上金融危机的冲击,导致反全球化浪潮兴起,对全球治理形成新的挑战。同时,技术进步和科技革命也引发全球治理需求大幅增加。以信息技术为代表的新一轮技术革命在推动全球化深化的同时,也带来了诸如信息安全、数据的跨境流动等新问题,需要全球治理来回答。可见,全球面临的贫富分化、资源不足、恐怖主义等传统问题更趋严峻,同时又将面临网络问题、气候变化、非传统安全问题等新问题。新老问题相互交织,使得对全球治理的需求大幅增加。

另一方面,全球治理供给或将不足。全球化的不断深化必然会伴随着一系列全球性新问题,全球化的世界要求整体的和综合的解决方案,但各国宏观政策的协调与合作往往十分困难,且非一国之力或少数西方大国协调所能解决,这或将导致全球治理供给的不足。以往全球治理的主要供给者是美国和欧洲,但近年来,美国等发达国家对全球治理的供给热情快速降温。如美国新一届政府在"美国优先"战略的指引下,明显采取了"收缩国际战线"的战略策略,如退出 TPP 谈判、退出巴黎

协定、减少海外军费投入等,这将弱化美国在全球治理体系中的引领地位,也将使得全球治理的供给受到冲击。同时,国际格局发生深刻变化,以中国、俄罗斯、印度、巴西、南非等为代表的新兴经济体快速发展,对全球经济增长的贡献超过70%,但现行全球治理规则未能反映这种新变化,现有规则以维护西方国家利益为目的,没有充分考虑广大发展中国家和非西方国家利益,因而难以协调解决全球性的矛盾和问题。

在上述背景下,全球治理体系将面临重大变革,全球贸易规则和治理体系加速变革,全球贸易规则博弈将更趋激烈,大国关系将更加严峻,中等强国的作用更加突出,特别是新兴经济体国家未来可能会面临更复杂多变的国际经贸关系和新招频出的贸易投资壁垒。

1.1.5　中国的经济地位大幅提高,成为新型全球化的引领者和治理供给的重要提供者

在2008年全球金融危机之前,全球经济格局就已经悄然发生变化,新兴经济体、发展中国家对世界经济增长的贡献率不断提升,并超越了发达国家。同时,新兴经济体群体性的崛起,特别是新兴大国的崛起,使得新兴经济体之间相互带动作用不断提升,在世界舞台上扮演着越来越重要的角色,成为经济全球化的重要参与者,推动了国际体制机制的变革调整。2008年底的G20华盛顿峰会和2009年9月的G20匹兹堡会议,都清晰地预示着一个具有历史意义的事实:包含新兴经济体在内的20个国家已经正式取代了由发达国家组成的8国集团,成为今后影响世界经济发展的主要平台,并由此形成未来国际经济合作的新框架。近年来,尽管受外需疲软、经济结构矛盾突出等问题影响,不少新兴经济体、发展中国家基本面有所恶化,经济增速回落,但仍明显高于发达国家。全球经济增长重心由发达国家向新兴经济体、发展中国家转移的态势并未逆转。相应地,发达国家和发展中国家经济总量之比,已从20世纪80年代的约4倍变为目前的约2倍。

中国作为新兴经济体中重要一员,经过多年的快速发展,已成为全球第二大经

济体和第一大货物贸易国,对全球经济增长的贡献约占三分之一,成为拉动世界经济增长的重要引擎,发挥着世界经济增长压舱石和稳定器作用。今后几年,中国人均 GDP 增速将仍然高于同期世界经济和主要发达经济体,从而带来人均 GDP 差距的日益缩小。预计到 2024—2025 年前后,中国将成为第一大经济体。随着经济实力的持续增强,中国的国际地位将进一步提升,对全球经济发展的引领力将进一步增强,国际社会对中国在全球经济治理中发挥更大作用抱有越来越高的期待,中国有可能会成为全球治理的主要供给者。近年来,面对全球贸易格局的新变化新趋势,中国提出了"一带一路"倡议,"一带一路"正在形成除大西洋贸易轴心和太平洋贸易轴心之外,新的以亚欧为核心的全球第三大贸易轴心。与此同时,面对复杂的世界经济形势、层出不穷的全球性问题,中国还提出了打造"人类命运共同体"的理念,并于 2018 年写入宪法。"人类命运共同体"这种以应对人类共同挑战为目的的全球价值观逐步获得国际共识。

专栏 1.1　"一带一路":为消除全球治理赤字贡献中国智慧

随着时代的发展,国际力量对比正在发生前所未有的积极变化,新兴市场国家和发展中国家群体性崛起正在改变全球政治经济版图——尤其是作为世界和平与发展力量的中国的崛起,世界多极化、国际关系民主化、经济全球化大势难逆。中国作为世界上最大的发展中国家,有责任、有义务、有能力通过扩大开放,加强合作,不断提升自己在世界经济和全球治理中的分量,努力将中国经济实力转化为国际制度性权力,日益增加维护世界和平与发展的力量权重。尤其在国际范围内保护主义严重,逆全球化现象频出,国际经贸规则制定出现政治化、碎片化苗头的情况下,中国更要团结广大热爱和平、追求合作发展的友好国家,顺应历史潮流,将全球化事业推向纵深。习近平主席正是在这种国际政治经济大背景下,顺利历史发展潮流,回应世界人民关切,提出"一带一路"倡议,从而为消除全球治理赤字贡献了中国智慧。

"一带一路"是国家间的合作发展倡议,是一个共商、共建、共享的普惠共赢工程,不是中国的独奏,而是沿线国家的合唱。正因为如此,习近平在演讲中庄严承诺:中国愿同世界各国分享发展经验,但不会干涉他国内政,不会输出社会制度和发展模式,更不会强加于人;我们推进"一带一路"建设不会重复地缘博弈的老套路,而将开创合作共赢的新模式;不会形成破坏稳定的小集团,而将建设和谐共存的大家庭。中国带头宣布和信守这一承诺,沿线国家共同信守这一承诺,是"一带一路"建设参与国增强政治互信、加强友好合作、创造更加公平正义的国际政治经济秩序的前提条件。

总之,习近平继承和发扬和平合作、开放包容、互学互鉴、互利共赢的丝路精神,汲取"君子和而不同""各美其美,美人之美,美美与共,天下大同"等中国传统智慧,为政治、经济、文化、社会、自然等各个方面千差万别的沿线国家构建国家间的政治经济秩序、消除全球治理赤字贡献了中国智慧。随着"一带一路"由倡议转化为各参与国的现实行动,必然会构造出新型全球治理机制,从而为消除全球治理赤字开辟新的道路。

资料来源:转载自中国经济网,http://views.ce.cn/view/ent/201705/18/t20170518_22951140.shtml。

1.2 中国进入全面建成小康社会决胜期

当前,中国正处于决胜全面建成小康社会、迈向高收入国家行列的重要关口期,经济发展进入新时代,新旧动能加快转换,经济转向高质量发展的特征更趋明显,但同时,社会的主要矛盾发生转变,转型发展的任务依然艰巨。

1.2.1 中国经济发展步入新的历史方位,从高速增长转为高质量发展

近年来,中国经济进入新常态,经济增长动力稳步转换,增长基础不断夯实,经

济结构发生积极转变,经济增速稳的态势更加巩固,经济韧性进一步增强,经济质量效益进一步提升。

从经济增速看,中高速增长平台基本确立。中国经济在经历了金融危机以后长时间的调整后,经济周期演变逐步企稳,迈入"短周期波动＋长周期企稳＋超长周期崛起"的"三期叠加"新状态。目前,经济趋稳趋势在强化,且波动明显收窄,长周期增长底线日趋稳固。中国已连续十个季度 GDP 在 6.7%—6.9%的区间,逐步趋于稳定。2017 年,中国 GDP 增速小幅回升至 6.9%,分季度看,一季度同比增长6.9%,二季度增长6.9%,三季度增长 6.8%,四季度增长 6.8%。可见,经济增速已逐步调整至与中高速增长潜力相适应的水平,与就业、物价、效益等指标更趋匹配。未来几年,随着加快金融"去杠杆",有力促进金融资金"脱虚向实",经济运行的风险逐步释放,中国经济长周期增速将进一步企稳回升。2017 年,通过去杠杆、规范行为和严格金融监管等系列措施,中国宏观杠杆率增速明显放缓,同时金融部门杠杆率有所下降。2017 年,中国 M2 同比增长8.2%,比 2016 年末低 3.1 个百分点。社会融资规模存量为 174.64 万亿元,同比增长 12%,增速比上年末低 0.8 个百分点。其中,对实体经济发放的人民币贷款同比多增,全年金融机构对实体经济发放

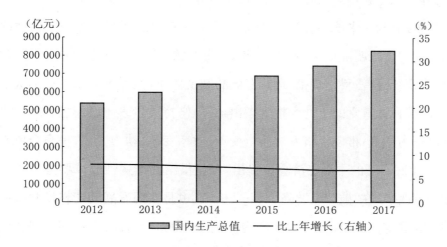

图 1.1　近年来中国国内生产总值及其增速

资料来源:国家统计局。

的人民币贷款增加 13.84 万亿元,比上年多增 1.41 万亿元,占同期社会融资规模增量的71.2％。在此背景下,产业部门产能利用率提升、资产负债表得到修复、新经济部门快速发展,市场预期和企业扩张产能的信心有所恢复,经济增长新动能和内生动力不断增强,将有力支撑中国经济长期增长。

从发展目标看,中国将步入新的历史方位,迈向新的发展起点。党的十九大报告在深刻认识世情国情党情和准确把握经济社会发展的基础上,明确提出了现代化建设的“两步走”安排:第一阶段,从 2020 年到 2035 年,在全面建成小康社会的基础上,再奋斗 15 年,基本实现社会主义现代化;第二阶段,从 2035 年到本世纪中叶,在基本实现现代化的基础上,再奋斗 15 年,把我国建成富强民主文明和谐美丽的社会主义现代化强国。这一新部署把基本实现现代化的目标由 2050 年提前到 2035 年,提前了整整 15 年。根据国务院发展研究中心课题组的测算,如果未来中国经济社会发展不出现大的波折,到 2030 年前后中国名义 GDP 将和美国持平或略超过美国,到 2050 年,中国名义 GDP 占全球 GDP 的份额将接近 30％。按照我国现代化进程总体部署,今后几年我国首先要走好“一小步”,即用三年的时间全面建成小康社会,完成一系列目标,包括“两个翻番”的目标。同时,要打好精准脱贫攻坚战,消除四千万贫困人口;要打好防范化解重大风险的攻坚战;要打好污染防治的攻坚战。

从改革进程看,中国将在取得决定性成果的基础上翻开供给侧结构性改革的新篇章。党的十八明确提出“到 2020 年,在重要领域和关键环节改革上取得决定性成果,形成系统完备、科学规范、运行有效的制度体系,使各方面制度更加成熟更加定型”的改革目标。党的十九大报告指出,必须坚持质量第一、效益优先,以供给侧结构性改革为主线,推动经济发展质量变革、效率变革、动力变革,提高全要素生产率。2017 年底召开的中央经济会议提出,深化供给侧结构性改革要围绕深化要素市场化配置改革,在“破”“立”“降”上下功夫,这也是实现发展动能转换和提高发展质量的内在要求。其中,“破”的核心内涵是大力破除无效供给,要把处置“僵尸企业”作为重要抓手,推动化解过剩产能;“立”的内涵是大力培育发展新动能,促进科技创新和成果转化,推动传统产业优化升级,推进军民融合深度发展;“降”是指降低实体经济成本,特别是降低制度性交易成本。今后几年,中国经济将立足于"经济新韧性"的坚实基础,向新的纵深挺进。国企混改、金融市场开放和区域协同联动将成为重中之重,将促进全要素生产率的持续提升和正向溢出。

1.2.2　经济发展新动能逐步形成,但转型任务依然艰巨

近些年来,在中央一系列宏观调控政策和结构性政策的支持下,中国经济保持了平稳加快增长,经济增长新旧动能加速转换。

一是消费取代投资成为主要增长动力。2017 年中国固定投资增长 7.2%,实际增速低于 GDP 增速,为 2001 年以来首次。同时,在人口和居民收入平稳增长等多因素带动下,中国消费品市场总体保持平稳较快增长。2017 年,社会消费品零售总额比上年增长 10.2%,继续保持两位数快速增长,全国社会消费品零售总额超过 5.4 万亿美元,规模第一次与美国大体相当。最终消费支出对经济增长的贡献率为 58.8%,超过资本形成 26.7 个百分点,消费基础性作用继续凸显。同时,消费品的稳定供应也带来了相关领域投资的增长。随着消费升级的逐步推进,电子商务、新零售、共享经济、文化娱乐等新型消费业态不断涌现,带动了与消费直接相关的通信、文化体育娱乐和教育等领域投资的快速增长。2017 年,计算机、通信和其他电子设备制造业投资增长 25.3%,加快 9.5 个百分点;文化、体育和娱乐业投资增长 12.9%,教育投资增长 20.2%,均明显快于全国固定资产投资增速的平均水平。

专栏 1.2　新消费对经济拉动有多大?

近年来,随着我国模仿型排浪式消费阶段基本结束,个性化、多样化消费渐成主流,以服务消费、信息消费、时尚消费等为代表的新消费快速发展,中央和地方都在积极采取措施释放消费潜力,以确保消费在推动经济发展中继续发挥基础作用。

消费、投资、出口是拉动经济增长的"三驾马车"。在过去很长一段时间里,中国经济增长主要依靠投资和出口拉动,消费对中国经济增长的贡献率较小。2008 年,

---

中国最终消费支出对 GDP 增长的贡献率仅为 45.7%,远低于大多数发达国家水平。不过,随着各级政府加快结构调整、推动产业升级,消费对经济增长的贡献不断提升。2017 年上半年,中国最终消费支出对经济增长的贡献率为 63.4%,稳居"三驾马车"之首。

在消费对 GDP 增长贡献率稳步提升的同时,消费结构升级的步伐也在进一步加快。近年来,随着中国居民消费从注重量的满足向追求质的提升、从有形物质商品向更多服务消费转变,通信器材、汽车、居住相关商品、文化用品等品质升级类商品销售旺盛,大众餐饮、文化娱乐、休闲旅游、教育培训、医疗卫生、健康养生等服务性消费成为新的消费热点。

国家统计局中国经济景气中心副主任潘建成分析说,当前我国经济总量已经跃居世界第二,处于从中等收入向高收入国家迈进的阶段。在这个进程中,人们已经逐渐从满足温饱和物质富足向满足精神需要转变,客观上会带来消费行为的根本性转变。而且,消费升级的过程往往有很强的集聚效应,人们对新兴消费的需求往往是爆发式的,使得新兴消费从萌芽到活跃的时间周期大幅缩短。

多位经济学家指出,从机理上看,新消费对经济增长的拉动作用与传统消费并无二致,不过新消费的快速成长将带动服务业的发展,并更好地对冲经济下行压力,保证经济平稳增长。

国家统计局局长宁吉喆撰文指出,"服务业大多不是资本密集型产业,受投资波动影响小;多根植于本地市场,受国际市场波动影响小;产品差异化程度高,受需求波动影响小;主要依靠消费拉动,而消费增长具有较强稳定性,因而服务业发展能够平滑经济波动,增强经济平稳性。由于服务业对经济周期性变化不敏感,因而具有熨平经济波动的重要作用"。

随着服务业比重持续提高,中国经济运行的波动性明显减小。数据显示,2011 年至 2015 年,GDP 增速标准差为 1 个百分点,而 2006 年至 2011 年,GDP 增速标准差为 2.1 个百分点。

资料来源:《新消费对经济拉动有多大?》,《经济日报》2017 年 8 月 22 日。

二是新业态、新模式为经济注入新动力。随着"大众创业、万众创新"的持续推进,全社会创新活力和创造潜能得到激发,新经济增长点不断涌现,新动能不断强化,为经济增长注入新动力。2017 年全国新登记企业 607.4 万户,比上年增长9.9%,日均新登记企业 1.66 万户。在此背景下,科技创新不断取得重大突破,一批具有标志性意义的重大科技成果涌现,载人航天、探月工程、量子通信、射电望远镜、载人深潜、超级计算机等领域均实现重大突破。据《2016 全球创新指数报告》显示,2016 年我国创新指数名列全球第 25 位,比 2012 年提高 9 位,在中等收入国家中排名首位,大幅领先其他金砖国家。在创新驱动发展的催化下,一些新业态、新模式不断涌现,成为经济增长的新亮点。近年来,我国新业态、新模式层出不穷,且快速成长,为经济持续健康发展注入新动力。2017 年,全国网上零售额同比增长32.2%,增速比上年加快 6.0 个百分点,工业战略性新兴产业增加值比上年增长11.0%,增速比规模以上工业快 4.4 个百分点;工业机器人产量比上年增长 68.1%,新能源汽车增长 51.1%。

三是企业经营从速度效益型转向质量效益型。经过 2016—2017 年的连续攻坚,"三去一降一补"、政府"放管服"等供给侧结构性改革成效正在显现,加速了市场调整出清进程,在经济增速相对放缓的背景下,企业盈利出现明显改善,经济增长的微观活力不断增强。从生产效率看,2017 年,我国工业产能利用率升至 77%,比 2016 年回升 3.7 个百分点,同期规模以上工业企业实现利润 75 187.1 亿元,比上年增长 21%,增速同比加快 12.5 个百分点,是 2012 年以来增速最高的一年。从企业利润分布看,2017 年前三季度,我国制造业上市公司净利润占所有上市公司净利润比重季均为 25.8%,较上年上升 3.53 个百分点,而金融保险业上市公司的净利润占比则相应下滑 3.07 个百分点。制造业、批发零售业上市公司的净利润同比增速分别高达 47.28% 和 46.41%,远高于金融保险业上市公司的 6.29%。金融体系让利实体经济的趋势不断强化。这些均表明,通过近几年一系列供给侧结构性改革举措的实施,我国实体经济生产效率和盈利能力得到大幅修复,经济结构也更趋优化,质量效益进一步提升。

但值得注意的是,尽管我国新旧动能转换取的一定成效,但转型任务远未完成且依然艰巨。如我国供需结构性失衡的情况仍然存在,新增长动力还不够强大,产品和服务质量短板仍然突出,我国劳动生产率亟待提高。据国家统计局报告显示,2015 年,我国单位劳动产出提高至 7 318 美元,比 1996 年增长了将近 4 倍,但仍与世界平均水平及发达国家的差距较大,单位劳动产出分别相当于世界平均水平和美国的 40% 和 7.4%。此外,受深层次体制因素等影响,金融风险压力仍不容忽视,房地产稳定发展局面还尚未形成,未来的发展将面临比以往任何时候都更为突出的资源环境约束等等,这些问题和挑战仍有待消除和克服。

1.2.3　人民群众对美好生活需要日益增长,解决不平衡不充分发展问题更加迫切

一是人民群众诉求提高、多元,对实现经济社会全面协调发展提出新的要求。中国即将跨越全面建成小康社会,并开启第二个百年目标的新征程,进入从富起来向强起来的发展新阶段。同时也应该看到,尽管中国经济社会发展将在未来几年实现从量变向质变的跨越,但一些发展不平衡不充分问题成为制约中国经济社会跨越发展的主要因素。如供需结构性失衡矛盾依然突出,高品质产品和服务供给不足;技术、资本、人才向新兴产业领域集聚不够;房地产结构性问题仍较突出,一线和部分二线热点城市住房价格上涨压力仍未根本缓解等等。同时,随着生活水平的提高,人民美好生活需要日益广泛,不仅对物质文化生活提出了更高要求,而且对公平、安全、环境等方面的要求日益增长。为此,需进一步深化改革和制度完善,着力解决收入分配、风险防范、精准脱贫、污染治理等重大任务,进一步提升民生保障水平,进一步提升人民生活水平,在稳步推进经济发展的同时,创造更加公平公正的经济社会发展环境,为实现全体人民的共同富裕奠定基础。

二是空间布局新战略助推区域转型,区域协调发展将逐步呈现新格局。其一,中国近些年来大力推动"一带一路"建设、京津冀协同发展、长江经济带发展,并由此形成"四大板块(东、中、西、东北)"的区域发展战略体系,将有助于缩小区域间的

发展差距。其二,特殊功能区域战略在中国区域经济发展中扮演着十分重要的角色,逐渐成为促进区域经济转型、助推中国经济发展的新引擎。近年来,中国加快实施了以"国家级新区"布局为支撑的空间布局新战略,相继批准设立前海深港现代服务业合作区、青岛西海岸新区、陕西西咸新区等一批重要的国家级新区。1992—2012 年的 20 年间,国家总共设立了 6 个"国家级新区",而 2013 年以来设立数目明显增多,目前总数已经达到 19 个。这些新区分布在东西部不同发展水平的区域,旨在通过集中政策资源和项目资金的投入,加快培育壮大一批区域经济增长极,发挥对周边区域的辐射带动和引领示范作用。如"雄安新区"承担着疏解非首都核心功能的重任等。其三,2017 年,乡村振兴战略被正式提出,开启了城乡联动发展、协调发展新阶段。按照党的十九大提出的决胜全面建成小康社会、分两个阶段实现第二个百年奋斗目标的战略安排,实施乡村振兴战略的目标任务是,到 2020 年,乡村振兴取得重要进展,制度框架和政策体系基本形成,城乡融合发展将迈入新时代。

　　总体来看,中国经济转型发展已经开启了新征程,将逐步转向新阶段、新起点,经济增长动能将进一步增强,经济质量效益将进一步提升,中国国际地位和影响力也将因经济持续健康发展而进一步提升。但同时,我国社会主要矛盾转化也给经济转型发展提出了更高要求,经济转型发展也面临着调结构、转方式过程中阵痛等影响。

1.3　上海开启迈向卓越的全球城市新征程

　　上海城市发展步入了新的历史方位,将基本建成"四个中心"和社会主义现代化国际大都市,并开启迈向卓越的全球城市新征程,城市需在新起点、新阶段实现新作为。

1.3.1　上海经济社会发展取得了重大成就,城市发展开创新局面

　　近些年来,上海坚决贯彻落实创新、协调、绿色、开放、包容五大发展理念,坚持

发展第一要务,争当改革开放排头兵、创新发展先行者,创新驱动发展、经济转型升级取得明显成效。

一是深化国际经济、金融、贸易、航运中心建设,城市服务功能大幅提升。过去几年,国际经济、金融、贸易、航运中心建设取得重大进展。

金融服务功能持续提升。股票、期货、外汇、黄金等金融市场交易量位居世界前列。全球性人民币产品创新、交易、定价和清算中心初步形成,金砖国家新开发银行、人民币跨境支付系统、全球清算对手方协会等功能性机构相继落户。保险交易所、票据交易所、中国信托登记公司等全国性金融要素市场设立运营。"沪港通""债券通"等创新业务顺利开展,金融市场交易额增加1.7倍,各类金融机构新增310家。强化金融风险的预警、防范和监管,逐步建立适应更加开放环境和有效防范风险的金融创新制度。

贸易服务功能进一步拓展。口岸贸易总额占全球的3.2%,跃居世界城市首位。中国国际进口博览会落户上海。新型贸易加快发展,服务贸易进出口总额占对外贸易的比重达到30%,文化贸易、技术贸易、跨境电子商务等新型贸易加快发展。跨境电子商务综合试验区加快建设,现代内贸流通体系试点积极推进。

航运服务功能进一步完善。现代航运集疏运体系和航运服务体系持续优化,航运金融、邮轮经济等高端航运服务业加快发展,加快航运基础设施的扩容和增能,国际海事亚洲技术合作中心、中国船东互保协会等一批重要航运机构落户。集装箱吞吐量连续8年位居世界第一,上海成为全国第一个、全球第五个航空旅客年吞吐量突破1亿人次的城市。

二是经济保持平稳增长,经济稳中向好的基础进一步夯实。近些年来,上海着力深化经济结构调整,持续推进经济转型提质,经济稳步伐更加稳健。

经济增长持续好于预期,且从低于全国平均水平逐渐回归到全国平均水平。2008年全球金融危机爆发后,上海GDP增速首次跌入个位数。2009年GDP增幅为8.2%,跌至全国平均水平以下;2011年GDP增速更是全国垫底。近五年来,上海紧紧围绕自贸试验区和具有全球影响力的科创中心建设两大国家战略,持续推进供给侧结构性改革,深化创新驱动发展、经济转型升级,经济发展实现了"稳中向好、稳中有进、进中提质",且经济增长后劲逐渐释放,增速回归到全国平均水平。2017 年,上海地区生产总值突破 3 万亿元,按可比价格计算,同比增长 6.9%,与全国平均增速持平。

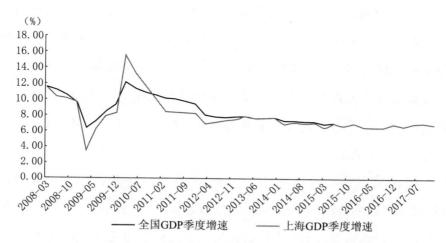

图 1.2　2008 年金融危机以来上海和全国 GDP 季度增速比较

资料来源:Wind 资讯。

　　产业结构进一步优化。服务业已成为上海经济增长的重要动力源。2017 年,第三产业增速达到 7.5%,第三产业增加值占全市生产总值的比重达到 69%,第三产业完成固定资产投资占全市固定资产投资总额的 85.7%。与此同时,产业内部转型升级步伐加快。一方面,服务业高端化态势明显,生产性服务业等高端服务业快速发展。2017 年,信息传输、软件和信息技术服务业增加值同比增长 18.9%,较服务业平均增速高出 11.4 个百分点;金融服务业增加值同比增长 11.8%,较服务业平均增速高出 4.3 个百分点。另一方面,制造业高新化步伐加快,战略性新兴产业发展实现高端突破。2017 年,全市战略性新兴产业制造业总产值同比增长 5.7%,增速同比提高 4.2 个百分点。C919 大型客机、AP10000 核电设备等一批重大装备取得突破,一批引领性强、成长性好、带动性大的一批先进制造业项目加快建设。

　　经济发展效益有所改善。财政收入稳步增长且收入结构进一步优化。2017

年,上海一般公共预算收入6642.3亿元,同比增长9.1％,增速较全国高出1.7个百分点,继续保持较快增长势头。其中,工业、商业财政收入贡献全市财政收入增量的逾九成。与此同时,税费结构更趋合理,非税占比全国最低。第三产业税收保持较快增长,对税收收入增长的平均贡献率近八成,第三产业税收占比年均提高1—2个百分点,2017年超过70％。企业经营效益明显改善。2017年,全市规模以上工业企业实现利润总额同比增长10.5％,增速同比提高2.4个百分点。就业保持稳定,新增就业岗位数连续超过年度预期目标。过去五年,上海每年新增就业岗位60万个,帮助成功创业1万人以上,城镇登记失业率控制在4.4％以内,高校毕业生就业率连续保持在96％左右,35岁登记失业青年人数从2013年1月的6.7万人下降到2017年底的4.6万人。

节能、降耗、减排等集约化发展水平进一步提高。近些年来,上海工业区基本完成直排污染源截污纳管、全面取消工业分散燃煤、完成中小燃煤锅炉清洁能源替代等治理工作,资源能源利用效率持续提高。节约标准能耗合计超过300万吨,规模以上工业单位增加值能耗累计下降22.83％,工业固废综合利用率保持97％,工业用水充分利用率达到83.4％。

三是全球科创中心建设步伐加快,科技创新引领力显著增强。过去五年,上海聚焦全球科创中心建设的"四梁八柱",持续加大全球科创中心建设推进力度。

加快推进科学基础设施建设。加快建设张江综合性国家科学中心,着力打造和集聚各类创新单元、研究机构和研发平台。截至2016年底,上海共计拥有252家独立科研机构和44家国家重点实验室、21家国家工程技术研究中心、34家国家级检测中心和117家市级重点实验室、247家市级工程技术研究中心、152家专业技术服务平台,在沪外资研发中心达416家。与此同时,一批重大科学基础设施加快建设,超强超短激光用户装置、软X射线自由电子激光用户装置、活细胞结构和功能成像平台、上海光源二期等4个大科学设施已于2016年启动建设,总体进展顺利。

积极推进科技创新的改革试验。近些年来,上海围绕全球科创中心建设的国家战略,陆续发布了《关于加快建设具有全球影响力的科技创新中心的意见》(市委

"22 条")、9 个配套文件和一系列实施细则,形成了支撑科创中心建设的政策体系。在此基础上,研究制定了《上海张江综合性国家科学中心建设方案》和《上海系统推进全面创新改革试验加快建设具有全球影响力的科技创新中心方案》两个重要方案。随着这些政策文件的出台,上海全面贯彻落实了国家授权上海试点的所有改革措施,积极推进全面的科技创新改革试验,并结合自身特点,努力探索一批符合国际通行规则的创新举措。

城市创新热情不断激发,创新能力明显提升。上海市民的整体创业活动率从 2013 年的 9.3% 提高到 2016 年的 11.9%。大众创业、万众创新蓬勃发展,各类众创空间超过 500 家,是五年前的 5 倍,90% 以上由社会力量兴办。在此背景下,城市创新能力明显提升,创新影响力显著增强。2016 年,全市发明专利申请量、授权量分别为 5.4 万件和 2 万件,PCT 国际专利受理量 1 560 件,相比 2013 年分别年均增长 11.5%、23.6% 和 20%。2013—2016 年,上海在《科学》《自然》《细胞》等顶级学术期刊上发表论文 157 篇,占全国总数 1/4。上海重大科技成果获得国家科学技术奖数量占总授奖量的比重连续 15 年超过两位数。2016 年,上海有 52 项重大科技成果获得国家科学技术奖,超过 1/3 的国家特等、一等奖项花落上海。

产业创新发展步伐加快,创新型企业持续涌现。随着创新驱动发展、经济转型升级的持续推进,上海产业创新发展步伐较快。2017 年,上海高技术制造业完成工业总产值 7 174.7 亿元,同比增长 8.7%,增幅高出全市面上工业 1.9 个百分点。战略性新兴产业制造业总产值同比增长 5.7%,增速较上年明显加快。同时,截至 2016 年底,知识密集型产业从业人员占全市从业人员比重达到 26.9%。

四是自贸试验区建设稳步推进,示范引领作用更加凸显。自贸试验区建设已达到三年预期目标,营商环境更趋法治化、国际化、便利化的。三年来,自贸试验区新注册企业约 4 万家,超过挂牌前 20 年总和,100 多项制度创新成果在全国复制推广。

不断完善负面清单管理模式,进一步放宽投资准入。自贸试验区率先制定和实施了外商投资负面清单,并且每年对负面清单进行修订完善,外商准入政策透明度和可预期性大幅提升。对负面清单以外领域,实施内外资一致的市场准入,取消外商投资项目和外商投资企业设立及变更审批,开放领域覆盖世界贸易组织划分的 12 个服务部门中的 11 个,覆盖率达 91.7%,超过 90% 的外商投资企业通过备案方式设立,市场开放度和投资便利度大幅提升。

深化实施贸易便利化监管模式。率先探索实施国际贸易"单一窗口"改革,整合口岸管理资源,"单一窗口"覆盖范围从海关、检验检疫等部门逐步扩展到涵盖中央和地方的 22 个部门和单位,企业申报数据项在船舶申报环节缩减 65%,在货物申报环节缩减 24%,累计为企业节省成本超过 20 亿。国际贸易"单一窗口"已作为自贸试验区最佳改革实践案例在全国复制推广。

深化落实"金改 40 条",进一步拓展自由贸易账户功能,强化金融开放创新。建立了"一线审慎监管、二线有限渗透"的资金跨境流动管理制度,进一步拓展自由贸易账户功能,并对跨境资金流动进行逐企业、逐笔、全口径的实时监测。目前,自贸试验区累计开立 6.9 万个自由贸易账户,业务涉及 110 多个国家和地区、2.7 万家境内外企业。与此同时,自贸试验区以自由贸易账户为基础,积极探索推进了资本项目可兑换、利率全面市场化、金融市场开放、人民币国际化等核心领域金融改革的制度安排和操作路径。

五是供给侧结构性改革重点突破,实体经济能级加速提升。近些年来,上海按照全国供给侧结构性改革的总体要求,深入实施供给侧结构性改革,并取得显著进展,实体经济能级以及城市功能加速提升。

深入推进"三去一降一补",实体经济发展质量效益明显提升。在积极落实"中国制造 2025",制定巩固提升实体经济能级"50 条"的同时,上海深入推进以"三去一降一补"为主要抓手的供给侧结构性改革,取得显著成效。第一,在全面推行"营改增"试点的基础上,加大政策力度,扩大减税效应。2016 年,综合减负 500 亿元左右。第二,进一步取消或停征行政事业性收费,清理涉企收费项目。从 2017 年 4 月开始,取消或停征 16 项国家设立行政事业性收费,清理取消 5 项地方设立涉企收费项目。同时,降低社保缴费,在 2016 年降低社保费率 2.5 个百分点的基础上,2017

年又将职工医疗保险、失业保险的单位缴费费率各降低 0.5 个百分点。第三，积极降低企业能源、用电成本。通过下调天然气价格、推进输配电价改革，进一步降低企业经营成本。同时，积极降低企业制度性交易成本。2016 年，取消调整审批事项 384 项、评估评审 142 项，基本完成审批相关的中介服务机构与政府部门脱钩。

着力深化国资国企改革，国有企业活力进一步释放。近些年来，上海按照"创新发展一批、重组整合一批、清理退出一批"的思路，深化国资国企改革，优化国有资本布局结构，提高资源配置效率，释放国有企业发展活力。2016 年，启动实施 87 家企业重组整合，积极稳妥清理 134 家缺乏竞争优势，但长期占据资源、甚至亏损的企业，清理退出涉及资产近 60 亿元。伴随国资国企改革的深化，国资国企的活力和质量效益明显改善。2016 年，上海地方国有企业实现营业收入 3.1 万亿元，利润总额 3 058 亿元，位列全国省市之首。其中，实体经济企业营业收入同比增长 8.7%、利润总额同比增长 12.2%，实现"好于预期、高于全国"目标。

六是社会事业改革发展的步伐不断加快，人民群众的获得感明显提高。近五年来，上海积极稳妥地推进教育综合改革，进一步拓展义务教育学区化、集团化办学的覆盖面。截至 2016 年底，全市建有学区和集团 132 个，覆盖学校 721 所，占全市义务教育学校总数的 48.6%。完善学前教育教养体系。截至 2016 年底，幼儿园总数达到 1 510 所，基本实现对常住 3—6 岁幼儿学前教育和看护服务全覆盖。统筹推进了"双一流"大学建设，在系统总结上海科技大学高水平大学建设经验的基础上，启动高水平地方高校建设工作，出台了《上海市深化高校改革建设高水平地方高校试点方案》，进一步扩大高校办学自主权。

综合医改试点、公立医院改革等取得明显进展，医疗服务和保障能力进一步提升。近些年来，上海全面实施社区卫生服务综合改革，积极探索和完善分级诊疗政策，基本完成"5＋3＋1"郊区三级医院建设工程，实现每个郊区至少有 1 家三级综合医院，推进区域性医疗联合体建设，城市公共卫生"安全网"进一步巩固，基本公共卫生服务均等化基本实现。2016 年，每千人口医疗卫生机构床位数增加到 5.11 张，执业（助理）医师数增加到 2.22 人，注册护士数增加到 2.37 人。以全科医生为重点的基层医疗卫生人才队伍建设加快推进,2016年,每万人口全科医生数达到2.38人。

进一步加大文体改革发展力度,重大文化设施加快建成,文化设施网络进一步健全。目前,上海共有博物馆125家,美术馆77家,公共图书馆240家,市区级文化馆(群艺馆)24家。截至2016年底,已基本形成涵盖市、区、街道、村居的四级公共文化设施网络,"十五分钟公共服务文化圈"不断完善。基层文化服务载体功能逐步完善,目前全市社区文化活动中心216个,东方社区信息苑运营320个,居(村)综合文化活动室5245个,可容纳200—1500人的文体广场数百个。积极研究影视、演艺、艺术品、数字文化等重点产业政策,重点文化产业呈现出整体实力不断增强局面。

七是民生保障和改善的力度进一步增强,社会保障体系更趋完善。近五年来,上海进一步完善了养老服务体系,养老服务保障水平不断提升。上海连续多年将养老床位建设、社区居家养老服务、建设老年人日间服务中心、助餐服务点等列入市政府实事项目,不断完善养老设施布局。从2014年下半年起,通过改造利用社区现有公共设施或闲置物业资源,建设"长者照护之家",为老人提供就近、便利、综合的养老服务,实现了居家、社区、机构养老的融合。同时,提升老年人养老照护支付能力。从2004年起,建立了社区居家养老服务补贴制度,为生活自理困难且经济困难的老年人提供服务补贴。2013年起,上海启动高龄老人医疗护理计划试点,试行居家医疗护理费用医保支付政策。城乡一体化的居民养老保险、居民医疗保险制度稳步推进。各类社会保险待遇水平持续稳步提高,五年间企业养老金从2341元增长到3792元,增幅61.98%,水平位居全国前列。城乡居民养老金从688元增长到1054元,增幅53.2%,其中基础养老金水平居全国之首。

完善了职业培训、职业见习、就业援助等机制,鼓励创业带动就业。开展了两轮创业型城区创建工作,不断完善创业支持政策,初步形成了针对不同创业群体、覆盖创业全过程的政策措施扶持体系。加大创业培训力度,创业课程全面进入各类高校。整合和聚集各类创业服务资源,开创创业服务新格局。建立了中小微企业培训公共服务平台。开展了企业新型学徒制培训试点。实施两轮农民工技能提升专项行动计划。开展了校企合作培养,试点了"双证融通"。

进一步完善"四位一体"住房保障体系。廉租房政策受益面不断扩大。截至2017 年底,全市供新增廉租租金配租家庭约 2.5 万户,历年累计受益家庭达到 11.7万户。共有产权保障住房申请供应持续增加,2013—2017 年,全市开展了三批次共有产权保障住房申请供应工作,截至 2017 年 6 月底,共有产权保障住房已累计完成签约购房 9.2 万户。实施公共租赁住房制度,截至 2017 年 6 月底,全市累计筹措各类公租房 15 万套,累计新增供应各类公共租赁住房房源约 11 万套,完成配租约 9.5万套,入住 20.6 万户(人)。着力实施城市有机更新,开展旧住房修缮改造。过去五年,实施各类旧住房修缮改造工程 8 000 余万平方米。

八是城市管理更加科学精细,城市短板得到有效弥补。上海近年来一直围绕让城市更有序、更安全、更干净的目标,以网格化管理为抓手,以高标准为引领,不断完善城市综合管理体系,不断提升城市综合管理效能。

城市交通综合管理水平显著提高,交通法制、体制、机制不断完善。如通过实施非经营性客车额度拍卖政策,小客车保有量过快增长势头得到有效控制,全市注册小客车保有量 284 万辆。交通环境污染治理不断加强。率先实施机动车更高排放标准,持续淘汰高污染车辆。交通安全管理水平不断提高,全年道路交通事故万车死亡率下降至 2.11 人。不断完善收费高速公路免收小型客车通行费等一系列管理措施,保障高速公路网平稳运行。

城市综合管理信息平台进一步向基层拓展,依托平台推进供水、燃气、邮政等公共服务进社区,通过建立城市网格化综合管理数据库等方式实现对市级平台的优化升级。目前,全市 213 个街镇基本完成了平台建设,村居工作站覆盖率超过 50%。

着力完善安全风险管理和隐患排查治理体系,全面开展了重点区域、重要场所、重大危险源安全风险隐患梳理和评估。2013 年以来,共消除 10 余项市级重大事故隐患。同时,创新全流程管理,提升危险化学品行业安全管控能力,探索实施

"中心城区正面清单把关、工业园区封闭式管理、仓储环节动态定置管理、使用环节登记报备全过程管控"的管理创新。

生态环境综合整治成效显著,涉及 50 个市级重点地块、665 个区级地块和一批街镇地块,消除违法用地 2.1 万亩,整治污染源 3 286 处,关闭无证及淘汰企业 9 668 家,带动全市拆除违章建筑 1.5 亿平方米,区域环境实现根本性改善。重点持续推进河道综合整治,特别 2016 年以来,全面实施城乡中小河道整治,截至 2017 年 8 月,已完成建成区黑臭河道整治 38 条、中小河道整治 1 377 公里,即将基本消除全市河道黑臭现象。

1.3.2 上海经济发展需进一步破解的新的主要瓶颈

当前,上海城市发展正步入新阶段,面对外部环境的变化,按照国家战略使命的要求以及建设卓越的全球城市的定位目标,上海经济发展仍存在着较大的差距,同时也面临着一些自身发展中的不平衡不充分的问题,这些差距与问题都需上海在未来发展中予以突破。

一是国际化水平和城市能级还不适应建设全球城市的需要,亟待进一步提升城市竞争力和吸引力。上海开放程度尚未达到顶级全球城市能级。上海拥有世界 500 强企业总部数量明显少于东京、纽约等地。《财富》世界 500 强排行榜显示,2014 年上海仅有 8 家 500 强跨国公司全球总部,而东京有 43 家,纽约有 18 家,伦敦有 17 家。根据上海的总部经济认定标准,截至 2015 年底,累计落户上海的跨国公司地区总部为 518 家,与亚太地区的香港和新加坡相比也存在不小的差距。上海的跨国公司总部资源聚集度相对较弱,这是导致上海网络联系能级比伦敦、纽约等城市低的重要原因。

与此同时,生产性服务业的全球网络能级也存在差距,远未达到世界级。GaWC(英国拉夫堡大学全球化与世界级城市研究小组与网络)利用 2014 年的数据,通过"嵌套网络模型"分析发现,伦敦和纽约具有最高的网络联系能级,处于全球城市生产性服务能力的顶层,主导着全球的生产性服务业,对全球其他城市起着节点控制的作用;而上海处于第二层级。上海的法律服务业只相当于伦敦的 46%、

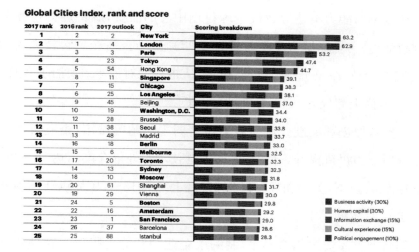

图 1.3　全球城市综合实力排名(前 25 位)

资料来源:科尔尼管理咨询公司《2017 全球城市实力排行》。

纽约的 57.9%,咨询业只相当于伦敦的 74.4%、纽约的 85.9%,信息技术服务业只相当于伦敦的 61%、纽约的 61.1%。上海港的国际中转比例仅为 6.9%;虹桥和浦东机场仍未进入亚洲主要的航空枢纽序列。银行、会计、广告等其他先进生产性服务业也存在较为明显的差距。

国际化人力资源相对缺乏。据管理咨询公司科尔尼发布的 2017 年全球城市排行榜显示,上海在人力资本指数的排名与纽约、伦敦和东京仍存在较大差距。近年,留沪的外籍人数不到总人口的 1%,而纽约、伦敦的国外移民比重接近 1/3。此外,上海人力资源结构也与国际化、高端化的要求存在较大差距。上海每 10 万人口中科学家和工程师的人数是 800 多人,大约是日本的 1/6、韩国的 1/3。

表 1.1　上海与主要国际大都市外籍常住人口比较

	上海(2013 年)	纽约(2011 年)	新加坡(2011 年)	香港(2011 年)
常住人口(万人)	2 415.15	825	507.67	707.1
外籍常住人口(万人)	17.64	306.7	184.6	58.2
外籍常住人口占比	0.73%	37.2%	36.36%	8.23%

资料来源:《上海统计年鉴》、《纽约人口统计》、新加坡统计局、中国香港政府一站通。

二是科技创新能力不适应建设全球科创中心的需要，亟待进一步提升城市创造力和创新活力。《全球城市竞争力报告 2017》显示，上海全球科技创新指数排名 20 位，而纽约、伦敦、东京分别位列前三位。从指数绝对值来看，纽约、伦敦、东京均处于 0.9 以上，而上海仅有 0.65，存在明显差距。

上海的产业原创和突破式创新能力显著弱于纽约等城市，企业自主创新积极性和自主创新能力仍待提升。目前，上海关键技术对外依存度高达 50％以上，而发达国家都在 30％以下，美国和日本仅为 5％。上海 2013 年万人 PCT 专利申请量仅为美国的 1/6、日本的 1/10。

高端创新型人才资源相对不足，制约了企业创新能力提升。管理咨询公司科尔尼发布 2017 年全球城市排行榜显示，每千名居民中高科技从业人数上海为 5.5 人，明显低于东京（52.7 人）、巴黎（35.6 人）、伦敦（29.7 人）、纽约（19 人）和新加坡（14.8 人）。此外，常住人口的整体受教育水平不高，特别是外来人口受教育程度普遍较低；人才的多样性不足，供需匹配性问题突出，尤其是高学历基础研发和复合型技能人才缺口较大。

本土高技术企业数量远远不足，众多外资研发总部尚未产生明显的溢出效益。从上海高技术产业来看，外资企业占据了一半。2016 年，上海高技术产业（制造业）总产值中，外商投资企业的产值占比达到 84.1％。此外，在高技术产品出口方面，外资企业也占据了较大份额。与此同时，外资研发机构数量也不断增加，截至 2017 年底，上海外资研发中心累计达到 426 家，占内地总数的 1/4，居全国之首，其中 40 家为全球研发中心，17 家为亚太区研发中心，但是众多外资研发机构的溢出效应尚未充分发挥，对上海的创新带动作用相对较弱。

三是经济发展质量水平还需提升，亟待进一步提高产业技术能力和产出效率。从产业发展看，近年上海着力推进产业结构升级和产业高端化发展取得明显进展，但产业发展升级的步伐仍相对缓慢。一方面，制造业整体仍处于全球价值链中低端，高新技术产业增加值率与利税率仍未达到全球价值链的平均水平，新产业成长较慢。战略性新兴产业增加值占上海市生产总值的比重仅 16.4％，缺乏独角兽企业,引领作用不突出,支撑作用仍有待提升。另一方面,服务业功能尚未充分释放,尽管服务业规模、比重、投资等主要指标均出现了较快增长的良好态势,但受制于税制、机制等环境制约,上海的科技服务、法律、会计、信息咨询、融资租赁等高端服务业发展优势有所弱化,缺乏有凝聚力的龙头企业,高端服务业的吸引力、辐射力仍待进一步强化。可见,面对全球生产力布局加速调整,国内产业竞争加剧,上海要实现高质量的发展,产业结构升级仍面临较大压力。

从产出效益看,城市生产率水平仍相对较低,再加上产业成本不断上升,城市的产出效益也面临较大压力。一方面,上海在加快创新转型的过程中,城市的全要素生产率有所提升,但提升空间有限。据统计,全市地均产出平均水平仍较低,单位土地收益仅为纽约的 1/12,城市核心区功能集聚度和就业密度明显低于纽约、伦敦等一线城市。另一方面,随着劳动力、土地、住宅等成本的上升,使得城市运营成本不断攀升,同时由于城市功能碎片化问题较突出,城市功能板块分割,服务生态的不完善也使得制度性成本处于高位。较高的城市运营成本在一定了程度上制约了城市发展效益的释放。可见,上海要实现高质量发展,城市的产出效率仍有较大的提升空间。

四是上海城市建设和管理仍存在短板,生态环境和宜居性有待提升,要求全面加强城市精细化管理水平。城乡基础设施的差距仍然存在,上海郊区农村特别是远郊地区农村,基础设施仍较为薄弱。随着城市人口的不断增加,城市的资源环境、宜居度面临着新挑战和新压力。2016 年全球宜居城市排名中,上海仅列 101位。比如生态环境方面,生态用地比重偏低,绿色空间相对匮乏。截至 2015 年底,上海人均公园绿地面积仅有 7.6 平方米/人,尚未达到全国大城市的平均水平。在城市基础设施建设方面,道(公)路系统功能和结构不尽合理,路网局部连通性不强,交通需求管理政策突破力度不足,道路拥堵形势依然严峻,综合交通节能减排技术和水平不高,资源环境承载力面临巨大压力,综合管理水平有待提升,信息化、市场化、科技化等手段的应用还不充分。在城市智慧管理方面,尽管各行业部门大多已形成较完善的信息化管理系统,但业务的横向打通在机制上缺乏支撑,一定程度影响了城市管理的精细高效,还需进一步明确信息化助力下的部门业务协同机制。在教育方面,随着城市人口特别是学龄人口和老年人口的增长变化,教育公共服务供给相对不足;教育公平广受关注,城乡之间、校际的差距仍然存在,均衡发展有待进一步深化;教育质量保障体系不够健全,创新型、应用型人才培养模式不够完善等。在卫生健康保障方面,仍然面临多重疾病威胁并存、多种健康影响因素交织的复杂局面,健康服务需求与供给之间的矛盾依然比较突出,健康服务业尤其是高端医疗服务业发展相对滞后,健康领域之间、健康领域与经济社会发展之间的协调性仍需加强等。

五是文化发展滞后于经济发展,文化软实力尚不适应国际文化大都市发展的需要。一方面,上海缺乏具有世界级影响力的原创文化项目。作为文化旅游城市,上海至今没有一项世界文化遗产项目,同时海派文化缺少类似京剧脸谱这样为世人所熟悉的载体和符号。从文化设施总量看,相比于纽约等城市,上海文化设施总量显著不足且运营成本较高。此外,上海缺乏富有个性的城市品牌宣传和具有国际影响力的公众媒体,在上海举办的全球性高层峰会、国际体育赛事等标志性国际活动数量,还难以支撑上海作为全球城市的品牌形象。另一方面,上海文化创意产业的人才集中度。2013年,上海文化创意产业占全社会从业人员的比例为11.58%,低于纽约、伦敦等城市水平。此外,上海市民在展现良好公共文化素养方面尚有不足,普通市民的外语使用水平,对通用规则的熟悉和遵守程度难与欧美国家城市相比。上海企业经营管理人才和专业技术人才等各支人才队伍中,英语口语处于好或较好水平的比例均不足。

(王丹　梁绍连　宋奇)

第 2 章

新阶段上海发展的主要目标和主要任务

今后五年是中国全面建成小康社会的决胜期和实现"两个一百年"奋斗目标的历史交汇期,也是上海基本建成国际经济、金融、贸易、航运中心和社会主义现代化国际大都市的决胜期,加快建设具有全球影响力的科技创新中心的关键期,全面建设卓越的全球城市的起步期。上海作为中国改革开放的排头兵、创新发展的先行者,发展机遇十分难得,同时也面临着更加严峻的挑战,必须准确把握中国发展新的历史方位,准确把握中央对上海工作的新要求,准确把握人民对美好生活的新期盼,站在新起点,谋求新作为,实现新跨越。

2.1 总体要求

2.1.1 历史回顾

发展目标是指发展主体预先设定的想要通过一定的措施和努力所要达到的目的或结果。它是对发展实践期望状态的高度概括,集中体现了对发展实践结果的基本要求,具有预测性、引导性、阶段性、客观性的特征。

改革开放以来,上海在各个阶段的发展目标和主要任务始终以经济建设为中心,以振兴经济、改善人民生活为目标取向,将促进经济社会发展、优化调整经济结构、不断提高经济效益作为主要任务,逐步围绕建设"三个中心""四个中心",将提升城市功能纳入发展目标。从历次五年计划/规划的发展目标看,上海"六五"期间提出的发展目标是"振兴经济并改善生活",提出"把全部工作转到以提高经济效益为中心的轨道上来,保证扎扎实实的生产增长速度,保证内外贸逐年在增长,保证国家财政任务的实现,保证人民生活逐年有所改善"。"七五"期间提出的发展目标是"力争在1990年以前,尽快使上海经济发展转入良性循环,使城市面貌有较大的变化,人民生活继续有所改善,并为90年代的经济振兴提供必要的后续能力"。"八五"期间的发展目标为"努力实现国民生产总值比1980年翻两番,人民生活达到小康水平,力争把上海建设成为外向型、多功能、产业结构合理、科学技术先进、具有高度文明的社会主义现代化国际城市"。"九五"时期,上海首次将"三个中心"城市功能作为五年发展目标。"十五"时期,上海则顺应全球化、信息化和法治化发展趋势,提出了"调整经济结构和提高'三化'水平"的发展目标。到了"十一五"时期,上海根据所承担的国家战略,提出"办好世博会并形成'四个中心'基本框架"的发展目标。从上述各阶段的发展目标看,均是立足于上海发展实践和国家要求,紧紧围绕经济社会发展和城市功能,将经济发展、民生福祉、城市功能转型和科技创新等领域列为主要发展目标,并且与前一个五年发展目标和发展阶段相吻合,与上海未来发展趋势相呼应,既保持了历史的延续性,也体现了时代的创新性。

2.1.2　总体要求

进入新阶段,上海确定未来发展目标必须把握新时代上海经济社会发展的新环境、新起点和新要求,立足于党的十九大提出的实现社会主义现代化和中华民族伟大复兴的中国梦总任务和决胜全面建成小康社会、在本世纪中叶建成富强民主文明和谐美丽的社会主义现代化强国的基本方略和市十一次党代会提出的发展目标,把握好下述原则和要求:

1. 把握我国发展阶段和主要矛盾的历史性转变，新时代上海发展的新起点、新阶段和新目标

上海经济的外向度高，是一个开放型经济体，这是上海自身的主要特征之一。确立今后五年发展目标要立足自身特点，把握新时代的新要求，尤其是要把握中国经济已从高速度增长阶段转向高质量发展阶段、社会主要矛盾已经转变为人民日益增长的美好生活需要与不平衡不充分的发展之间的矛盾的基本特征，回应人民群众对更高、更美好的生活品质和精神文化需求，不断满足市民对"城市让生活更加美好"的发展需求。把握上海推进创新驱动发展、经济转型升级，在今后五年将开启建设卓越的全球城市新征程，实现城市综合功能提升的城市发展新起点和新目标。按照城市发展一般规律和上海目前的发展水平，上海将进入后工业化、后城市化和高收入的"两后一高"的新发展阶段和知识经济时代。创新发展将驱动上海的城市发展，现代服务业将占据经济发展的主导地位，城市经济和社会将加速变迁；城市化将从规模扩张进入提高质量阶段，更加注重城市经济、社会、生态、文化协调发展，探索出一条符合超大城市特点和规律的社会治理新路子，提高城市精细化管理水平，满足市民对城市更加宜居宜业面临着更高要求。

2. 与党的十九大提出的总任务和基本方略、上海"十三五"规划和市十一次党代会提出的发展目标相衔接

党的十九大提出，未来我国要实现社会主义现代化和中华民族伟大复兴的总任务，在全面建成小康社会的基础上，分两步走在本世纪中叶建成富强民主文明和谐美丽的社会主义现代化强国的基本方略；上海"十三五"规划和市十一次党代会均提出，要实现全面建成小康社会和建成"四个中心"和社会主义现代化国际大都市的战略目标，制定今后五年工作的目标时，要把握好发展目标间的延续性，并与这些发展目标实现无缝对接。建成"四个中心"与社会主义现代化国际大都市以及完成"十三五"规划目标是今后五年的重要任务，必须将这些阶段性目标纳入今后五年工作的重点目标任务，在此基础上还要有新的更高要求。

3. 顺应今后五年上海所处的国内外发展新环境和发展趋势

上海发展目标的制定和实现必须将国内外发展大环境等外部变化和约束条件等因素纳入考量范围,制定发展目标时要顺应国内外发展大趋势,把握好发展新环境。总体看,今后五年上海发展目标主要受以下外部环境和发展趋势的影响,制定发展目标时要考虑以下三方面因素。一是中国进入全面建成小康社会建设的决胜阶段,中国经济社会发展全面转型,大国崛起、建设社会主义现代化强国进入新阶段。在"两个一百年"的历史交汇期以及进入新时代后,上海发展目标要求与所承担的国家战略以及实现中央对上海发展的新的内涵要求保持高度一致。二是经济全球化将深入推进,价值链重构将改变经济全球化版图。全球分工格局重组,全球创新链重塑,在此基础上,全球城市格局将面临重构。三是未来全球经济变化和发展主要由技术创新驱动。金融危机以来,发达国家都在寻求创新发展,研究表明,今后五年将出现颠覆性技术,形成新产业和新发展模式,并将世界经济带入创新经济时代。内外环境变化要求上海加快建设现代化经济体系,促进经济创新驱动发展,推进供给侧结构性改革、提高全员劳动生产率、调整产业结构,并在这个基础上,提升城市精细化管理,提升城市综合服务功能等,提升城市吸引力、创造力、竞争力,将是上海面临的新任务。

4. 符合国家战略和中央对上海发展的新要求

今后五年的发展目标要放在国家总体利益中去考虑,要体现新时代中央对上海发展的新要求,符合国家战略导向。站在新起点上,上海要继续发挥好改革的示范和开放的引领作用,建设卓越的全球城市,代表国家参与国际竞争,上海承担的国家战略有新的内涵要求,中央对上海发展也提出了新的要求。制定今后五年的发展目标要放在国家总体利益中去考虑,首先要体现党中央对上海提出的新要求,尤其是上海承担的自由贸易试验区建设和建设具有全球影响力的科技创新中心两大战略任务,以及中央对上海提出的"四个新作为""继续当好改革开放排头兵、创新发展先行者"等作为今后五年的指导思想和工作目标,把承担国家战略任务和中央对上海发展的新要求,作为上海经济社会发展的首要任务、关键动力和重要着力点。

2.2　主要目标

　　根据上述要求,今后五年做好上海经济社会发展工作必须深入贯彻习近平新时代中国特色社会主义思想,牢牢把握人民日益增长的美好生活需要和不平衡不充分的发展之间的矛盾,围绕统筹推进"五位一体"总体布局和协调推进"四个全面"战略布局,牢固树立新发展理念,坚持以提高质量和效益为中心,深入推进供给侧结构性改革,促进从高速增长转向高质量发展,进一步当好改革开放排头兵和创新发展先行者,基本建成"四个中心"和具有世界影响力的社会主义现代化国际大都市、基本形成具有全球影响力的科技创新中心,全面提升城市吸引力、创造力、竞争力,开启迈向卓越的全球城市的新征程。主要目标如下。

2.2.1　实现更加美好的人民生活和更加平衡充分的发展,全面建成较高水平的小康社会

　　围绕满足人民日益增长的美好生活需要,努力克服发展中的不平衡不充分,全面建成较高水平的小康社会,基本建成经济活跃、法治完善、文化繁荣、社会和谐、城市安全、生态宜居、人民幸福的社会主义现代化国际大都市,开启迈向卓越的全球城市新征程。加快政府职能转变,提升政府依法治理能力,提升社会治理能力,打造城市软实力。实现人民群众的收入与经济增长同步,使改革发展成果更多更公平惠及全市人民。坚定不移贯彻创新、协调、绿色、开放、共享的发展理念,实现公共服务质量得到全面提高,实现更高质量的就业,形成完善的社会养老服务体系,教育质量得到全面提升,健康和医疗服务水平明显提升,社会保障体系更加公平更可持续,形成完善的基本公共服务制度。城市吸引力全面提升,市民居住条件和居住环境得到明显改善,智慧城市建设进一步提升,经济、社会、文化、生态效益并重、城乡一体化协调发展,形成市民生活更加美好、安全宜居的人文城市。

2.2.2 基本建成与我国经济实力和国际地位相适应、具有全球资源配置能力的"四个中心"

形成综合经济实力雄厚、产业能级高、集聚辐射能力强的国际经济中心,加快金融、贸易、航运和科创等重要功能有机融合、互为促进,创新发展能力和综合服务功能进一步增强,创新经济成为发展的重要驱动力。建成与我国经济实力以及人民币国际地位相匹配的国际金融中心,确立全球性人民币产品创新、交易、定价和清算中心地位,形成国内外投资者共同参与、国际化程度较高的多层次金融市场体系和具有国际竞争力、行业影响力的金融机构体系,金融监管和风险防范能力有效提高。建成具有国际国内两个市场资源配置功能、与我国经济贸易地位相匹配的国际贸易中心,成为在全球贸易投资网络中起枢纽作用的重要城市,实现货物贸易、服务贸易和离岸贸易能级进一步提高,基本形成与高标准国际贸易投资规则相衔接的制度体系。建成航运资源集聚、航运服务功能健全、航运市场环境优良、现代物流服务高效,具有全球航运资源配置能力的国际航运中心,形成以上海为中心、以江浙为两翼、以长江流域为腹地的国际航运枢纽港,基本形成现代化港口集疏运体系和国际航空枢纽港,基本形成现代航运服务体系,形成便捷、高效、安全、法治的口岸环境。率先全国,形成现代经济体系。

2.2.3 基本形成具有全球影响力的科创中心的框架体系,核心功能初步显现

具有全球影响力的科技创新中心基本框架初步建成。基本形成张江综合性国家科学中心和张江科学城框架。基本形成符合创新规律的制度环境以及科技创新中心的支撑体系和大众创业、万众创新的发展格局,全社会研发经费支出持续稳健增长,创新人才和成果不断涌现,基本形成科技创新中心城市辐射能力,张江国家自主创新示范区加快进入国际高科技园区先进行列,初步形成整合全球创新要素的城市功能,形成充满创新活力的创新之城。

2.2.4　基本建成国际高标准自贸试验区和自由贸易港，形成开放型经济新体制

自贸试验区建设有新作为。在投资管理、贸易监管制度、金融开放创新试点、事中事后监管制度，信息公开、公平竞争、权益保护等制度创新方面形成更多可示范可推广的制度创新成果；建成国际高标准的自贸试验区，推动自由贸易港建设。形成与国际投资贸易规则相衔接、与现代市场经济相适应的制度规范，形成开放度更高、便利化更优的自贸试验区；形成以开放促改革、促发展的新路径。实现对内对外开放相互促进，"引进来"与"走出去"更好结合，全面参与国家"一带一路"和长江经济带建设，在服务国家"一带一路"建设，发挥桥头堡作用方面成效显著，力争实现长三角区域一体化发展，率先形成开放型经济体制的新优势。

2.2.5　基本建成具有世界影响力的社会主义现代化国际大都市

根据新时代社会主要矛盾的变化和全面建成小康社会的要求，坚持以人民为中心的发展思想和公平正义的发展理念，推动可持续、包容性发展，基本建成具有高质量发展和高品质生活的社会主义现代化国际大都市。聚焦"五个中心"和国际化文化大都市建设，实现软硬件基础设施全面完善、城市功能全面提升、区域发展一体化，提升国际大都市的城市功能。构建国际一流的民生保障体系和现代化公共服务体系，建设高品质、人性化的公共空间和社区服务圈，营造蓬勃发展的文化艺术氛围，形成独特的人文历史风貌、绿色循环低碳实现优良的生态环境和人居环境，提升国际大都市软实力；实现城市运行的安全化，社会治理的完备化，完善有精准化、特色化、有温度的城市建设和管理的模式，形成符合国际大都市要求的城市管理与治理模式；实现系统性、动态性、长期性、全局性、战略性和前瞻性结合，形成城市规模和空间布局合理，完善城乡协同发展，形成与国际大都市相匹配的城市空间布局。对接和服务长江经济带、"一带一路"，形成现代化的信息流、创新流、资金流、商品流和人才流等新发展要素的国际化枢纽城市，基本建成具有国际影响力的

创新之城、人文之城、生态之城，增强国际大都市的辐射力和影响力，为建设卓越的全球城市打下坚实基础。

表 2.1 2013—2017 年上海主要发展指标

序号	指标名称	目 标
1	跨国公司地区总部	新增 150 家
2	金融市场直接融资额占全国社会融资规模	达到 25%
3	第三产业增加值占全市生产总值比重	超过 65%
4	全社会研发经费支出占全市生产总值的比例	超过 3.3%
5	城镇登记失业率	低于 4.5%
6	二级旧里以下房屋改造	完成 350 万平方米
7	轨道交通运营线路	超过 600 公里
8	环保投入占全市生产总值的比例	3%
9	每万人口发明专利拥有量	40 件
10	社会养老服务人数	45 万人
11	主要劳动年龄人口受过高等教育的占比	40%
12	文化创意产业增加值占全市生产总值的比重	12%
13	生活垃圾无害化处理率	超过 98%
14	中心城污水处理率	高于 98%
15	森林覆盖率	超过 15%
16	中心城公交出行比重	超过 50%
17	轨道交通占公交客运量比重	超过 50%
18	非公有制经济增加值占全市生产总值的比重	56%
19	服务贸易进出口额占全市进出口总额	25%

资料来源：2013 年上海市政府工作报告。

2.3 战略任务

围绕上述目标，今后五年上海发展的战略任务如下。

2.3.1　全面深化改革扩大开放，完善上海自贸试验区和自由贸易港的改革创新

　　落实中央确定的改革试点任务，主动参与和推动经济全球化进程，推动形成全面开放新格局，发展更高层次的开放型经济，走出超大城市的创新转型之路。

　　根据投资管理、贸易监管、金融服务、政府管理"四个体系"上的最高标准，以"三点五中心"为核心内容，完善自贸试验区和自由贸易港的改革创新，实现自贸试验区与浦东新区政府职能转变、治理能力提升的联动，率先建立同国际投资和贸易通行规则相衔接的制度体系，率先形成法治化、国际化、便利化的营商环境和公平、统一、高效的市场环境，完善自贸试验区改革与全市重大改革、上海国际金融中心、科技创新中心建设联动机制，放大政策集成效应，在全国形成彰显全面深化改革、扩大开放试验田的示范引领作用。探索金融服务业负面清单管理模式，实现"金改40 条"的贯彻落实，推动面向国际金融中心市场体系建设，建设人民币全球服务体系，提升金融监管能力。深化投资贸易管理体制和监管服务体系改革，深化商事登记制度改革，全面实现"证照分离"，建成国际先进水平的国际贸易"单一窗口"，打造提升政府现代治理能力的先行区。率先建立同国际投资和贸易通行规则相衔接的制度体系，对境内注册的企业，都要一视同仁、平等对待，实行高水平的贸易和投资自由化便利化政策，全面实行准入前国民待遇加负面清单管理制度。

　　深化政府自身改革，坚持激发市场活力和加强市场监管相结合，推进依法行政，严格规范公正文明执法，创新政府服务，建设有为政府、法治政府和服务型政府，实现由审批型政府向法治政府、服务型政府转变。转变政府职能，以提高行政效率和公共服务能力为主要着力点，深化简政放权，创新监管方式，增强政府公信力和执行力。建立权力清单、责任清单和内外资统一的负面清单制度；完善事中事后监管体系，优化单一窗口制度。建立全面规范、公开透明的现代预算制度，实现市区两级政府财政事权和支出责任合理分配。深化浦东新区作为一级地方以政府职能转变为核心的政府管理体制创新。按照国家要求，深化司法、公安、教育、医药

卫生、群团等改革,及时总结、复制推广改革成果,为国家全面深化改革探索新路。

2.3.2 深入推进科创中心建设,全面提升城市创新活力和创造力

加快推进科创中心建设,在推进科技创新、实施创新驱动发展战略方面走在全国前头、走到世界前列,争取提前建成具有全球影响力的科创中心的基本框架。以张江综合性国家科学中心为核心,重大科技基础设施集群、重要研发与转化功能型平台为支撑,重要承载区为依托的科创中心构架体系基本建成,科创中心核心功能显著增强,集中度和显示度全面提升。高水平规划建设张江科学城,打造世界级科技创新中心的增长极。

深化科技体制改革,建立以企业为主体、市场为导向、产学研深度融合的技术创新体系。建立符合创新规律的政府管理制度,完善以企业为主体的产学研相结合的技术创新体系,构建以市场为导向的科技成果转移转化机制,实施激发市场创新动力的收益分配制度,推动形成跨境融合的开放合作新局面。推进人才政策创新突破,完善创新人才培养、引进、使用和评价激励机制,使人才在科创中心建设中发挥中流砥柱作用。营造良好的创新创业环境。推动科技与金融更紧密结合,完善适应科技创新产业化需求的金融体系。严格知识产权保护制度,打通知识产权创造、运用、保护、管理、服务全链条,建立高效的知识产权综合管理体制。建设一批各具特色的科技创新中心重要承载区,打造更多开放便捷高能级的众创空间,创新创业蓬勃潮涌。

加强应用基础研究,加快建立世界一流的重大科技基础设施集群,集聚建设国际先进水平的国家实验室、科研院所、研发机构、研究型大学,聚焦生命、材料、环境、能源、物质等基础科学领域,发起设立多学科交叉前沿研究计划。支持一批在国家产业发展关键领域,掌握核心关键技术的自主创新企业;形成一批体现国际先进水平,拥有自主知识产权的创新工程和创新项目;集聚一批站在行业科技前沿、具有国际视野和创新能力的领军人才;探索实施科研组织新体制,建立符合科学规律、自由开放的科学研究制度环境,建立一套激发企业创新活力和动力的考核、激

励、评价制度和机制,在基础科技领域取得重大进展、在核心技术领域有突破。

2.3.3　全面增强城市综合服务功能,大幅提升城市核心竞争力

建成综合实力雄厚、产业能级高、集聚辐射能力强的国际经济中心,聚焦解决经济结构性问题,全面提升配置全球市场资源和要素的能力。推动产业转型升级,大力发展现代服务业,优先发展先进制造业,壮大战略性新兴产业,加快发展新技术、新产业、新业态、新模式,促进二三产业共同发展、融合发展。积极落实"中国制造 2025"战略,紧密结合科技创新中心建设,实施产业创新工程,推进工业强基,发展高端制造、智能制造,改造提升传统优势制造业。防止产业结构形态虚高,防止资源、资金、资产脱实转虚,提升供给体系质量和效率。

建成与我国经济实力和人民币国际地位相适应的国际金融中心,积极稳妥推进金融开放创新,优化金融市场体系和机构体系,扩大市场定价权和国际影响力,提高配置全球资金资本的能力,完善金融市场服务实体经济功能,健全风险防范机制和监测预警机制,基本确立全球人民币产品创新、交易、定价和清算中心地位,建设多层次、多功能的金融市场体系,加强金融监管,稳定推进金融开放,确保不发生区域性、系统性金融风险。

建成具有国际国内两个市场资源配置功能的国际贸易中心。形成统一开放、竞争有序的市场体系,集聚高能级的投资贸易市场主体,提升大宗商品和农产品等市场的影响力和辐射力,巩固贸易综合优势。深化贸易升级转型,完善现代物流体系,稳定货物贸易,加快发展高附加值服务贸易。提升现代市场体系能级,进一步增强价格发现能力,持续提高"上海价格"和"上海指数"的国际影响力。优化贸易制度环境,提高贸易便利化水平,推进亚太示范电子口岸网络建设,深化亚太经合组织供应链联盟建设。吸引有影响力的国际贸易投资促进机构、国际商事争议仲裁机构和国际经贸组织等在沪发展。办好中国国际进口博览会,建设国际消费城市和国际会展之都。

建成以枢纽港地位和功能提升为依托的国际航运中心。基本建成国际航运枢

纽港,提升国际航空枢纽港地位,增强配置全球航运资源能力。优化现代集疏运体系,推进江海直达和多式联运,构建高效、多样、智能、联通、便捷的现代物流体系,增强高端航运服务竞争力。完善现代航运服务体系,加快邮轮经济发展,推进邮轮母港建设,发展海运事业和海洋产业。探索建立与国际接轨的海事仲裁制度,营造国际化的航运市场环境。

疏解城市非核心功能,补短板,促均衡,增强城市发展协调性,着力提升城市整体发展水平。更好统筹空间地域、资源环境、基础设施、产业布局,增强城市发展协调性。优化市域功能布局,积极推进城市有机更新,营造具有历史文脉传承、人文气息浓郁的城区环境,增强综合服务功能。促进城乡发展一体化,缩小城乡发展差距。提高郊区新城、核心镇和新市镇建设水平,发展特色小镇,优化城镇村布局体系。

2.3.4 巩固提升实体经济,构建高端化、集约化、服务化、智能化的新型产业体系,率先建成现代化经济体系

深化供给侧结构性改革,深化经济体制机制改革,完善市场结构和市场运行体系,完善市场发挥资源配置决定作用的体制机制,建设现代化经济体系。把牢提高供给质量主攻方向,依靠深化改革根本途径,抓好"三去一降一补"重要任务落实,着力降低制度性交易成本,破解制约科技创新和扩大开放的制度性短板。加快国企分类改革,推动市场竞争类国企整体上市;以发展公众公司为主,推进混合所有制发展;推进市场化选聘职业经理人制度,构建中国特色现代国有企业制度,做强做优做大国有企业。完善民资民企发展制度环境,深入落实支持非公有制经济发展的政策措施,放宽市场准入,激发非公经济体活力和创造力。形成以高质量发展为核心目标,产业变革为重点任务,创新产业为战略支撑,乡村振兴和区域协调发展为战略特点,以深化供给侧结构性改革、完善经济体制、扩大开放为主要动力的现代化市场经济体系。

聚焦发展实体经济,加快发展先进制造业,推动互联网、大数据、人工智能和实

体经济深度融合,在中高端消费、创新引领、绿色低碳、共享经济、现代供应链、人力资本服务等领域培育新增长点、形成新动能。

形成以创新引领为核心、以重大产业项目为关键、以产业园区为重要载体、以完善环境为着力点的经济产业发展机制,实现经济平稳健康发展,质量效益持续提高。支持传统产业优化升级。建设知识型、技能型、创新型劳动者大军,弘扬劳模精神和工匠精神。

瞄准国际较高标准提高水平,加快发展现代服务业,形成以现代服务业为主体、战略性新兴产业为引领、先进制造业为支撑的新型产业体系,建立新技术、新产业、新业态、新模式;形成二三产业共同融合发展态势。在人工智能产业领域拓展融合应用场景,加强科研前瞻性布局,推动产业集群发展,营造多元创新发展环境。

适应和引领经济发展新常态,聚焦城市居民需求呈现多样化多层次多方面发展的特点,健全风险防范机制和监测预警机制,实现质量好、效益高、结构优、可持续的经济增长。

2.3.5　聚焦新时代社会主要矛盾的转变,破解发展不平衡不充分问题,实现高质量发展

加快推进"四个品牌"建设。大力发展服务经济,强化服务功能,提高服务能级,充分发挥金融、科技、教育、医疗以及服务平台等优势,构建全球资源配置能级和优质服务能力,打响"上海服务"品牌。着力提升经济中心城市辐射带动功能,发扬老品牌,做大做强新品牌,发展高端制造,提升产品品质、知名度和美誉度,实现与城市发展和现有产业的生态链互补,构建制造业战略储备和产业发展基础,推动品牌提升发展,打响"上海制造"品牌。抓住中国国际进口博览会重大机遇,顺应消费升级趋势,创造更加便利的购物消费环境,汇聚更加丰富的全球高端品牌,打造更有特色的知名商圈,建成人人向往的购物天堂,满足、创造、引领需求,建设国际消费城市,打响"上海购物"品牌。利用红色文化、海派文化、江南文化等宝贵文化资源,发展有竞争力和影响力的文化产业,支持文化展示、文化演艺、文化市场发

展,增强文化辐射力集聚力,打响"上海文化"品牌。

推进资源节约集约利用,提高土地利用效率和全要素生产率,发展绿色经济和循环经济,构建集约发展模式。破解发展瓶颈,扩大产业空间,加速产业集聚,构建现代城市产业生态系统。大力实施乡村振兴战略,破解城乡协调发展的体制机制瓶颈,促进产城融合,推进城乡一体化发展。

推进实施好优化营商环境行动方案和专项行动计划,打造具有国际竞争力的一流营商环境。提升政府服务经济社会发展的能力和水平,突出制度供给,依靠制度创新,创造更优的发展环境,减权放权、简化流程、减轻企业负担;加强事中事后监管、优化政务服务;加快机构重组、流程再造,提升服务投入的精准性,提升效率政府改革,影响城市未来的发展。用好"互联网+政务服务",加快推进网上审批;打造激发市场主体活力的政策支持环境;增强企业发展信心,努力创造各类企业平等竞争的环境;支持各类企业创新发展,加快构建"亲""清"新型政商关系,发挥广大企业家的积极性主动性;更好地服务人民群众和市场主体。发挥浦东新区在提升营商环境的示范引领作用。

营造众人青睐的人才发展生态环境,构筑人才高地。打造具有强大吸引力的人才发展环境,加大高端人才引进力度,抓紧出台人才高峰建设的针对性政策。加大人才支持和激励力度,完善贡献与所得相匹配的薪酬机制。营造浓厚的创新创业文化,鼓励创新、宽容失败,使上海成为成就事业、实现梦想的创业热土。进一步优化创新创业生态,大力提升发展环境的竞争力。

加快推进供给侧结构性改革,实施高质量发展战略。聚焦高质量的市场供给需求、高质量的产业投入产出、高质量的经济循环,纠正扭曲的要素配置,实现生产、流通、分配、消费的良性循环。注重内涵式发展,推动质量变革、效率变革、动力变革,扭转实体经济回报率下降态势,提高土地能源资源利用效率,提高劳动生产率、资本产出率和全要素的生产率,增强发展的可持续性。构建市场机制有效、微观主体有活力、宏观调控有度的经济体制,完善产权制度和要素市场化配置,以优质的制度供给、服务供给、要素供给和完备的市场体系,让市场在资源配置中起决定性作用,增强发展环境的吸引力和竞争力,实现高质量的配置;加快形成推动高质量发展的指标体系、政策体系、标准体系、统计体系、绩效评价和政策政绩考核。

　　站在更高起点谋划和推进改革开放,要坚持开放为先,实行更加积极主动的开放战略,推动形成全面开放新格局。抓住新一轮国际分工调整的新机遇,培育竞争新优势,争取在全球产业链和价值链中的更高地位,并通过积极构建新型大国关系和人类命运共同体,促进全球治理变革朝更加公平正义方向发展,为我国及广大发展中国家争取更有利的发展环境。坚决防范化解重大风险。

2.3.6　推进法治化、社会化、智能化、标准化,全面提升城市精细化管理水平和城乡居民生活质量和水平,创造高品质的生活

　　提升政府依法治理能力,实现政府职能再造。坚持以人为本、管建并举、管理为重、安全为先,全面强化依法治理,形成注重运用法规、制度、标准管理城市的治理能力;深化城市网格化管理,推动网格化管理实现市域全覆盖,管理领域从公用设施、市容环卫等领域进一步向食品药品监管、安全生产监督等社会管理领域延伸,调动社会各方参与,推动城市管理多元共治。扎实推进以居村为基础的基层民主管理与运行监督管理机制;健全以职工代表大会为基本形式的企事业单位民主管理制度,加强社会组织民主机制建设,增强社区自治共治、共建共享能力。

　　加强互联网内容建设,建立网络综合治理体系,营造清朗的网络空间。形成以互联网、大数据等为技术基础,对各个空间、各个领域和所有人群全覆盖、全过程、全天候的城市公共安全体系和精细化管理服务体系,推进城市治理能力智能化、现代化。

　　实现"让城市更有序、更安全、更干净"。牢牢守住城市安全底线,除隐患、重防范、强管理,加强重点行业领域安全监管和整治,提高城市日常管理和维护标准,完善城市综合防灾减灾体系,确保城市生产安全和运行安全。强化区域环境综合整治,推进城市垃圾源头减量、全程分类和末端无害化处理和资源化利用。强化道路交通违法行为整治,建立健全常态长效管理机制,实现以大容量轨道交通为主体的

公交线网市域全覆盖。建立"三严"问责制度,建设市民满意的食品安全城市。夯实市域全覆盖的城市网格化管理,推动信息技术和城市发展全面深入融合,加快智慧城市建设。推进更高水平的"平安上海"建设,健全信息化、立体化社会治安防控体系,加强社会治安突出问题综合整治,积极防范、依法严厉打击电信网络新型违法等犯罪活动。

深化教育改革,率先实现教育现代化,办好人民满意的教育。深化教育综合改革和高考综合改革,培养合格建设者和可靠接班人。促进学前教育公益普惠、基础教育优质均衡。促进高等教育内涵式发展,建设世界一流大学和一流学科。加强和完善职业教育、特殊教育、终身教育体系,规范教育培训市场,提供更好更公平的教育。

实现更加充分、更高质量的就业。提升劳动力供给质量,解决就业结构性矛盾。实施更加积极的就业政策,大力推动创业带动就业。健全人力资源市场,完善多渠道的就业服务体系和援助促进机制。着力做好以高校毕业生为重点的青年就业创业工作。崇尚勤劳、鼓励创新,千方百计增加居民收入。完善政府、工会、企业共同参与的协商协调机制,构建和谐劳动关系。深化收入分配制度改革,推进企业和机关事业单位分类管理的收入分配制度改革,在经济发展、财力提高和社会劳动生产率提升的基础上,提高各类人群收入。

兜底线、织密网、建机制,统筹推进社会保障体系建设,让群众普遍享有公平的基本保障,健全城乡一体化的基本保障制度,稳步提高社会保障待遇标准。完善社会救助体系,健全社会福利制度,支持发展慈善事业。

完善住房市场体系和保障体系,以"房子是用来住的、不是用来炒的"的定位,坚持以居住为主、市民消费为主、普通商品住房为主,加快建立多主体供给、多渠道保障、租购并举的住房制度,构建更加完善的住房市场体系,重点解决租赁市场"规模化、规范化"问题。完善"四位一体"的运行机制,构建符合超大城市发展需要的多元多样多层次住房保障体系,确保住有所居。优化土地供应机制和节奏,稳定住房市场预期,促进住房供应体系健康发展,有效控制房价。

积极应对人口老龄化,构建养老、孝老、敬老政策体系和社会环境,加快健全以居家为基础、社区为依托、机构为支撑、医养相结合的养老服务格局,保障养老基本公共服务需求。扩大多层次养老服务供给,重视老年教育,让老人安享老年生活,加快老龄事业和产业发展。

实施健康中国战略,建设健康上海,率先为人民群众提供全方位全周期健康服务。补好儿科、全科医生、老年医疗护理等短板。推进优质医疗资源均衡布局,实现签约家庭医生全市基本覆盖,健全现代医院管理制度。深化医药卫生体制改革,实行分级诊疗,推进医药分开,建立现代医院管理制度。健全重特大疾病保障和救助机制。打造一批国际一流的医学学科和研究型医院,促进"海派中医"传承创新,建成亚洲医学中心城市。落实计划生育基本国策。

创造品质生活,满足人民群众对物质文化生活上的需求同时,进一步满足在民主、法治、公平、正义、安全、环境等方面的要求日益增长。要坚持需求导向、问题导向、效果导向,抓住推进长三角一体化发展、扩大服务业对外开放等重大契机,不断提高自贸试验区建设水平。始终聚焦国际最高标准、最好水平,借鉴兄弟省市的经验做法,跟最好的比、向最好的学。破除思维定势和路径依赖,洞察趋势、把握态势,发现问题、树立典型、总结经验、找到对策。把准群众需求和关切,既要问需也要问计,在解决问题化解矛盾中促进和谐稳定。要加强领导、加强督查、加强统筹、加强宣传,防止形式主义,让人民群众有更多获得感、幸福感、安全感。

2.3.7　全面加强生态环境建设，建设生态宜居的美丽城市

坚决调整淘汰高耗能低效率落后产能,进一步降低单位生产总值能耗,建立和发展循环经济体制机制。贯彻落实生态补偿机制,实施最严格的环境和能效标准,全面推行排污许可制度,强化能源资源与污染排放双控管理,倒逼环境治理和产业升级。加大金融对绿色发展的支持力度,鼓励引导社会资本投入绿色产业,鼓励绿色出行、绿色消费、绿色居住,推广绿色账户,加快海绵城市建设实现城市生产空间的集约高效。

推进倡导绿色生活模式。增加绿色生态空间,推进外环和郊环绿带、生态间隔带建设,完善市域生态空间格局,建成世博文化公园。加快郊野公园、小微绿地和特色景观道路建设,开放更多休闲绿地空间,推进崇明世界级生态岛建设,打造长江生态大保护的标杆和典范。实现城市生活空间的宜居适度。

改革生态环境监管体制。守住生态保护红线,实施重要生态系统保护和修复重大工程,优化生态安全屏障体系,构建生态廊道和生物多样性保护网络,提升生态系统质量和稳定性。加强环境保护与生态修复。以提高环境质量为核心,坚持标本兼治、分类防治、系统联治,持续实施环保行动。加强大气污染联防联控,强化水岸共治,全面落实河长制。实现城市生态空间的山清水秀。完善建设环境评估制度,形成新的环评行为规则。建立市场化、多元化生态补偿机制。建设更加美丽、更可持续的生态之城,显著改善环境质量、提升垃圾综合治理能力、增加绿色生态空间。

2.3.8　加强和创新基层社会治理,全面提升城市治理水平

加强社会治理制度建设,完善党委领导、政府负责、社会协同、公众参与、法治保障的社会治理体制。深化拓展以党建为引领的基层社会治理创新,强化基层党组织领导,规范和理顺条块关系。加强预防和化解社会矛盾机制建设,加强社区治理体系建设,增强社区自治共治、共建共享能力。像绣花一样管理城市,努力解决好精细化管理超大城市的世界级难题,建设好卓越的全球城市。

实现公共服务资源、服务、管理重心下沉,加大政府购买公共服务力度,鼓励、支持、培育社会组织发展,引导促进社会力量参与城市治理,深化基层自治共治。深入拓展区域化党建,推动驻区单位、辖区党员积极参与社区治理。推进以住宅小区和郊区村庄为重点的城乡社区综合治理。

深化农村集体产权制度改革,保障农民财产权益,推进以住宅小区和郊区村庄为重点的城乡社区综合治理,实现产业兴旺、生态宜居、乡风文明、治理有效、生活富裕,全面推动美丽家园和美丽乡村建设全覆盖。

2.3.9　深入推进建设更富魅力、更有温度的人文之城，加强历史风貌保护，加快建设有文化软实力和国际影响力的国际文化大都市的

深化国有文艺院团及报业、文广、出版集团等文化体制改革，培育体育产业集团和中介服务机构，增强文化事业和文体产业竞争力。

扩大文化领域开放，鼓励多种所有制文化创意企业平等竞争、共同发展，推动文化与科技、教育、金融、贸易等融合发展，完善公共文化的多元服务体制机制，建成建设一批重大文化项目，实现公共文化均衡布局，为人民群众提供更丰富的精神文化生活。

在牢牢掌握意识形态工作领导权，培育和践行社会主义核心价值观的同时，激发文化活力和创造力，推动传统文化、本土文化、世界优秀文化的艺术扎根，让市民文化生活更丰富多彩，提高新闻舆论传播力、引导力、影响力、公信力。落实意识形态工作责任制，加强阵地建设和管理，注意区分政治原则问题、思想认识问题、学术观点问题，旗帜鲜明反对和抵制各种错误观点。

形成文化创意、时尚、传媒中心的雏形，提升城市文化的品质，彰显城市人文精神，提升国际软实力。

启动一批重大文化设施建设。建设好上海历史博物馆、世博文化公园、上海博物馆东馆、上海图书馆东馆、徐家汇体育公园、程十发美术馆、上海少儿图书馆等重要文化设施，增加和改善居民身边的文化体育公共活动空间，扩大公共文化和体育产品供给，方便市民就近参与各类群众性文体活动。加快建设世界著名旅游城市和全球著名体育城市，启动申办奥运会工作。全面加强对历史建筑、风貌街区成片成区域修缮保护，重现历史风貌，再塑内涵功能，延续历史文脉。

2.3.10　大力推进区域协同发展，全面服务国家战略

建设上海服务国家"一带一路"建设桥头堡，服务企业"走出去""引进来"，支持金融机构参与"一带一路"建设，形成市场资源要素有效配置的国际枢纽，加快打造

海上战略支点,拓展航运服务功能,服务国家"一带一路"建设。

紧密协调,完善长三角政府间协调机制,推动建立"部—省、省—市、市—市"三级专业协调机构;创新机制,优化区域协调发展的体制机制;基础先行,搭建一流的硬件设施网络;市场主导,发挥资源要素市场服务功能;合理分工,以城市非核心功能疏解引领。

构建立体多维的交通设施网络。继续改扩建城际高速公路和国道公路,打通长三角核心城市与其他城市的高速交通线并延伸至长三角经济地区。有序规划和推进铁路、机场设施建设,完善区域高速铁路网和机场布点,增建铁路综合客运枢纽,大力发展通用航空等。优化长三角港口建设,增强上海的辐射作用,带动经济区沿江沿海各层次港口协同发展。构建泛在普惠的通信设施网络。加快建立互联网数据中心(IDC)、云计算中心、物联网等功能性平台。加快建设长三角政务信息资源共享交换平台和服务平台,提升信息共享的"靶向性"。加快出台长三角智慧城市数据接口标准,实现区域信息公共服务"无缝"覆盖。

优化和提升上海科技市场、资本市场、商品市场等市场体系,更好发挥上海市场对长三角资源要素的配置作用,更好发挥上海要素市场的服务功能。重点鼓励和引导企业发挥积极作用,引导企业在长三角城市群之间产业分工、产业链协同领域发挥更大作用,通过培育区域一体化发展国内价值链,形成各种各样的有利于区域一体化发展的产业组织形态。

以疏解非核心功能为引领,引导周边城市有序梯度承接,强化与周边城市的联系。同时,以惠及周边城市发展,吸收更高能级的主体进驻上海,更好地发挥上海的辐射作用。创造条件,有序引导周边城市企业将研发、贸易等功能汇聚上海。合理分工,以产业集群的发展和升级作为区域经济一体化的重要载体。

促进长江经济带、长三角地区平衡,充分发展,积极参与京津冀协同发展、新一轮东北振兴等国家战略。以共抓大保护、不搞大开发为导向,推动长江经济带发展。推动长三角区域城市管理、基础设施建设、交通、社会保障、污染整治等方面一体化合作。加强上海改革创新联动和辐射带动。打造长江生态大保护的标杆和典范。

按中央要求做好东西部扶贫协作和对口支援工作。聚焦帮扶地区精准扶贫、精准脱贫,助推受援地区脱贫攻坚,为全国同步全面建成小康社会作出上海应有的贡献。

加大对口地区的帮扶力度,坚持民生为本、产业为重、规划为先、人才为要,加强对口支援工作的精准化、科学化、规范化、社会化,提升工作实效。加强国内经济协作,服务东部率先发展、西部大开发、东北振兴和中部崛起等国家区域发展战略。

（周师迅　张明海　潘春来　姚治）

第 3 章

上海全面深化改革开放的思路和主要任务

过去五年是上海创新转型、砥砺奋进的五年,按照中央当好全国改革开放排头兵、创新发展先行者的要求,上海始终把改革开放摆在城市发展全局的核心位置,加快自贸试验区建设,聚焦重要领域和关键环节深化改革,推进以科技创新为核心的全面创新,加快构建开放型经济新体制,进一步深化全方位开放格局。当前,上海发展正处于新的起点上,已进入全面深化改革开放的关键时期,要深入贯彻落实党的十九大精神,立足国家战略、对标国际一流,坚持以开放促改革、以改革促发展,全力推进自贸试验区和科创中心建设国家战略,加快推进"一带一路"桥头堡建设,进一步深化供给侧结构性改革,加快完善社会主义市场经济体制,大力推动区域合作,加快向卓越的全球城市迈进。

3.1　上海改革开放进展和成效

过去五年,上海经济社会改革开放开创新局面,创新驱动发展、经济转型升级取得重大进展。坚持制度创新、先行先试,率先建设自由贸易试验区,全面深化改革开放实现重大突破;坚持把发展基点放在创新上,加快建设具有全球影响力的科技创新中心,创新成为经济发展的重要驱动力;坚持质量第一、效益优先,推进供给侧结构性改革,经济朝着更高质量、更有效率、更加公平、更可持续的方向发展;坚持使市场在资源配置中起决定性作用、更好发挥政府作用,全面推进"放管服"改革和依法行政,政府治理能力现代化水平明显提升;坚持把增进民生福祉作为发展的根本目的,以更大力度保障和改善民生,人民物质文化生活水平全面提高。

3.1.1　自贸试验区改革开放深入推进

建设自贸试验区是党中央、国务院为推进我国新一轮改革开放作出的重大决策。上海积极争取、主动承担这一国家重大战略任务,坚持解放思想、先行先试,大胆闯、大胆试、自主改,把制度创新作为核心任务,形成了一大批在全国可复制、可推广的制度成果,发挥了自贸试验区改革政策的复制、推广和溢出效应。

1. 形成了以负面清单管理为核心的投资管理制度

一是建立了以负面清单为核心的外资管理模式。对外商投资实行准入前国民待遇加负面清单的管理模式,对负面清单之外的领域,按照内外资一致的原则,外商投资项目实行备案制,外商投资企业设立、变更及合同章程审批改为备案管理。二是境外投资管理制度改革成效显著。上海自贸试验区积极改革境外投资管理方式,对境外投资开办企业实行以备案制为主的管理方式,对境外投资一般项目实行备案制,提高境外投资便利化程度。同时,完善境外投资服务促进平台,优化境外投资综合服务。三是服务业对外开放逐步扩大。围绕金融服务、航运服务、商贸服务、专业服务、文化服务以及社会服务等领域,逐步暂停或取消投资者资质要求、股比限制、经营范围限制等准入限制措施,主动扩大对外开放。

2. 形成了以贸易便利化为重点的贸易监管制度

一是国际贸易"单一窗口"率先建立。上海自贸试验区积极借鉴国际先进做法,建立了贸易、运输、加工、仓储等业务的跨部门综合管理服务平台,实现各部门在一个平台上提供高效便捷的服务,企业通过单一窗口一次性递交相关电子信息,处理结果也通过单一窗口反馈。二是货物状态分类监管试点率先实施。上海自贸试验区于2014年底启动货物状态分类监管试点,建立了以信息化系统监管为主、海关现场监管为辅的基本架构,实现了从"物理围网"到"电子围网"的改变。三是贸易便利化监管制度不断优化。上海自贸试验区在海关特殊监管区域实施"一线放开""二线安全高效管住"监管制度,出台了多项贸易便利化措施。海关推出了"先进区、后报关"、国际中转便利化等一系列改革举措,检验检疫部门推出了"一线检疫、二线检验"、第三方检验结果采信等改革举措,优化"十检十放"等管理模式。

3. 形成了着眼于服务实体经济发展的金融开放创新制度

一是以自由贸易账户为核心的金融开放创新深入推进。通过分账核算体系和自由贸易账户,实现了资金跨境流动的"一线审慎监管、二线有限渗透"。率先建立宏观审慎的本外币一体化的境外融资制度,稳步推进人民币境外借款、跨境双向人民币资金池等创新业务,各项跨境人民币业务快速发展。二是金融市场开放度进一步提高。依托自贸试验区金融制度创新优势,不断扩大金融服务业开放范围,提升金融市场配置境内外资源的功能。"沪港通"、上海黄金交易所"国际板"、上海国际能源交易中心等面向国际的金融交易平台建设稳步推进。三是金融监管和风险防控能力显著增强。依托由国家金融管理部门在沪机构和市政府有关部门组成的自贸试验区金融工作协调推进小组,进一步完善金融宏观审慎管理措施及各类金融机构风险防范机制,在推出每一项金融开放创新举措的同时都建立了相应的金融监管制度。

4. 形成了自贸试验区改革创新的法治保障制度

一是司法保障机制抓紧建立。2013年11月,上海市浦东新区人民法院自贸试验区法庭正式成立。2014年4月,上海第一中级人民法院发布《涉及中国(上海)自由贸易试验区案件审判指引》,明确了区内案件审理的具体规则。2016年4月,上海自贸试验区知识产权法庭和上海海事法院自由贸易试验区法庭相继成立,进一步延伸专业化司法服务。二是商事仲裁调解体系不断完善。上海国际经贸仲裁委员会设立自贸试验区仲裁院,制定了《中国(上海)自由贸易试验区仲裁规则》。中国香港国际仲裁中心、新加坡国际仲裁中心相继在自贸试验区设立代表处。上海经贸商事调解中心、自贸试验区国际商事联合调解庭等商事纠纷专业调解机构开展业务运作。三是商事调解制度逐步建立。目前,中国贸促会浦东分会、上海市保险同业公会、上海市保险合同纠纷调解委员会等具有调解功能的行业协会和商会已入驻自贸试验区。同时,还引入了上海经贸商事调解中心、自贸试验区国际商事联合调解庭等商事纠纷专业调解机构,满足企业对多元化纠纷解决方式的需求。

3.1.2　各领域体制机制改革取得重要进展

改革是发展的强大动力。过去五年,上海始终把深化体制机制改革放在突出位置,按照"创新驱动发展,经济转型升级"的根本要求,紧紧围绕供给侧结构性改革,政府职能转变、国资国企改革及社会体制改革等重大改革领域,有序推进各项改革试点,取得了一系列积极进展和重要突破。

1. 供给侧结构性改革有力推进

上海认真落实党中央、国务院的决策部署,出台《关于上海推进供给侧结构性改革的意见》,紧紧围绕提升供给体系的质量和效率不断深化体制机制改革,以结构调整为主攻方向,以降低企业成本和补齐薄弱环节短板为重点任务,诸多关键领域改革取得新突破。一是进一步减轻企业经营成本。率先开展"营改增"改革试点,发挥结构性减税效应;取消一批审批事项和评估评审事项,降低企业的制度性交易成本;完善多层次资本市场,扩大金融开放,推动设立民营银行及小额贷款公司。在保障参保人员社会保险待遇水平和社保基金正常运行的前提下,进一步降低部分职工社会保险的费率水平,仅 2016 年全年就减轻企业社保负担超过 130 亿元。二是补齐薄弱环节短板的改革措施加快落实。积极推进产业结构调整,大力发展服务业,形成服务经济为主的产业结构;同时,积极培育发展战略性新兴产业,优化提升先进制造业。生态环境综合整治协同和长效机制逐步建立。在推进环境综合整治过程中加强统筹协调,强化各部门积极协同配合,将城市网格化管理、城管执法等各方面管理力量全面下沉到街镇。三是积极淘汰落后产能。上海下定决心减少经济增长对重化工业、投资拉动、房地产业和加工型劳动密集产业的依赖,推动宝钢、高桥石化等布局调整;疏解非核心功能,培育核心竞争力。强化资源环境约束,提高产业准入门槛,严格执行安全、环保、能效等标准,倒逼结构调整。运用建设用地减量化、差别电价等手段,不断加大落后产能淘汰力度,一批高能耗、高污染、高危险和低效益的落后产能加快淘汰,单位生产总值综合能耗持续下降,较好地完成了主要污染物减排目标。

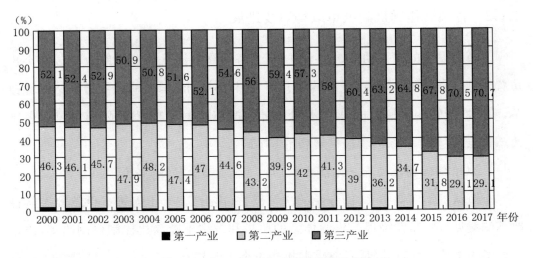

图 3.1 2000—2017 年上海三次产业占比

资料来源:上海统计局。

2. 政府管理制度加快创新

过去五年,上海加快转变政府职能,进一步破除制度性瓶颈,大力推进简政放权、放管结合、优化服务改革,激发市场主体创新创造活力。一是全面落实"证照分离"改革试点。根据国务院批复的"证照分离"改革试点总体方案,对纳入试点的行政审批事项制定具体的管理措施和改革举措,并对改革试点情况开展全面监督检查。二是探索建立政府权力清单制度。建立行政权力目录管理制度、行政权力办理情况和监督检查实施情况统计通报制度,形成区、乡镇街道行政权力清单和行政责任清单,探索行政权力标准化管理。三是事中事后监管制度体系进一步强化。全面实施按行业、领域、市场等形成的 133 个事中事后监管工作方案,进一步完善事中事后监管工作框架。全面推开"双随机、一公开"监管工作,进一步规范了监管执法行为,增强市场主体自主生产经营活动。四是政府公共服务效率进一步提升。全面清理优化全市各级公共服务和管理服务事项。推动行政服务中心三个地方标准的贯彻实施,加强窗口服务标准化建设,推动落实收件凭证、一次告知、限时办结等基本服务举措。五是试点推进分类综合执法。探索推行工商、质监、食药监、物价"四个一"市场监督管理体制,成立全国首家专利、商标、版权"三合一"的知识产权局,执法效率大大提高。深化行政执法类公务员分类改革,推动执法力量向基层一线倾斜,切实提高执法效能。

3. 国资国企改革不断深化

2013 年以来,上海国资国企坚持以国资管理创新带动国企改革发展,通过实施分类改革、深化统一监管、组建流动平台、探索长效激励、推动创新转型等重点领域改革,初步实现了国有经济提质增效、国资国企改革有力的目标。一是深化国资改革带动国企改革。牢牢把握依法履行出资人职责的定位,努力从管企业为主向管资本为主转变。深化金融企业国资统一监管,积极探索"实体经济(产业)+虚拟经济(金融)+技术经济(互联网)"的多层次融合模式。重点完善国资监管体制,实现企业集团公司制改革全覆盖。健全国有资本运作制度。出台《本市国有企业混合所有制改制操作指引(试行)》等,加快混合所有制改革。二是国资布局结构进一步优化。通过加强战略和目标管控,80%的国资已集中在战略性新兴产业、先进制造业、现代服务业、基础设施和民生保障等领域,93%已集聚在汽车、高端装备、生物医药等 20 个行业。三是国有企业创新驱动进一步强化。出台《推动国有创投企业市场化运作实施细则(试行)》,明确国有技术类无形资产转让办法等鼓励国有企业科技创新的配套细则。出台鼓励和支持国有企业加快科技创新的 9 条措施,建立一整套激发企业创新动力和活力的考核、激励、评价机制,包括以创新为导向的考核评价体系、以企业为主体的创新投入机制、以长效为核心的激励约束机制、以分享为关键的成果转化制度、以容错为重点的宽容宽松机制。四是长效激励约束机制进一步健全。按照现代企业制度建设要求,加强外部董事占多数的规范董事会建设,落实重大决策、选人用人、业绩考核、薪酬分配等权利;推进"外派内设、内外结合"的外派监事会工作体制,重点加强企业重大投资决策专项检查,以及审计巡视整改后评估。探索以"市场化选聘、契约化管理、差异化薪酬"为核心的市管企业经营者管理模式,构建与领导人员选任方式相匹配、与企业功能性质相适应、与经营业绩相挂钩的薪酬体系。

4. 科技创新体制改革取得突破

一是实施财政科技资金管理改革。实施财政科技投入联动与统筹管理,试点开展对新型产业技术研发组织的稳定支持,完善竞争性科研经费管理。运用风险补偿、后补助、创投引导等方式发挥财政资金杠杆作用。强化基础前沿类科技计划专项支持,实施创新产品和服务政府优先采购、高端智能装备首台(套)突破及示范应用等政策,效果明显。二是深化科研院所分类改革。引导和激励转制科研院所从事行业共性技术研发和服务等公共职能。下放高校和科研院所科技成果使用、处置、收益"三权",鼓励其与企业开展协同创新。启动研究"上海科研院所创新联盟"建设。三是创新探索科技成果转移转化机制。允许在沪高等院校、科研院所由财政资金支持形成的科技成果在境内使用、处置,成果转移转化收益全部留归单

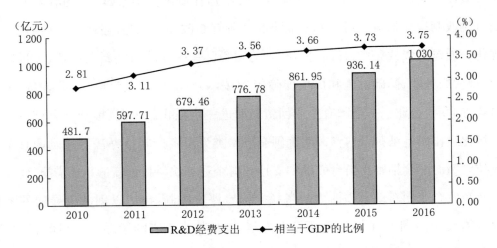

图3.2　2010—2016年R&D经费支出及其相当于上海市生产总值的比例

资料来源:上海市统计局。

位。配合国家部委,力促"支持科技成果转化的普惠税制"在上海先行先试。建立市场化的国有技术类无形资产可协议转让制度,实施上海技术交易所改制转企,促进技术类无形资产交易。依托上海微技术工业研究院、上海产业技术研究院、国家技术转移东部中心,探索新型科技管理服务机制。

5. 社会领域改革稳步推进

一是实施教育综合改革。构建大中小学一体化德育体系,成立市民终身学习的体验基地、需求与能力监测中心、学分银行和学习网,建设学习型社会和终身教育体系。实施"管办评"分离改革试点,深化高校考试招生综合改革,提升本科教育质量。通过融通校企资源、加强国际合作交流、推动教育和管理信息化等方式,协同联动教育和经济社会发展。二是深化医疗卫生体制改革。完善基本医疗保障制度,实施基本药物制度,加强基层医疗服务体系建设。实施公立医院综合改革,实行全面预算管理,开展医药分开、完善法人治理结构和总会计师委派制等试点工作。推进社区卫生综合改革,制定社区卫生服务项目标准,建立家庭医生制度,实施绩效工资。率先实施住院医师规范化培训,完善院前急救体系,建设健康城市,形成布局合理、运作协调的公共卫生体系。三是稳妥推进司法体制改革试点。依托法官检察官员额制,推进司法人员分类管理改革。落实司法责任制,实施"权力清单""岗位说明书"和"责任清单"制度,从严规范管理司法人员。建立司法人员职业保障制度,实施司法机关薪酬改革。实行市级以下法院检察院人财物统一管理,促进司法机关依法独立公正行使审判权、检察权。探索推进案件繁简分流机制改革和跨行政区划法院(知识产权法院)、检察院改革,加快建立公正高效权威的社会主义司法制度。

3.1.3　全方位开放格局进一步深化

1. 全面参与"一带一路"建设成效显著

"一带一路"倡议提出以来,上海积极主动融入和推进,取得显著进展。一是经贸合作迈上新台阶。以上海企业为主体的一批重点项目在"沿线"落地,境外经贸合作区建设持续推进,印尼青山产业园被认定为国家级境外经贸合作区。2017 年,与沿线国家和地区的货物进出口总额达 6 597.1 亿元,同比增长 18.9％。二是金融合作实现新突破。金砖国家新开发银行已落户上海,全球中央对手方协会(CCP12)在上海正式注册成立。熊猫债发债主体已拓展至国际性金融组织、外国中央政府、外国地方政府和境外非金融企业。以上海自贸试验区为平台,人民币跨境支付系统(CIPS)一期已上线运行。出口信用保险支持"一带一路"力度进一步加大。三是搭建人文交流新平台。建立与沿线在艺术节、电影节、美术馆、博物馆、音乐创演等文化领域的五个合作机制,友好城市关系进一步。四是设施联通实现新提升。推进浦东机场、虹桥机场建设,亚太门户复合航空枢纽地位基本确立。2017 年,上海港集装箱吞吐量超过 4 000 万标准箱,成为全球首个年集装箱吞吐量突破 4 000 万标箱的大港,并且连续 8 年位居世界第一。上海港国际班轮航线遍及全球各主要航区,与"一带一路"沿线国家(地区)128 个主要港口建立密切联系。

图 3.3　2010—2017 年上海港标准集装箱吞吐量

资料来源:上海市统计局,《中国港口年鉴》。

2. 高水平对外开放取得突破性进展

上海加快探索以开放促改革、促发展的新路径,成为中国新一轮高水平对外开放的新高地。一是上海国际贸易中心核心功能基本形成。上海口岸贸易规模已超越香港、新加坡,服务贸易额约占全国的 25％。国家内贸流通体制改革发展综合试点各项任务全面完成,结构合理、功能健全、配套完善的现代商业网点体系基本形成,上海已成为全国乃至区域的资源要素配置中心。电子商务持续快速发展,新型贸易业态不断涌现,互联网＋引领消费加快升级,贸易创新能力显著增强。二是"引进来"与"走出去"协调互动。上海利用外资保持较大规模,增速逐渐放缓,服务业实际利用外资占比 80％以上。总部经济辐射功能进一步提升,2017 年全年新增跨国公司地区总部 45 家,截至 2017 年底,累计落户上海的地区总部数量达 625 家,吸引外资研发中心和世界 500 强企业研发机构数量分别占全国的 1/4 和 1/3。同时,上海对外投资更趋理性。

表 3.1　2010—2017 年上海跨国公司总部机构数量

年份	跨国公司地区总部	外商投资性公司	外资研发中心	跨国公司总部机构总数
2010	305	213	319	837
2011	353	240	334	927
2012	403	265	351	1 019
2013	445	283	366	1 094
2014	484	295	379	1 158
2015	535	312	396	1 243
2016	580	330	411	1 321
2017	625	345	426	1 396

资料来源:上海市商务委员会。

3. 国家区域发展战略有效落实

一是长江经济带合作稳步推进。落实《长江经济带发展规划纲要》,成立上海长江经济带发展领导小组,制定出台上海贯彻实施意见,重点聚焦发展水上运输、完善综合交通体系、促进产业转型升级等七方面措施。依托长江沿岸中心城市经济协调会平台,积极推动与沿江省市的务实合作,共建园区联盟、共推江海联运、共促产业转移。二是长三角区域协同发展进程不断加快。顺利推进沪通、杭黄铁路、上海国际航运中心洋山四期工程等一批重大项目,长三角区域空气质量预测预报中心、智慧城市数据平台、异地就医结算平台建设全面启动,品牌、非遗、创意经济等领域合作初见成效,区域市场一体化程度加深。城市间专业委员会、合作联盟发展势头迅猛,品牌、非遗、创意经济等领域合作初见成效。三是对口支援与合作交流不断深化。坚持"民生为本、产业为重、规划为先、人才为要"的工作方针,深入推进与云南省和贵州省遵义市的东西部扶贫协作,圆满完成在新疆喀什与克拉玛依、西藏日喀则、青海果洛、湖北宜昌夷陵、重庆万州的对口支援任务,切实帮助对口地区改善了基本生产生活条件。与对口支援地区、长三角地区、东北地区等省区市的高层互访持续推进,与大连对口合作开局良好。支持兄弟省市在沪设立窗口性服务平台,较好发挥上海的桥梁纽带作用。

3.2　上海全面深化改革开放面临的新形势

谋划未来上海的改革开放,首先要准确把握世界发展的新趋势,准确把握中国发展新的历史方位,准确把握上海发展的新阶段,明确改革开放新定位、新任务、新内涵。

3.2.1　和平、发展、开放、共赢的全球发展趋势为上海全面深化改革开放明确新定位

世界正处于大发展大变革大调整时期,和平与发展仍然是时代主题。世界多极化、经济全球化、社会信息化、文化多样化深入发展,全球治理体系和国际秩序变革加速推进,各国相互联系和依存日益加深,国际力量对比更趋平衡,和平发展大势不可逆转。同时,世界面临的不稳定性不确定性突出,世界经济增长动能不足,贫富分化日益严重,地区热点问题此起彼伏,恐怖主义、网络安全、气候变化等非传统安全威胁持续蔓延,人类面临许多共同挑战。上海要清醒认识全球发展大局的变与不变,推动经济全球化朝着更加开放、包容、普惠、平衡、共赢的方向发展,进一步深化改革、扩大开放,促进贸易和投资自由化便利化,提升在全球价值链中的地位,当好新时代改革开放排头兵、创新发展先行者。

3.2.2 新时代、新阶段、新特点的全国发展形势为上海全面深化改革开放提出新要求

党的十九大报告明确指出,经过长期努力,中国特色社会主义进入新时代,这是我国发展新的历史方位。当前,中国经济已由高速增长阶段转向高质量发展阶段,正处在转变发展方式、优化经济结构、转换增长动力的攻关期,经济发展进入新常态。全面建成小康社会进入决胜阶段,全面深化改革取得重大突破,供给侧结构性改革深入推进,重要领域和关键环节改革取得突破性进展,主要领域改革主体框架基本确立。但是,中国经济发展也面临不少困难和挑战,发展不平衡不充分的一些突出问题尚未解决,发展质量和效益还不高,创新能力不够强,生态环境保护任重道远。面对新时代、新阶段、新特点,上海要准确把握我国发展的阶段性特征,顺应人民对美好生活的向往,进一步破除体制机制障碍,使对内对外开放相互促进,引进来与走出去更好结合,以对外开放的主动赢得经济发展和国际竞争的主动,以开放促改革、促发展、促创新,加快构建开放型经济新体制。

3.2.3 变革、转型、融合、创新的上海发展主旋律为上海全面深化改革开放赋予新内涵

上海发展处于全面深化改革开放承前启后的关键阶段,城市创新发展迈入继往开来的重要时期,既是上海建设"四个中心"和国际文化大都市的冲刺期,又是建设卓越的全球城市的起步期。站在新的历史起点,"变革、转型、融合、创新"将是上海未来发展的主旋律。一方面,产业高端竞争力将加快提升,产业体系将加快向高端化、智能化、绿色化、服务化转变,服务经济能级进一步提高,新兴产业和业态加快发展,上海在全球价值链中的地位将显著提升。另一方面,具有全球影响力的科技创新中心框架体系将基本形成,在全球创新网络中的枢纽节点功能逐步增强,创新经济将成为上海未来发展的重要驱动力。上海应当对标纽约、伦敦等全球城市,在更大范围、更高层次扩大对外开放,基本形成与国际通行规则衔接的制度体系,不

断提升全球资源配置能力,推动形成全面开放新格局。同时,在一系列重点领域改革取得突破,以"改革红利"替代"人口红利",在更大程度上激发内生发展活力和动力。

3.3　上海全面深化改革开放的思路

进入新时代,开启新征程。上海要建设卓越的全球城市和具有国际影响力的社会主义现代化大都市,就要保持锐意创新的勇气、敢为人先的锐气、蓬勃向上的朝气,改革创新实现新突破,全面开放取得新进展,继续当好新时代全国改革开放排头兵、创新发展先行者。

3.3.1　总体思路

高举中国特色社会主义伟大旗帜,以马克思列宁主义、毛泽东思想、邓小平理论、"三个代表"重要思想、科学发展观和习近平新时代中国特色社会主义思想为指导,紧紧围绕党的十九大提出的全面深化改革开放总体部署,继续当好新时代全国改革开放排头兵、创新发展先行者,全力推进自贸试验区和全球科技创新中心建设两大国家战略,进一步加强自贸试验区与全市改革、国际金融中心、全球科技创新中心建设联动,积极服务国家"一带一路"建设,充分发挥桥头堡作用,深入推进对内对外开放联动,推动形成全面开放新格局。坚持社会主义市场经济改革方向,进一步深化供给侧结构性改革,着力深化科技体制改革、社会领域体制改革和政府自身改革,着力构建系统完备、科学规范、运行有效的制度体系,进一步激发市场和社会活力,为上海建设"四个中心"和具有全球影响力的科技创新中心建设提供制度保障,为加快迈向卓越的全球城市奠定牢固基础。

3.3.2　主要目标

按照习近平总书记对上海提出的"四个新作为"的要求,积极贯彻新发展理念,以开放促改革,以改革促发展,推动形成新时代全面开放新格局,在全面深化改革上取得决定性胜利,深入推进制度创新各项措施系统集成,全面提升城市吸引力、创造力和竞争力,进一步当好新时代改革开放排头兵、创新发展先行者。

一是率先建成国际高标准自由贸易园区。继续解放思想、勇于突破、当好标杆,对照最高标准、查找短板弱项,大胆试、大胆闯、自主改,把上海自贸试验区建设成为投资贸易自由、规则开放透明、监管公平高效、营商环境便利的国际高标准自由贸易园区。实行高水平的贸易和投资自由化便利化政策,健全各类市场主体平等准入和有序竞争的投资管理体系、促进贸易转型升级和通关便利的贸易监管服务体系、深化金融开放创新和有效防控风险的金融服务体系、符合市场经济规则和治理能力现代化要求的政府管理体系,率先形成法治化、国际化、便利化的营商环境和公平、统一、高效的市场环境。积极借鉴国际先进经验,率先探索建立市场要素跨境流动便利规范、国际业务增值服务能力完备、国际化经营主体集聚发展、口岸经济综合竞争优势领先的世界一流自由贸易港。加强与上海"四个中心"和科创中心建设的深度联动,推进贸易与产业的深度结合,主动参与全球产业分工合作,提升国际价值链定位。聚焦"一带一路"建设,打造经济融合、发展联动、成果共享的开放型合作平台,发挥促进经贸交流的支撑服务和辐射带动作用,打造开放层次更高、营商环境更优、辐射作用更强的开放新高地。

二是加快建设服务"一带一路"建设桥头堡。主动服务国家战略,坚持"中央要求、沿线需要、上海能做"的原则,成为服务中国引领新型全球化和推动全球经济治理体系重构的战略支点;成为融"一带一路"沿线资金流、物流、信息流于一体的中心节点;成为推动中国企业"走出去"、开展全球价值链布局的据点。到 2022 年,基本建成"五大中心":一是"一带一路"投融资中心,成为服务"一带一路"的资金融通枢纽,为"一带一路"国家(地区)企业提供高效融资渠道。二是"一带一路"经贸服务中心,拓展进出口贸易网络,打造"一带一路"法律、咨询、人才等服务载体,成为"一带一路"经贸服务中心。三是"一带一路"综合交通中心,构建连接"一带一路"沿线主要港口和空港的航线网络,成为中国对接"一带一路"的海空枢纽。四是"一带一路"科技合作中心,充分发挥自贸试验区和全球科技创新中心联动效应,成为

"一带一路"科技创新的重要枢纽。五是"一带一路"信息交流中心,推进与全球信息网络节点的对接,为沿线国家提供高效的信息服务,通过文化教育、对外交往等合作,成为面向"一带一路"的人文交流窗口。

三是努力成为新时代全面开放引领区。顺应经济全球化和全球治理体系重构的趋势,坚持对内对外开放联动、"引进来"与"走出去"结合,引资和引技引智并举,深度融入全球产业链和价值链,推动形成全面开放新格局。到2022年,率先建立同国际投资和贸易通行规则相衔接的制度体系,形成法治化、国际化、便利化的营商环境和公平、统一、高效的市场环境,形成面向全球的贸易、投融资、生产、服务网络。进一步扩大对外开放,提高利用外资质量。拓展对外贸易,培育贸易新业态新模式。创新对外投资方式,促进国际产能合作,全球高端要素进一步汇集,跨国公司总部和功能性机构、国际组织进一步集聚,上海在全球经济网络体系中的地位不断提升。

四是积极打造提升政府治理能力先行区。转变政府职能,深化简政放权,创新监管方式,增强政府公信力和执行力,建设人民满意的服务型政府。加大简政放权、放管结合、优化服务改革力度,充分运用大数据、互联网＋等现代信息技术,深化政府部门之间数据资源共享和业务协同,进一步增强政府创新管理能力,提升政府治理现代化水平,建设智慧政府。到2022年,率先建成与国际投资、贸易最高标准相适应的政府治理体系,建成职责清晰、多元参与、回应迅速、透明高效、协作有力、绩效突出的法治政府、责任政府和服务型政府,率先实现政府治理体系和治理能力现代化,成为政府治理能力持续提升的政府再造示范区。全面构建"四大体系",即以提升事中事后监管能力为核心的政府管理体系、以便捷智能高效优质为方向的政府服务体系、以"纵向协调、横向协同"为特征的政府组织体系、以全面依法行政为原则的权责约束体系。

五是加快建设市场配置资源新机制示范区。以完善产权制度和要素市场化配置为重点,实现产权有效激励、要素自由流动、价格反应灵活、竞争公平有序、企业优胜劣汰,进一步提高市场配置资源的能力和效益。到2022年,基本建立公平开放透明的市场规则,全面实施市场准入负面清单制度,清理废除妨碍统一市场和公平竞争的各种规定和做法,激发各类市场主体活力。深化"证照分离"商事制度改革,完善市场监管体制,加快要素价格市场化改革,放宽服务业准入限制。深化投融资体制改革,发挥投资对优化供给结构的关键性作用。建立健全鼓励原始创新、集成创新、引进消化吸收再创新的体制机制,发挥市场对技术研发方向、路线选择、要素价格、各类创新要素配置的导向作用。

3.4　上海全面深化改革开放的主要任务

今后五年是全面贯彻党的十九大精神的五年,是全面深化改革开放的五年,是决胜全面建成小康社会的五年。上海必须贯彻落实中央经济工作会议和十一届市委三次全会精神,在新时代坐标中坚定追求卓越的发展取向,坚持需求导向、问题导向、效果导向,强化创新驱动,突出制度供给,扩大服务功能,创造品质生活,全力打响上海服务、上海制造、上海购物、上海文化品牌,努力实现创新成为第一动力、协调成为内生特点、绿色成为普遍形态、开放成为必由之路、共享成为根本目的的高质量发展。

3.4.1　全面深化自贸试验区改革开放

党的十九大报告提出,要赋予自由贸易试验区更大改革自主权,探索建设自由贸易港。上海自贸试验区要按照习近平总书记提出的"对照国际最高标准、最好水平的自由贸易区"的要求,坚持目标导向和问题导向,聚焦若干核心制度和基础性制度,更加注重制度创新的系统集成、更加注重改革开放的先行先试、更加注重与国家战略的紧密联动,进一步发挥全国改革开放试验田作用。

1. 加快推进自由贸易港建设

一是形成开放度最高、国际竞争力最强、风险防控有效的贸易便利化制度体系和口岸监管新体制。以"区港一体、一线放开、二线安全高效管住"为核心,建立自由进出、便利安全的货物进出境管理制度,实施以经营自由、守法便利为主导的区域运行管理。进一步拓展自由贸易账户功能,实行以贸易投融资资金自由收付为重点的跨境金融业务管理制度。实施精准严密、协同有序的二线监管制度,加强国际运输资源的市场化配置。二是集聚发展外贸新产业,提升资源配置能力。集聚发展转口贸易和离岸贸易,优化货物进出口和过境后续和程序,积极探索资金流、货物流、订单流分离下的离岸贸易业务模式,为转口专卖业务提供高效便捷的结算及贸易融资服务。打造国际中转集拼枢纽,组织实施国际转运、过境货源与境内出口货源拼装和多式联运。大力发展总部经济,吸引跨国公司建立统筹和服务更大范围国际市场的地区总部、研发中心、采购中心、财务管理中心等功能性机构。三是提升发展现代航运产业,深度融入国际航运产业链分工合作。提升现代航运服务能力,适应国际运输和中转服务枢纽港需求,创新发展国际运输代理、国际集装箱多式联运、运输保险、航运金融等现代航运服务。拓展全球航运设备维修监测业务,建立符合国际惯例的全球维修检测监管制度,开展飞机、船舶和大型设备等零配件采购分拨、航材租赁交易维修等服务。打造国际航运信息枢纽,推进上海国际航运中心综合信息共享平台、国际航运数据库、港航大数据实验室等航运信息基础设施建设,提升完善洋山港 E-航海示范区建设,打造全球领先的智慧港口。

2. 加快构建高水平的自贸试验区制度创新体系

一是构建内外资一致市场准入制度。对内外资实行一致的市场准入负面清单制度,保障内外资在资质资格获取、招投标、权益保护等方面平等使用生产要素、公平参与市场竞争、同等受到法律保护,对内外资实行一致管理,优化简化的办事环节和流程。二是进一步完善以贸易便利化为重点的贸易监管制度。深化国际贸易"单一窗口"建设,争取国家部委开放其业务受理系统与"单一窗口"的数据接口。深化货物状态分类监管,考虑货物来源地和进出区不同流向、用途等因素,推动货物状态分类更加合理化。三是加快建立符合国际惯例的税收制度。探索建立鼓励境外股权投资和离岸业务发展的税收制度,对国际标准定义下的转口贸易和离岸贸易实行低税率。探索建立税收预先裁定制度,帮助企业避免不必要的成本。四是进一步完善与开放型经济相适应的风险防控制度。完善产业风险防控制度,加快健全国家安全审查和反垄断审查协助工作机制。完善金融风险防控制度,加强对大规模短期资本跨境流动的监测和管理。

3. 加快建立具有国际竞争力的金融和服务业开放创新体系

一是积极审慎推进金融开放创新。配合国家有关部门制定"金改 40 条"实施细则。拓展自由贸易账户功能,启动自由贸易账户本外币一体化业务,鼓励金融机构利用其开展金融创新。扩大金融市场对外开放,加快面向国际的金融交易平台建设,探索建立人民币国际化服务中心。二是扩大服务业对外开放。对照国际通行规则,张弛有度地"瘦身"负面清单,尽快在增值电信、金融服务、演出经纪、航空服务、教育培训等领域进一步扩大开放,增强项目落地的便利性。试点跨境交付和自然人流动的开放方式,在信息技术迅速发展的背景下,许多服务如在线教育、在线金融等业务可通过跨境交付方式实现,应积极试点这一方式。另外,专业服务业主要依靠人力资本投入,上海自贸试验区对此应通过自然人流动和资质认可方式来扩大开放。

3.4.2　打造服务"一带一路"建设桥头堡

党的十九大报告提出,要以"一带一路"建设为重点,坚持引进来和走出去并重,形成陆海内外联动、东西双向互济的开放格局。上海要以自贸试验区为制度创新载体,以经贸合作为突破口,以金融服务为支撑,以基础设施建设为重点,以人文交流和人才培训为纽带,以同全球友城和跨国公司合作为切入点,努力成为能集聚、能服务、能带动、能支撑、能保障的桥头堡。

1. 以中国国际进口博览会为突破口,深化贸易投资合作

根据国家部署,积极承办中国国际进口博览会,推动经贸合作向纵深发展。一是办好"一带一路"国际进口博览会。引进国际品牌,形成具备专业化、国际化、市场化的进口展示交易平台,配套外贸平台建设,拓展技术研发、产品认证等公共服务功能,积极建设进出口交易中心。二是深化"一带一路"贸易合作。以"区港一体、一线放开、二线安全高效管住"为核心,加快推进自由贸易港建设。建设"一带一路"进口商品保税展示中心,推动"一带一路"跨境电子商务发展。三是加强"一带一路"投资合作。促进国内产品、设备、技术、标准和服务等一体化走出去,进一

步放宽境外投资备案权限,完善对外投资服务促进体系。四是深化国际产能和装备制造合作。重点在火电、核电、风电、太阳能等能源装备,智能制造装备,生物医药与医疗器械,特种设备装备制造等领域加强合作。

2. 以建设"一带一路"投融资中心为重点,提升金融合作水平

把握国家金融开放和人民币国际化机遇,对接"一带一路"金融服务需求,加强与上海国际金融中心联动,把上海建成"一带一路"投融资中心和全球人民币金融服务中心。一是完善投融资服务体系。支持在沪金融市场与沿线国家(地区)交易所、登记结算机构间的双边业务和股权合作。吸引集聚单边和多边金融机构,加大开放性和政策性金融支持力度,推动设立"一带一路"金融资产管理公司,支持境内外优质企业利用上海资本市场发展。二是扩大人民币跨境使用。加强与境外人民币离岸市场合作,加快推进人民币跨境支付系统(CIPS)二期建设,与沿线建立货币联动清算机制。支持银联国际等非银行支付机构提供跨境金融服务,推动互联网、电信支付等普惠金融走进沿线。三是建立"一带一路"风险管理中心。大力发展"一带一路"保险服务,鼓励在沪保险机构与"一带一路"沿线开展再保险业务合作。与"一带一路"沿线国家加强信息沟通和监管协调,有效防控金融风险。

3. 加快推进高附加值航运服务发展,打造智慧型全球航运中心

加强与上海国际航运中心建设联动,强化国际海空枢纽建设,促进航运与新技术的融合。一是加快发展高端航运服务业。扩大"上海国际航运中心综合信息共享平台"服务范围至"一带一路"沿线,吸引国内外知名航运、航空咨询机构设立分支机构,支持有一定影响力的本土航运智库发展,鼓励航运咨询机构走出去。提升"一带一路"上海航贸指数影响力,加强国际海事组织亚洲技术中心服务功能,依托上海海事大学牵头组建国际海事校企联盟。二是促进智慧化和绿色港航发展。加快建立智慧化、绿色化的航运服务体系,打造"一带一路"航运服务新亮点。鼓励货运代理、船舶代理等航运服务企业通过"互联网"发展新型航运业态,鼓励航运类、贸易类等跨境电子商务平台发展。推进港区岸基供电技术、LNG 燃料加注技术、低硫燃油等应用推广,推动海空相关服务设备能源使用绿色化、节能化。三是以科技

创新驱动航运新业态发展。鼓励航运服务企业结合当前互联网＋、物联网、分享经济等发展趋势，发展航运新业态，培育航运发展新亮点。

4. 集聚沿线科技人才，增强科技创新实力

全面对接国家"一带一路"科技创新行动计划，加强与建设具有全球影响力的科技创新中心联动，促进科技联合攻关和成果转化。一是加强"一带一路"科技合作。加强技术联合攻关，构建与沿线海洋科技创新合作伙伴关系，深化海洋科技研究与技术合作。推进大科学设施向"一带一路"沿线国家（地区）开放，与沿线国家（地区）共建联合实验室或研究中心，加强与沿线科技园区合作。二是促进科技创新成果转化。与沿线拓展技术转移协作网络，搭建技术转移信息平台，共建技术转移中心，促进绿色技术等转移转化。三是打造"一带一路"科技人才高地。加强"一带一路"科技交流，实施"一带一路"优秀青年科学家交流计划，五年内资助沿线国家（地区）400 人次以上，吸引培育一批站在科技前沿、具有国际视野的优秀科技人才，为"一带一路"科技合作提供坚实的智力支撑。

表 3.2　上海科创中心建设出入境政策"新十条"

实施不断开放的政策，吸引海外人才创新创业	1. 对符合认定标准的外籍高层次人才，经上海张江国家自主创新示范区或中国（上海）自由贸易试验区（以下简称"双自"区）
	2. 允许具有硕士以上学历（含硕士）的外籍人才，或由"双自"区内企业、国务院批准设立的"大众创业、万众创新"示范基地（以下简称"双创"示范基地）内企业、上海市高等院校、科研院所聘雇或邀请的外籍人才，未持签证来华的，可持相关证明向上海口岸签证机关申请人才签证，入境后可按规定办理居留许可；持其他签证来华的，入境后可申请变更为人才签证或按规定办理居留许可
	3. 对于从就业居留向永久居留资格转换的外籍人才，允许其外籍配偶和未成年子女随同申请永久居留
	4. 允许获得在华永久居留资格或持有工作类居留许可的外籍人才和港澳台高层次人才聘雇外籍家政服务人员，此类外籍家政服务人员可向上海口岸签证机关申请私人事务签证入境
	5. 对于外籍人员在申请永久居留过程中提交的国外无犯罪记录证明、婚姻证明、出生证明、亲属关系证明、收养证明等相关材料，可以由有关国家主管部门出具并经中国驻该国使（领）馆认证，也可以提交所属国驻华使（领）馆出具的证明

（续表）

实施积极务实的政策，方便外籍华人安居乐业	6. 外籍华人具有博士研究生以上学历的，或在"双自"区内或"双创"示范基地内单位连续工作满4年、每年在中国境内实际居住累计不少于6个月的，可以申请在华永久居留（其外籍配偶和未成年子女可随同申请）
	7. 外籍华人凭探望亲属、洽谈商务、科教文卫交流活动及处理私人事务的相应证明或担保，可申请5年以内多次入出境有效签证；在上海工作、学习、探亲以及从事私人事务需长期居留的，可按规定申请有效期5年以内的居留许可
实施优化宽松的政策，对外籍投资者申请永久居留给予倾斜	8. 外籍人员以自然人身份或通过本人以自然人身份作为控股股东的公司企业，在上海市直接投资、连续3年投资情况稳定、投资数额合计达到100万美元（国家颁布的《外商投资产业指导目录》鼓励类产业投资合计达到50万美元）以上且纳税记录良好的，可直接申请在华永久居留（其外籍配偶和未成年子女可随同申请）
实施灵活便捷的政策，为外国学生就读和创新创业提供便利	9. 在上海高校就读的外国学生，经所在高校同意并出具推荐函，可以申请在学习类居留许可上加注"创业"后，在"双自"区内或"双创"示范基地内单位从事兼职创业活动。在境外高校就读的外国学生，受上海企事业单位邀请前来实习的，可以向上海口岸签证机关申请短期私人事务类"实习"签证，入境进行实习活动；持其他种类签证入境进行实习活动的，也可在境内申请变更为私人事务类"实习"签证
	10. 对上海市中小学校招收的外国学生，因紧急事由来上海就读的，可凭学校录取通知书等证明函件向上海口岸签证机关申请学习签证，入境后可按规定办理学习类居留许可；持其他签证入境的，可凭学校录取通知书等证明函件签发学习类居留许可

资料来源：《政策解读：公安部支持上海科创中心建设出入境政策"新十条"》。

5. 以友城合作论坛为切入点，拓展人文交流领域

依托上海国际文化大都市建设，全面提升人文合作交流水平。一是举办"一带一路"友城合作论坛。依托论坛集聚"一带一路"友城资源，打造友城间就宏观政策、商业项目等进行交流对接的平台。二是探索建设国家级丝路信息数据库。统筹协调各智库发挥特色优势，加强重点关键问题研究，打造高水平研究基地。依托中国国际经济交流中心和上海社会科学院共建的"丝路信息网"，建设面向不同国家、城市、企业和智库的"一带一路"大型综合数据库。三是加强"一带一路"文化交流。推动成立国家级"丝绸之路国际艺术节联盟"，深化上海国际电影节、美术馆、博物馆、音乐创演等与沿线国家（地区）的合作机制。

3.4.3　深入推进供给侧结构性改革

党的十九大报告明确要求深化供给侧结构性改革。上海要围绕建设现代化经济体系,把提高供给体系质量作为主攻方向,大力培育要素新供给、制度新供给、结构新供给和政策新供给,着力构建市场机制有效、微观主体有活力、运行调控有度的经济体制,从根本上提高供给体系活力和效率。

1. 实行要素新供给,提高全要素生产率

把技术创新摆在发展全局的核心位置,并推进劳动力和资本要素升级,增强经济持续增长的内在动力。一是加快全球科技创新中心建设。推进重大科技创新平台和项目建设,高标准建设张江综合性国家科学中心,打造高度集聚的重大科技基础设施集群,力争在核心技术领域取得大的突破;建立符合创新规律的科技创新体制机制,营造良好的创新创业生态环境,创新政府科技管理方式,构建市场导向的科技成果转移转化机制。二是集聚高素质人力资本。以"择天下英才而用之"的胸怀,坚持全球视野和开放思维,加大优秀人才引进力度,尤其是引进和培育更多的科学家和创新人才;打通人才便捷流动、优化配置的通道;优化国内人才成长环境,完善高校和科研机构人才评价和考核制度,进一步强化利益导向和激励机制,鼓励人才创新创造。三是扩大优质资本供给。推动多层次资本市场建设,鼓励私募股权、创业投资基金发展;提高金融领域开放程度,加快民营银行、中小金融机构发展。

2. 实行制度新供给,加强市场机制作用

深化改革开放,充分发挥市场配置资源决定性作用,解放和发展生产力。一是完善现代市场体系。支持和鼓励新业态、新商业模式发展,破除不合理准入障碍,营造有利于公平竞争的市场环境。减少政府对价格形成的干预,全面放开竞争性领域商品和服务价格,稳步推进资源环境、公用事业、社会民生等领域价格改革。打破地区封锁和行业垄断,严厉查处不正当竞争行为。提高本土企业参与国际行业标准制定的能力。完善社会征信体系,扩大信用记录覆盖面,提高失信成本。二是提升开放型经济的发展水平。充分对接"一带一路"国家战略,深度融入全球产业链和价值链,发挥上海在中国新一轮对外开放中的引领带动作用。引进跨国公司总部和功能性机构,吸引更多国际组织集聚,不断提升上海在全球经济网络体系中的地位。

3. 实行结构新供给,推进经济结构调整

加快产业结构调整,提升高端优质供给竞争力。一是促进服务业向高端化精细化发展,推动生产性服务业向专业化和价值链高端延伸,生活性服务业向精细和高品质转变,打造一流服务品牌。二是大力推进制造业创新发展,以智能制造为主攻方向,推进新一代信息技术与制造业深度融合,促进制造业数字化智能化发展,发展壮大主导产业和潜力产业,重塑新产业革命背景下的高端制造业竞争优势。三是改造提升传统制造业,综合运用法律、标准、市场及政策扶持等手段,淘汰一批与城市功能不匹配的落后产能,以技术改造和商业模式创新为抓手,加快传统制造业向价值链高端转型,不断提高产品附加值。四是积极培育新产业和新业态,顺应互联网时代颠覆式创新和产业融合趋势,积极培育具有竞争力的新兴产业。五是加大新型城镇化建设力度,深入推进农村综合改革,发展高附加值都市现代农业,提升农业优质供给能力。

表 3.3 2017 年上海市战略性新兴产业制造业产值增速情况

领　域	增速(%)	领　域	增速(%)
新能源汽车	42.6	高端装备	3.1
新一代信息技术	7.3	生物医药	6.9
节能环保	7.4	新能源	2.9
新材料	3.2	合　计	5.7

4. 实行政策新供给,改善发展环境

一是降低企业成本。降低制度性交易成本,加快政府职能转变,深化行政审批制度改革,取消一批审批事项和相关评估评审,加快建设"单一窗口"。落实"营改增"试点扩围等政策,加大结构性减税力度,对行政事业性收费进行清理整合。降

低企业融资成本,清理不合理金融服务收费,扩大企业融资渠道。降低企业社保成本和电力、物流等成本。二是防范和消除金融风险。特别是防范地下金融和影子银行风险,聚焦非法集资、P2P 网络借贷等领域,遏制案件高发态势。加强银行理财产品、信托、民间融资等领域风险监管,加强房地产市场运行监测和风险防控。三是弥补短板和薄弱环节。提升国有企业创新能力,引导企业提升产品品质,加大优质教育、医疗、养老等的有效供给,加强环境整治和交通拥堵治理。

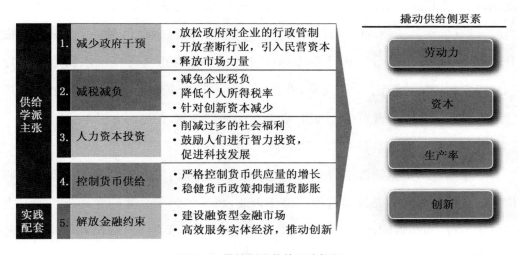

图 3.4　供给侧改革的理论框架

资料来源:波士顿咨询公司,《从国际经验看中国的供给侧改革》。

3.4.4　进一步深化国资国企改革

深入贯彻党的十九大报告提出的要求,以坚持社会主义市场经济发展方向为根本,以改革转制与创新转型"双轮驱动"为主线,在优化国资布局、发展混合所有制经济、建立有效激励约束机制和增强国有企业创新能力、创新国资监管体制机制及完善现代企业制度建设等方面取得新突破,培育具有全球竞争力的世界一流企业。

1. *以公众公司为导向,发展混合所有制经济*

一是以市场公开竞争为基础,形成国资价格发现机制。建立由市政府授权、市国资委监管下的国资流动平台,接受授权对被投资国企进行资本化运作,完善国资流动平台的市场化运作机制,理顺国资流动的决策和操作程序,完善国企整体或核心业务上市机制,形成国资向公众公司转变的基本模式。二是拓展公司制股份制改革、开放性市场化双向联合重组、股权激励和员工持股等方式,形成发展混合经济的多种路径。

2. 完善国资流动平台功能,促进国有资本有序流动

一是深化国资流动平台改革。进一步健全完善国资运营平台制度体系和运作机制,进一步拓展国资流动平台功能,优化资本运作收益使用,加大存量资产盘活力度,继续推动具备条件的股权进入国资流动平台,通过组合运用新型金融工具提升运作效率。二是充分发挥证券市场、产权市场、债券市场等多层次资本市场作用。组合运用协议转让、大宗交易、可交换债等手段加快股权运作、直接融资、资产注入,清理退出一批、重组整合一批、创新发展一批企业,促进国有资本合理流动。

3. 以管资本为主加强监管,优化国资管理体制机制

一是推进国资监管机构自身改革,实现以管企业为主向管资本为主转变。将依法由企业自主经营决策的事项归位于企业,将延伸到子企业的管理事项原则上归位于一级企业,将配合承担的公共管理职能归位于相关政府部门和单位。规范国有资本运作,重点聚焦股权注入、运作管理、投资配置、收益优化管理。维护资本安全,重点完善企业内控制度加强风险管理,健全"经济运行监测、风险预警跟踪、科学评估评价、事中事后监管"体系,防范经营风险。二是发挥国资监管机构专业化监管优势,深化市属经营性国资集中统一监管。建立健全覆盖全部国有企业、分级管理的经营性国有资本预算制度,提高国有资本收益上缴比例。优化完善国资监管数据平台,实现信息互通和在线协同。完善以总法律顾问为核心的企业法律顾问制度,推进企业依法经营、合规管理。进一步整合监督资源,增强监督合力,构建出资人监管、外派监事会监督和审计、纪检监察、巡视等监督工作会商机制。健全国有企业重大决策失误失职、渎职责任追究倒查和责任追究机制。

4. 鼓励支持国有企业加快科技创新,推动国有经济提质增效

一是深入实施创新驱动发展战略,发挥科技创新在全面创新中的引领作用。

尊重企业家创新创业精神,国有企业切实承担起科技创新的主力军责任,推动新技术、新产业、新业态蓬勃发展。按照国有企业科技创新"四个一"目标,支持一批在国家产业发展关键领域,掌握核心关键技术的自主创新企业;形成一批体现国际先进水平,具有自主知识产权的工程和项目;集聚一批站在行业科技前沿、具有国际视野和创新能力的领军人才和优秀科技人才。二是健全以创新为导向的考核评价体系。竞争类企业实施以创新体系建设和重点项目为主的创新转型专项评价,与领导人员综合考核和任期激励挂钩。三是完善企业为主的科技创新投入机制。国有技术类无形资产可实施协议转让,促进技术创新成果转化。四是支持企业探索建立科技成果、知识产权归属和利益分享机制。五是完善鼓励创新的容错机制,对符合容错条件的重大创新工程和项目不作负面评价。

3.4.5　加快推动政府职能转变

以高效市场、有限政府为目标,坚持激发市场活力和加强市场监管相结合,率先建立一整套符合市场经济规律和现代治理体系要求的政府服务管理模式。

1. 建立健全"三大制度"

一是继续深化"证照分离"商事登记制度改革,建立制度性交易成本最低的行政审批制度。在前期对 116 项审批事项开展"证照分离"试点的基础上,进一步对商事制度、医疗、投资,建设工程、交通运输、商务农业、质量技术监督、文化、旅游等领域的审批事项进行改革试点,推进"照后减证"改革,进一步降低市场准入门槛和制度性交易成本,切实破解"准入不准营"顽疾问题。推进重点产业和社会重点领域"全链条"审批改革协同配套,加强重点领域、关键环节简政放权。二是建立风险防范能力最强的事中事后监管制度。厘清政府有关部门市场监管职责,建立登记注册、行政审批、行业主管相互衔接的市场监管机制,推进实施"双告知""双随机"抽查等制度。推进统一市场监管和综合执法模式,整合监管部门,减少监管层级,提高监管效能。建立健全"四位一体"事中事后监管格局,完善科学有效的事中事后监管制度,强化社会信用体系建设。三是完善"三张清单"管理制度。构建一级地方政府"三张清单"管理体系,建立健全"三张清单"动态管理机制和监督问责机制。

2. 调整重塑"四大体系"

一是构建"互联网＋政务"服务体系,加快智慧政府建设。全面推进线上线下政务服务流程再造、数据共享、业务协同,建成上海政务"一网通办"总门户,形成集"一网受理、协同办理、综合管理"为一体的政务服务体系,建立"一网通办"协同办理新机制,实现数据汇集互联和共享应用。应用大数据、人工智能、物联网等新技术,提升政府管理科学化、精细化、智能化水平,形成整体协同、高效运行、精准服务、科学管理的智慧政府基本框架。二是建立创新环境最优的行政服务体系。建立重点产业"全产业链"政策服务体系,健全知识产权保护服务体系,完善"双自联动"人才服务体系。三是完善均衡优质的公共服务体系。继续深化事业单位改革,健全公共服务供给体系,加强生态环境保护职能。四是优化政府组织机构体系。探索组建政务大数据管理机构,优化"审批、监管、执法"适度分离的机构设置。

3. 健全完善"三大机制"

一是探索建立科学高效的综合治理机制。进一步健全网格化管理体制,建立健全执法信息互联共享机制和执法事项联动联勤机制。二是健全依法行政决策机

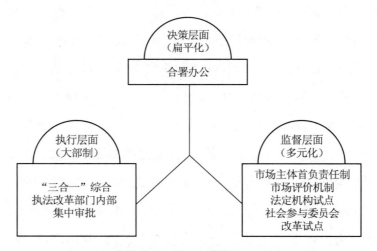

图 3.5　上海自贸试验区"一级政府管理体制"改革创新

资料来源:《上海自贸试验区"一级政府管理体制"改革创新研究》,上海市发展改革研究院团队,2016 年上海市政府决策咨询重点课题成果。

制。健全依法决策机制,探索建立政府信息公开清单制度,拓宽公众参与行政决策渠道,进一步完善投资者异议审查制度。三是完善行政权力运行监督机制。深入推进诚信政务建设,加强行政监督和审计监督,健全党内、人大、民主、司法等监督制度,完善社会监督和舆论监督机制。

3.4.6　全面深化科技创新体制机制改革

围绕率先实现创新驱动发展转型,以推动科技创新为核心,以破除体制机制障碍为主攻方向,加快向具有全球影响力的科技创新中心进军。

1. 依托自贸试验区和科创中心建设再造发展新动能

一是以自贸试验区建设强化价值链升级的制度支撑。构建吸引高端要素集聚的制度体系,促进高端技术、资本、人才要素流入。营造促进总部经济发展的制度环境,吸引跨国公司总部集聚。完善价值链升级的贸易金融制度,大幅削减贸易壁垒,优化进出口流程,发展供应链融资。二是以科创中心建设提升全球价值链高端竞争力。完善科技创新体制机制,构建符合创新规律的评价体系,帮助创新企业建立上市通道。加强国际创新合作,鼓励外资研发中心与本地机构联合攻关,发展跨境研发。完善科技创新融资体系,鼓励商业银行为科技企业提供融资服务。

2. 依托张江科学城建设继续推进科技创新体制机制改革

一是加快完善国家科学中心运行管理体制机制。探索实施科研组织新模式,探索建立重大科技基础设施建设协调推进机制和运行保障机制,继续推进科学中心大科学设施等相关项目建设,促进上海高水平实验室、研发机构与大学建设。二是深入推进张江国家自主创新示范区体制机制改革。进一步推进国际人才试验区建设,推进海外高层次人才引进、管理和服务等创新政策措施先行先试,进一步深化海外人才永久居留便利服务试点,推进落实部市合作机制。支持银行业金融机构开展投贷联动服务创新,协调推进知识产权质押融资和专利许可收益权证券化。继续开展"双创"示范工程建设,继续深化"双自联动"改革。三是进一步推动全市科技创新体制机制改革。发挥"三区联动"优势,进一步完善科技创新财政投入机制、完善财政科技计划项目组织实施机制,深化推进科研院所分类改革。围绕金融服务、股权激励、海外人才引进、发展新型产业技术研发组织等方面,统筹协调、深入推进国家授权上海进行的先行先试政策落地实施,充分发挥政策叠加效应,形成激励创新的良好环境。

3.4.7　加快社会领域改革发展

全面深化教育综合改革,提升健康和医疗服务水平,大力建设法治上海,不断满足人民日益增长的美好生活需要,不断促进社会公平正义。

1. 深入推进教育综合改革

一是实现基础教育公平优质科学发展。全面推进义务教育城乡一体化发展,实施城乡学校携手共进计划,建立城乡学校互助发展新格局。提供公益普惠的高品质学前教育服务,主动适应全面两孩政策,超前规划和布局学前教育资源。二是推进高等教育创新人才培养质量全面提升。推进高校分类发展和布局优化,通过科教融合、产教结合、国际合作等多种形式,统筹世界一流大学和一流学科建设,使上海高等教育进入世界发达高等教育行列。三是提高职业教育技术技能人才培养水平。完善现代职业教育人才培养体系,促进职业教育与普通教育相互融通,建立以职业需求为导向、以实践能力培养为重点、以产学结合为途径的专业学位研究生培养模式。四是提供更加灵活便利的终身教育服务。建立多主体共同参与的终身教育体系,改善终身学习的技术环境,率先基本建成学习型社会,满足多样化的教育及服务需求,促进人的终身发展与城市可持续发展的和谐统一。

2. 全面深化医药卫生体制改革

一是持续推进公共卫生体系建设。落实医疗机构的疾病预防控制职责,加强疾病综合防治服务与管理,建设疾病和健康危害因素监测预警体系,提升卫生应急处置能力,完善突发公共卫生事件应急指挥系统。深化妇幼健康优质服务示范工程建设,提高妇幼保健和生殖健康公共服务水平,大力开展健康教育,着力推进健康城市建设。完善中医药服务体系,建设具有国内领先水平的中医临床基地和中西医结合重大疑难疾病临床防治中心。二是优化医疗卫生资源配置。以服务半径和服务人口为依据,完善基层基础医疗服务网络。建立与人口老龄化相适应的老年医疗护理体系,促进老年保健、医疗、康复、护理和养老服务的有序衔接。通过新建或现有医院转型增加康复医疗资源,加快康复体系建设,建设集医教研、质控为一体的康复医学平台。三是完善医学科技创新制度和平台。把握国际医学科技进步大方向,推进医学科技前瞻布局。围绕重大疑难疾病"尖峰、高峰、高原"学科建设,打造一批国内领先、国际知名、特色鲜明的疑难疾病诊疗中心,建设若干现代化研究型医院,增强疑难危重病诊治能力。

3. 扎实推进司法体制改革

一是聚焦建设公共法律服务平台。建设覆盖城乡社区、满足各领域各层次需求、体现公平正义价值追求的公共法律服务体系,统筹推进"实体、热线、网络"三大平台建设,逐步实现服务流程和服务质量标准化,不断提升服务质量。二是健全普法依法治理制度机制。落实"谁执法谁普法"的普法责任制,加强普法宣传,推行即时普法、精准普法,整合新媒体资源,努力营造全民自觉守法氛围。三是不断提升调解工作效果。大力培育行业性专业性人民调解组织,探索线上调解矛盾纠纷,努力实现调解工作智能化、数据化,助力调解工作能级全面提升。四是强化科技支撑和队伍保障。推动司法行政大数据平台建设,做好司法各类业务系统、业务数据对接。加强司法行政队伍职业化建设,健全完善司法行政干警教育培训制度体系。

3.4.8　努力推动形成全面开放新格局

坚持扩大开放的方向不动摇,紧抓招商引资不放松,优化营商环境的努力不减弱,在更加开放条件下实现经济高质量发展。

1. 对标国际先进水平,着力优化营商环境

充分借鉴世界银行营商环境评价方法论的有益经验,加大系统性营商环境改革力度。一是全方位推进高水平的投资贸易便利化自由化。全面清理和推进在外商投资负面清单以外仍然存在的对外商投资的专项审批规定,全面实行准入前国民待遇加负面清单的外资准入制度。放宽外资金融机构设立限制,完善上海金融综合管理试点,在加强监管中提高金融开放水平。二是建立竞争高效的市场运行秩序。弘扬履行责任、敢于担当、服务社会的营商文化。深化商事制度改革,优化提升企业设立、变更、注销、备案等各环节便利度。加快社会信用体系建设,维护市场公平秩序。三是充分激发创新创业活力。聚焦张江综合性国家科学中心建设,深化开放创新的科技体制机制。打造具有国际竞争力的人才引进制度,实行严格的知识产权保护。四是优化提升政府服务水平。加快在全市推广实施"证照分离"改革,优化建设项目投资管理。推进纳税便利化改革额,持续为市场经济主体减负松绑,优化营商环境的网络化智能化载体,为企业提供高度集成的办事服务。

2. 进一步提高利用外资水平,培育利用外资新优势

把吸引外资作为主动参与全球价值链的有效途径,借助外资带动上海新一轮产业转型升级。一是实质性大幅放宽外资准入。切实放宽银行、证券、保险行业外资股比限制,扩大外资金融机构业务范围。支持外商投资汽车无人驾驶、生物医药、云计算等先进制造业和战略性新兴产业,鼓励外资参与改造提升汽车、钢铁、化工等上海传统制造业,形成超万亿级先进产业集群。支持外资参与基础设施建设、政府科技计划项目。加快推进教育、文化、建筑设计、会计审计等服务业领域有序开放。二是加速集聚外资研发中心,提升总部经济能级。鼓励外资设立参与母公司核心技术研发的全球研发中心、大区域研发中心和开放式创新平台,支持外资研发中心经认定享受跨国公司地区总部政策,吸引更多外资研发中心落户上海。三是加大重点领域招商引资力度。全面实施亚太运营商等"十大投资促进计划""制造业利用外资三年行动计划",着力推进"总部经济提质专项行动计划"。编制外商投资重点领域和重点产业招商目录,加强各区各开发区战略招商、精准招商。四是加强知识产权保护。健全外商投资企业投诉机制,协调解决外企反映的突出问题,加强知识产权执法力度,保护外资企业合法知识产权。

3. 坚持提能级、强功能、补短板,提升上海外贸在全球价值链中的地位

加快服务贸易创新,优化进出口结构,推动外贸发展从"大进大出"向"优进优

出"转变。一是加快服务贸易创新。创新服务贸易发展模式,加快服务外包业务转型升级,鼓励服务贸易商业模式创新。实施生活性服务业提质工程,五年之内实现家政持证上门服务覆盖率 80% 以上。二是打造高能级的现代市场体系。实施"互联网＋流通"行动计划,支持市场功能向集成交易、物流、金融、数据等服务拓展,聚焦有色金属、化工、医药等领域,建成一批面向国内、国际两个市场的千亿、万亿级交易市场(平台)。三是全力有效推进跨境电子商务发展。依托跨境电子商务综合试验区,加快建立健全适应跨境电子商务的监管服务体系,探索建立国际跨境电子商务的行业标准和国际通用规则。四是提升上海外贸在全球价值链中的地位。加强出口基地建设,加大高档次、高附加值产品出口。优化进口结构,使上海成为进口消费品、关键零部件、重要装备的枢纽。深入开展外贸"四个 100 行动",重点支持进出口百强企业、支持百强自主品牌、支持百家新贸易企业、解决百个具体问题。五是以全球供应链贸易为导向推动贸易便利化。上海在全球供应链贸易体系地位不断提升,对贸易监管提出了更高要求。建议加强口岸监管部门协同,推进国际贸易"单一窗口"3.0 版,处理好上海版与国家标准版"单一窗口"的关系,力争将货物状态分类监管由物流领域拓展到生产领域。

4. 引导和规范对外投资,主动布局全球价值链

把对外投资作为主动布局全球价值链的关键举措,深化对外投资体制机制改革,促进企业合理有序开展境外投资活动,防范和应对境外投资风险。一是引导企业理性健康投资。按照"鼓励开展、限制开展、禁止开展"三类引导和规范企业境外投资方向。鼓励企业在高新技术、高端制造、营销网络等领域开展投资并购,大力发展上下游产业链,构筑起辐射全球的供应链体系。二是完善投资促进与支持体系。完善信息、金融、投资促进、人才和风险防范的"五位一体"走出去公共服务体系,支持境内资产评估、法律服务等相关中介机构发展,为企业境外投资提供国际化的商业咨询服务,降低企业境外投资经营风险。三是健全中介服务体系。组建专业化平台,完善信息、金融、投资促进、人才和风险防范的"五位一体"走出去公共服务体系,支持境内资产评估、法律服务、会计服务、税务服务、投资顾问、设计咨

询、风险评估、认证、仲裁等相关中介机构发展,为企业境外投资提供市场化、社会化、国际化的商业咨询服务,降低企业境外投资经营风险,加强境外投资风险防范。

3.4.9 大力推动区域合作

与沿江省市共建长江经济带,深入推进长三角地区协同发展,全力做好对口支援和合作交流工作,形成对内对外开放相互促进新格局。

1. 务实推进长江经济带建设,构建中国经济新支撑带

一是抓紧编制上海推动长江经济带发展实施规划。贯彻落实《国务院关于依托黄金水道推动长江经济带发展的指导意见》和《长江经济带发展规划纲要》,编制好推动长江经济带发展实施规划,推动上海与上中下游地区协调发展。二是进一步深化合作内容。依托长江沿岸中心城市经济协调会平台,主动参与和服务长江经济带建设,推动实施规则体系共建、创新模式共推、市场监管共治、流通设施互联、市场信息互通、信用体系互认,与长江经济带省市共建沿江绿色生态廊道和综合立体交通走廊,着力构建长江经济带东西双向、海陆统筹的对外开放新格局。三是合力推进区域产业结构优化升级。加大长江经济带产业发展合作力度,推动东部地区外向型产业有序向中西部地区转移,搭建跨区域产业合作平台,并做好引导和服务,促进沿江产业合理布局和集群化发展。

2. 引领长三角区域协同发展,打造具有全球影响力的世界级城市群

推动长三角区域合作,积极将长三角城市群打造为具有全球影响力的世界级城市群,充分发挥对全国经济社会发展的重要支撑和引领作用。一是推进长三角基础设施协同发展。以重大基础设施建设为抓手,优化完善长三角区域交通网络布局,提升区域间通达能力。发挥上海国际航运中心枢纽功能和引领作用,进一步构建多式联运发展合作机制,推进长三角世界级机场和港口群协同发展。二是深化长三角产业合作。持续深化长三角产业合作,完善多层级协商推进机制,深入推动沪苏大丰产业联动集聚区、中新苏滁现代产业园、张江平湖科技产业合作园等一批跨省合作园区发展。按照长三角城市群协同发展和建设世界级先进制造业集群

要求,助推区域科技资源共享、产业创新协作,推动长三角产业率先转型升级。三是加强长三角科技创新合作。以上海建设全球科技创新中心为引领,推动区域内高校、科研院所、高科技企业及其他研发机构联合组建"长三角产业技术创新联盟",资助共性关键技术联合攻关,探索形成优势互补、利益共享、风险分担、共同开发的技术创新合作机制,促进区域内创新资源整合,强化区域整体创新功能。四是进一步促进长三角要素流动。发挥上海在长三角区域合作中的龙头作用,推动非核心功能疏解,与周边城市协同发展,促进要素畅通流动,努力实现区域间要素互融互通。

3. 推进对口支援与合作交流,确保工作走在全国前列

一是高质量做好对口支援工作。主动对标中央要求,聚焦产业合作、劳务协作、人才支援等领域,加大对口地区帮扶力度,协助对口支援地区打好脱贫攻坚战,增强自我发展和可持续发展能力,切实帮助对口支援地区实现携手奔小康。二是不断增强与兄弟省市的合作交流。加强与签署战略合作框架协议的 11 个省(自治区)、4 个市的沟通和交流,以对口大连合作为突破口,开创优势互补、互利共赢的合作新模式。注重发挥市场作用,学习借鉴京津冀协同发展中的新经验,强化上海综合服务能力,着力构建统一开放、有序竞争的现代市场体系。

(陆丽萍　邱鸣华　陈畅)

第 4 章

上海经济转型升级的思路和主要任务

经过前阶段的发展,当前上海正处于全面深化改革承前启后的关键阶段,城市创新发展迈入继往开来的重要时期。在新的起点上,上海要进一步加大经济转型升级力度,加快建设现代化经济体系和产业体系,为 2020 年基本建成"四个中心"和社会主义现代化国际大都市、开启迈向卓越的全球城市新进程奠定坚实基础。

4.1　上海经济转型升级的主要成效和问题

过去五年,上海主动适应和引领经济发展新常态,大力推进供给侧结构性改革,经济发展换挡降速,经济结构调整和新动能培育取得了重要进展,服务经济为主的产业结构日渐巩固,消费对经济增长的支撑作用显著增强,新动能的拉动作用日趋显现,完成了"创新驱动发展、经济转型升级"的关键一跃。

4.1.1　经济转型升级取得的重大成效

1. 经济增长质量和效益不断提高

过去五年,上海经济运行总体平稳,经济持续保持中高速增长。经济发展质量不断提升,财政收入年均增长率处于全国前列,2012—2017 年年均增速约 12.2%,财政收入结构优化,非税收入占比全国最低。经济增长获得感持续提高,全市居民人均可支配收入保持两位数增长,农村居民收入增速快于城镇居民。经济发展对生态环境更加友好,环保投入占 GDP 比例保持在 3% 左右,能源消费总量保持稳定,单位生产总值能耗累计下降 22.8%,新能源利用快速增长,从 2012 年到 2016 年,累计装机光伏电站并网容量增长超过 124%。

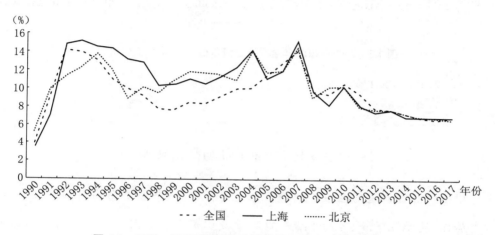

图 4.1　1990—2017 年全国、上海和北京 GDP 增速变化情况

资料来源:国家统计局、上海市统计局。

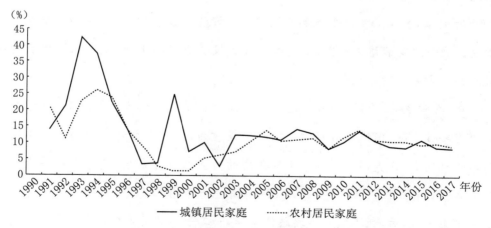

图 4.2　1990—2017 上海城镇和农村居民家庭人均可支配收入增速变化情况

资料来源:上海市统计局。

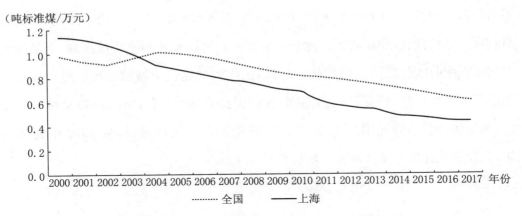

（吨标准煤/万元）

图 4.3　2000—2017 年全国及上海单位 GDP 能耗变化情况

资料来源：上海市统计局。

专栏 4.1　增速下降与经济转型

中国经济目前还处在中长期的下行通道当中，一个主要影响因素是人口，人口老龄化、流动性下降、劳动年龄人口数量减少是根本原因。在劳动力优势已不明显的情况下，要实现中华民族伟大复兴的目标，需要依靠投资拉动经济增长。投资拉动模式面临着投资边际效应递减的问题，即资本形成的比重不断下降。2005 年之前，我国的资本形成高于固定资产投资总额，2006 年以后情况则发生了改变。这一改变有诸多原因，但总体反映了投资效应的下降，或是经济增长本身进入存量主导阶段。

在"存量主导"阶段，经济增速下降的同时存量越来越大，增量相对存量而言显得重要性下降，但依然有影响。以汽车销量为例，汽车销售量分为一手车销量和二手车销量，在美国这样一个比较典型的存量经济体系中，二手车销量是一手车的 3 倍。在中国，2000—2010 年，新车销量一年增长 1 倍，十年增长了 10 倍；但在 2011 年以后，新车销量增速总体下降，而二手车销量如今已占新车销量的一半左右，相信未来几年还会不断增加。

今后,中国存量经济的特征会越来越明显,存量经济主导将带来更多结构性变化,而非趋势性变化。例如,2010年之前,全国房价普涨;2010年以后则是结构性的上涨,先是一二线城市上涨,之后是三四线城市上涨。

从结构性变化的角度来看,经济增长减速是好事。德国、日本和韩国都是二战后成功转型的国家,且都是通过经济减速的方式实现转型,而不是维持中高速增长。中高速或高速增长难以转型,只有经济增速下降才能转型,因此,日本、德国和韩国的城市化率增速下降,工业增加值占GDP的比重下降,自然而然实现了转型。

中国在资本投入的过程中,资本的技术含量也在提升,信息设备、通信设备、软件投资等方面的比重明显上升,推动产业升级。这说明,尽管拉动经济增长的还是基建和房地产投资这一传统模式,但产业升级也确实在推进,这是随着收入水平的提高而出现的自然升级和转型过程。

资料来源:李迅雷,《当前经济格局下的资产配置建议》,"香港商报"公众号。

2. 经济结构新旧动能加快转换

过去五年,上海产业转型升级加速推进,第三产业保持年均两位数增长,占比从2012年的60.4%上升到2017年的69%,2017年金融业占GDP比重超过17.6%。"四新"经济增长迅速,战略性新兴产业增加值从2012年到2016年增长超过50%,占GDP比重达到15%左右,战略性新兴产业制造业总产值占工业总产值比重超过29%,六个重点行业工业总产值占全市规模以上工业总产值比重达到64.8%,比2012年提高1.7%。对重化工业和加工型劳动密集型产业的依赖进一步减少,劳动密集型、环境损耗型产业加快向外转移,部分"三高一低"落后行业整体退出上海。消费成为经济增长的主要拉动力,过去五年社会消费品零售额年平均增长率达到8.8%,明显高于同期经济增长速度,2016年消费对经济增长的贡献率接近65%。"四新"经济加速成长,电子商务交易额持续保持20%以上增长。

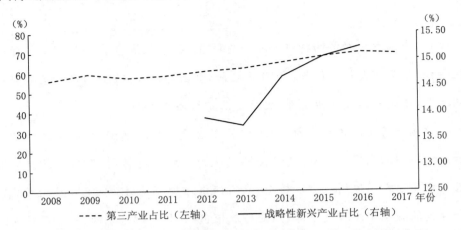

图 4.4　2008—2017 年上海第三产业和战略性新兴产业占 GDP 比重变化趋势

资料来源:上海市统计局。

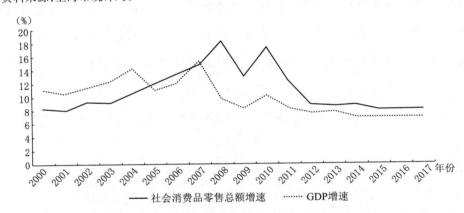

图 4.5　2000—2017 年上海社会消费品零售总额增速与 GDP 增速变化趋势

资料来源:上海市统计局。

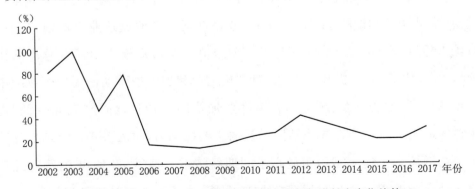

图 4.6　2002—2017 年上海电子商务交易额年增长率变化趋势

资料来源:上海市统计局。

3. 全社会创新创业活力有效激发

过去五年,上海全社会研发投入占 GDP 比例达到 3.8%,其中企业、社会投入超过 70%。2017 年发明专利授权量达到 20 681 件,截至 2017 年底,有效发明专利拥有量突破 10 万件,每万人口发明专利拥有量从 2012 年的 17.2 件上升到 2017 年的 41.5 件。在创新产出的质量上,基本达到跟跑、并跑、领跑"三跑"并列。张江综合性国家科学中心建设取得重要进展,一批大科学装置集聚,承担一批国家大科技专项,围绕全球、全国前沿领域推进一批大项目,形成一批产业落地成果,涌现一批重大战略产品,重大专项与产业的互动网络建设取得显著成效。科技创新生态体系持续完善,大众创业、万众创新的氛围环境改善明显,全市各类孵化器数量达到 500 多家,出现品牌性、集团化、连锁性、国际化的孵化器,创新创业出现区域化特征。

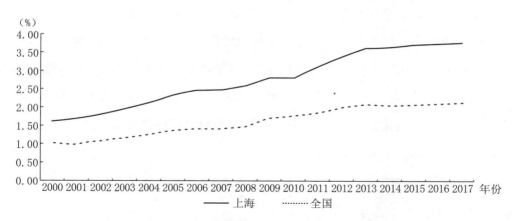

图 4.7　2000—2017 年上海和全国研发投入占 GDP 比例变化趋势

资料来源:上海市统计局。

4. 城市功能和影响力不断提升

过去五年,上海国际金融中心基本形态和总体框架确立,金融市场年交易额超过 1 400 万亿,成为全球市场种类最齐全的金融城市之一,主要金融市场交易量在过去几年持续排名全球前列,外资金融机构集聚明显,占上海金融机构总量约 30%,外资法人银行、财产险公司、保险公司数量占全国一半以上,金融对外开放迈出重要步伐。国际贸易中心核心功能基本形成,对外贸易总额保持稳定,占全国比重不断提升,贸易结构不断优化,一般贸易好于加工贸易、进口好于出口、服务贸易好于货物贸易,部分大宗商品交易形成"上海价格",具备一定的国际话语权,中国国际技术进口交易会、中国国际进口博览会等一批具有国际影响力的重要展会在上海举办。航运集疏运体系和服务体系进一步完善,上海港集装箱吞吐量连续8年全球第一,是全球第一个集装箱吞吐量突破4 000万大关的港口,空港旅客吞吐量首次突破1亿,是全球第五个航空旅客跨入亿级的城市。经济中心能级不断提升,功能型总部、地区总部达到1 300多家,继续保持跨国公司总部最多,吸引了如美中贸易委员会、各国工商大会、瑞士黄金协会等国际机构入驻。

4.1.2　需要进一步突破的障碍

1. 第二产业生产效率有待提升,经济发展的能源消耗高于其他全球城市

第二产业的生产效率关系到整个实体经济的效率,过去五年,上海全员劳动生产率提高主要依靠第三产业带动,第二产业的全员劳动生产率增长较慢,增速远低于全国平均水平。从2012年到2016年,上海第二产业的全员劳动生产率仅上升了约4.3%。以单位GDP能耗衡量,上海经济发展对能源的消耗高于香港、新加坡等城市,也高于美国、日本的平均值。

2. 战略性新兴产业占GDP比重增长较慢,缺乏龙头企业,传统产业转型升级较慢,经济发展新动能尚未成熟

2012年战略性新兴产业占GDP比重约为13.9%,从2012年到2016年仅提升了1.3%左右,新兴产业规模尚不足以弥补传统产业退出后形成的空白,对金融业、房地产和传统行业的依赖程度依然较高。新兴产业集群效应不突出,缺少有全球影响力的独角兽企业,难以形成优势产业集聚,郊区招商引资引进的部分项目质量不高,对产业升级作用不大,一些龙头企业将产能向外地转移,郊区面临被动的"二次转型"风险。传统产业升级难以找到突破点,上海原有的六大支柱以重化工业为主,主要面向企业生产,而新一轮互联网创业以面向消费者的行业为主,传统产业难以适应和谋求突破。

3. 科技研发和转化能力尚有欠缺,对创新人才吸引力不足,创业生态环境不够完善

科研院所与企业的协同创新能力落后于北京,抓住未来发展先机的能力不够,上海 2017 年 PCT 国际专利受理量约 2 100 项,与深圳、北京差距较大,深圳的 PCT 专利受理量主要来自中兴、华为等民营企业,上海民营企业创新活力相对不足。对全球顶尖人才的吸引力不足,青年人才有流失趋势,人口底线强约束使得创新人才引进的空间极小,房租等生活成本上升过快,科学家、企业家等顶端人才组建团队难度加大。创业生态环境对初创企业支持不足,创业咨询服务不健全,创业投资退出渠道不通畅,集聚全球创业资源的能力不足,营商成本过高,形成严重制约。

4. 服务业开放力度不足,金融、航运、贸易等高端服务业发展较为滞后,高端服务能力有待提升

金融市场开放度不高、市场化不足、法制化程度不高、国际影响力不足,外资占 A 股流通市值比重仅为 2% 左右,远低于香港、新加坡等金融中心城市,股票发行注册制改革尚未推出,金融仲裁、调解、审判体系未与国际接轨,金融产品定价难以对国际金融市场产生实质性影响。航运中心综合服务功能仍然不足,航运金融、航运保险、咨询经纪等高端服务业发展滞后,国际航运枢纽港功能发挥不充分,国际水

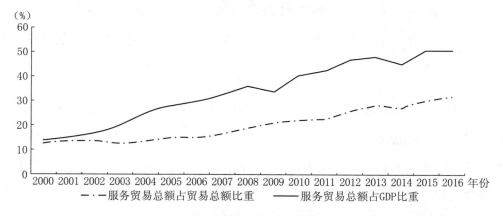

图 4.8　2000—2016 年上海服务贸易总额占 GDP 比重及占贸易总额比重变化趋势

资料来源:上海市商务委、上海市统计局。

水中转比例仅占 10%。国际贸易中心贸易结构层次较低,服务贸易规模较小,截至 2016 年占贸易总额比重约为 32%,占 GDP 比重约为 51%,且服务贸易出口增速低于进口,转口贸易仅占出口的 5%,服务国际消费者能力不足,资源配置话语权与定价权不足,业态创新步伐需要进一步加快,制度环境也要进一步优化。

4.2　新阶段对上海经济转型升级的新要求

过去五年是很不平凡的五年,中国特色社会主义不断取得重大成就,进入了新时代。上海在服务国家战略、全面深化改革创新方面取得了重要进展,"四个中心"和社会主义现代化国际大都市建设再上新台阶,经济发展到了新起点。展望未来,世界经济发展和全球城市竞争将面临更加复杂的新形势,机遇与挑战并存,风险与矛盾凸显,传统竞争格局将发生重大变化。上海要积极把握科技产业革命的机遇,以决胜全面小康为核心,兼顾社会主义现代化和建设富强民主文明和谐美丽的社会主义现代化强国两大阶段目标,全面提升经济发展质量效益和中心城市服务能级,增强在全球城市竞争中的优势。

4.2.1　新一轮科技和产业革命蓄势待发,获得创新优势的机遇稍纵即逝,上海要在新起点上继续勇当排头兵、敢为先行者,尽快提升自主创新能力,把握创新产业布局新趋势,占领科技创新和产业发展的新高地

产业结构转型升级的主要推动力是创新,无论是改造传统行业,还是发展新兴行业,都需要以全方位的创新为基础。世界上的创新活跃城市都是依托世界级的大学或科研机构的科研创新能力,通过科研成果产业化,促进一批先进行业和世界级企业发展,如硅谷和斯坦福大学,波士顿和哈佛大学、麻省理工学院。展望未来,全世界的科技研发和创新活动将极为活跃,智能机器人和新能源可能有革命性突破,人工智能、生命健康引领的新技术发展非常迅速,制造业向着高端化、智能化、

服务化转型。这一轮科技产业革命中,全球各国起跑线接近,创新产业布局呈现产研分离、网络式分布、软件硬件结合的特征,交叉创新、跨界创业趋势明显,借助新技术革命实现"弯道超车"的机遇非常大。上海拥有开放包容、海纳百川的优势,行业种类齐全,不同类型的企业可以碰撞出全新的创新创业火花。长三角区域制造业基础较好,有利于上海集中精力培育集聚研发设计类企业,与周边制造业基地进行协同融合创新,形成完整的研发生产销售链条。上海如果能率先在智能制造、新能源、生命健康等领域掌握优势,将有可能突破土地和劳动力等资源瓶颈约束,占据制造业升级发展的高点。

4.2.2　中国经济从高速增长转向高质量发展阶段,上海要进一步深化改革,加快产业结构转型升级速度,全面提升经济发展质量和效益,在中国特色社会主义新时代继续发挥引领作用

经济存量达到一定程度,经济增速会自然放缓,经济发展从注重规模扩张向注重质量效益提升转变,结构转型变得更为重要。中国经济已由高速增长阶段转向高质量发展阶段,从 2015 年下半年以来,中国 GDP 增速稳定在 6.7%—6.9% 之间,已经非常接近 L 型底部,经济增长正处在转变发展方式、优化经济结构、转换增长动力的攻关期,建设现代化经济体系成为跨越关口的迫切要求。中国社会主要矛盾也已经转化为人民日益增长的美好生活需要和不平衡不充分的发展之间的矛盾,中国社会生产能力在很多方面进入世界前列,更加突出的问题是发展不平衡不充分,这已经成为满足人民日益增长的美好生活需要的主要制约因素。上海的经济增速已基本稳定,但还存在第二产业劳动生产率增速低、经济发展能耗较高等问题。加大去产能力度、降低金融体系杠杆率可能会在短期影响经济增长率,但有利于经济长期发展和避免系统性风险,有助于提高经济增长质量和效益。上海必须坚持质量第一、效益优先,以供给侧结构性改革为主线,不断增强经济创新力和竞争力,在继续推动发展的基础上,大力提升发展质量和效益,进一步提高实体经济的能级。

专栏 4.2 世界各国结构转型差异(1985—2015)

从 1985 年到 2015 年,全世界各国各地区与禀赋相关的部门专业化模式得到加强,发达国家制造业变得更为技术密集,发展中国家在总体上变得更为工业化,但这一进程集中于土地稀缺的东亚国家,尤其是中国。在土地富足的发展中地区,工业化停滞甚至衰退,而在土地稀缺的南亚,工业化则被低识字率、弱基础设施所拖累。

造成这些变化的原因,首先是贸易壁垒减少使得各国部门结构更为紧密地与它们的要素禀赋相关联,几乎所有国家都对贸易更加开放,土地富足的国家(相对于制造业而言)更为专注于初级产品生产,技术富足的国家则更为专注于技术密集类型的制造业。

另一个重要原因是,国际商务旅行、通信成本降低,管理体系提升,使得"合作成本"降低,发达国家的高技术工人能够更为紧密地、有效地与发展中国家的工人进行合作。某些合作的增加来自跨国公司内部,但也有很多是以独立公司之间的合约关系存在,而这些公司之间以快速扩张的全球价值链网络(以及通过大幅增加的零件、组建贸易)互相联结。合作成本减少允许了禀赋偏好的国际技术转移(在设计、市场营销以及生产方面),它使得劳动密集型制造业的技术诀窍能够从技术充足的发达国家流向技术稀缺的发展中国家。而在后者中,主要是流向土地稀缺的国家,因为它们的禀赋组合提供了通过使用技术诀窍、为世界市场生产出口品而获取利益的最佳前景。

尽管大多数技术转移发生在狭义制造业,其效果也可能溢出至其他工业部门。技术转移提升了 TFP,刺激了投资,并强化了将资源再分配至更具生产力部门的力量。中国的贸易开放有效降低了全球土地/劳动比例,提高了受过基础教育工人占全球劳动力总数的比例,使其他发展中国家的比较优势从制造业转向初级产业,影响了这些国家的工业化进程。

资料来源:阿德里安·伍德、顾思蒋、夏庆杰,《世界各国结构转型差异(1985—2015):模式、原因和寓意》,《经济科学》2017 年第 1 期。

4.2.3 "四个中心"和社会主义现代化国际大都市建设进入冲刺阶段，国际国内城市之间差距缩小，竞争日趋激烈，面对日益复杂的新形势，上海要继续提升中心城市服务能级，加大对人才资本的吸引力，形成整体优势

当前中国经济发展已进入风险集聚、矛盾叠加的时期，经济发展、国际秩序、文明冲突等问题交织，全球贸易保护主义进一步抬头。全球城市在国际竞争中发挥越来越重要的作用，担负着吸引集聚优秀人才和前沿创新的使命，未来全球各大城市对人才和创业公司的争夺将更加激烈。同时，来自国内其他城市的竞争压力也日益上升，深圳、苏州等城市的人工智能产业发展迅速，政策优惠力度极大，深圳、武汉、南京等城市相继出台宽松的落户政策和具有竞争力的购房补贴制度。截至 2017 年 3 月，国务院已经批复成立 11 个自由贸易试验区，上海自贸试验区的独特性优势也有所减弱。上海未来要继续保持竞争优势和人才优势，需要大力促进高端服务业发展，继续增强城市综合服务功能，提高经济发展的环境友好度，增强人才吸引力。

4.2.4 金融体系隐含系统性风险，有可能影响经济金融稳定，上海需要加强金融风险预警和防范，促进金融为实体经济服务

从趋势来看，影子银行等"灰犀牛"隐现，金融机构之间风险传导加快，金融机构杠杆率上升趋势明显，对金融体系稳定性和经济社会发展的安全性造成了威胁。未来五年，上海需要加强对金融创新和影子银行的监管，建立完善金融风险预警防范机制，不断增强金融市场为实体经济服务功能。

4.3　上海经济转型升级的总体思路

4.3.1　指导思想

继续把握和坚持稳中求进的工作总基调，立足中国特色社会主义新时代，聚焦

建设最高标准的自贸试验区、具有全球影响力的科技创新中心两大国家战略,全面深化改革开放进程,持续挖掘制度创新红利、激发市场活力和发展动力,推动经济发展质量变革、效率变革、动力变革,在全国率先实现高质量发展,增强城市吸引力、创造力、竞争力,为未来五年建成"四个中心"和社会主义现代化国际大都市、开启基本建成现代化的新征程提供有力支撑,为2035年基本实现社会主义现代化、2050年建成富强民主文明和谐美丽的社会主义现代化强国奠定基础。

4.3.2　总体目标

上海未来经济转型升级的总体目标是:创新驱动发展、经济转型升级实现历史性跨越,经济发展平稳健康,质量效益显著提高,科创中心核心功能显著增强,经济增长新动能显著强化,实体经济、科技创新、现代金融、人力资源协同发展的产业体系建设不断加快,形成创新驱动发展的新动力,全要素生产率不断提高,城市吸引力、创造力、竞争力不断增强,经济发展成果更多更公平惠及全市人民,到2020年全面建成小康社会。推动经济实力和科技实力大幅跃升,大力推进创新型建设,为2035年基本实现社会主义现代化做好准备。促进物质文明、政治文明、精神文明、社会文明、生态文明全面提升,建设现代化经济体系,初步实现高质量发展,增强国际竞争力和影响力,为2050年基本实现全体人民共同富裕、建成富强民主文明和谐美丽的社会主义现代化强国打下基石。

4.3.3　发展目标

根据上述新形势和新要求,上海未来经济转型升级的主要目标是:

1. 增长方式加快转变,质量效益进一步提高

推动实现未来五年全市生产总值年均增长6.5%以上,到2022年人均生产总值达到17万元左右。全员劳动生产率将保持全国领先,2022年达到26.4万元/人左右,一般公共预算收入与经济保持同步增长。单位生产总值能耗进一步下降,到2022年能源消费总量控制在1.14亿吨标准煤以下。继续保持充分就业,居民人均

可支配收入保持稳定增长。

2. 创新驱动继续提速,新动能稳定增长

全社会研发经费支出相当于全市生产总值的比例在现有基础上进一步提升,保持在 4% 以上,且增加的部分以企业研发支出为主。每万人口发明专利拥有量达到 45 件以上。基本形成适应创新驱动发展要求的制度环境和科技创新支撑体系,基本形成大众创业、万众创新的发展格局,高新技术企业数量持续增长。战略性新兴产业增加值占全市生产总值比重 20% 以上,"四新"经济对经济增长贡献率进一步提高。

3. 结构调整不断优化,产业能级持续提升

全面形成服务经济为主的产业结构,服务业增加值占全市生产总值保持在 70% 以上,在此基础上生产性服务业实现专业化、价值链高端化发展,生活性服务业实现精细化、品质化发展。制造业增加值占全市生产总值比重保持在 25% 左右,实现向高端制造、智能制造迈进,形成以数字经济、智能经济、绿色经济、共享经济为引领的新型制造业体系。都市现代绿色农业发展取得显著成效,绿色农产品比重逐年上升。

4.3.4　基本思路

基于上述指导思想和总体目标,未来上海经济转型升级的基本思路可以概括为以下四个方面。

1. 聚焦供给侧结构性改革推动传统落后行业去产能、金融领域去杠杆、企业降成本、生态环境补短板,提高经济增长质量和效益

加快发展"四新经济"和战略性新兴产业,落实"中国制造 2025"战略,推动传统优势产业升级改造,淘汰落后低效产能,通过传统行业去产能,释放人才、资本、平台资源,盘活存量资本,降低经济发展的环境负担和能源消耗,提高经济发展质量和效益。以财税体制改革和政府职能转变降低企业成本,激发市场活力。通过金融领域去杠杆,降低系统性风险,使资金流向实体经济,提升为实体经济服务的功

能,促进实体经济发展。通过房地产市场长效机制建设促进房地产市场平稳健康发展,进一步减轻对房地产业的依赖。

2. 聚焦科创中心建设推动自主研发创新能力提升,加快成果转移转化,激发发展新动力

以技术创新形成一批拥有自主知识产权的核心技术,以政策和制度创新形成有利于激发创新活力、促进创新成果转化的体制机制,以科研机构、创新企业的培育集聚一批前沿技术和创新人才,通过科创中心建设形成创新源头。改善创新创业氛围和产业配套,推进创新规律与经济规律结合,为创新创业提供源源不绝的技术支撑。在创新产业发展方面未雨绸缪,超前布局,抢占产业发展前沿和制高点,形成一批有自主知识产权的尖端核心技术。

3. 聚焦新型产业体系建设推动产业结构转型,加快向产业链高端迈进,巩固提升实体经济能级

完善区域产业集群,推动全市经济协同一体、集约高效发展,加强产业规划和空间布局统筹,提高"引进来"产业项目质量。加快人工智能产业布局,扩大人工智能技术应用范围,推动数字经济、智能经济、创意经济发展,抢占未来全球城市竞争高地。提升现代服务业能级,增强服务业对经济发展和人民生活的支撑功能。加快重点产业和重点项目落地,充分利用军事技术成果,促进军民融合发展。

4. 聚焦自贸试验区和"一带一路"桥头堡建设推动服务业深度开放,提升城市综合服务功能

将自贸试验区构建为服务国家"一带一路"建设、推动市场主体走出去的桥头堡,强化改革创新联动和辐射带动作用,完善自贸试验区改革与"四个中心"、科技创新中心建设联动机制,放大政策集成效应。以自贸试验区建设促进服务业市场开放,尤其是高端服务业开放,以开放倒逼国内服务业行业转型,提升金融、教育、医疗、航运等高端服务业比重。持续放大自贸试验区的溢出效应和辐射效应,推进制度创新成果复制共享,培育良好营商环境,吸引服务业跨国企业进入上海,增强市场配置资源能力。

4.4　上海经济转型升级的主要任务

　　根据上述要求、目标和思路,围绕经济转型升级,我们梳理出未来可以考虑推进的一些主要任务,包括供给侧改革、创新创业、新型产业体系、城市功能四个方面。

4.4.1　进一步深化供给侧结构性改革

　　建设现代化经济体系,必须把着力点放在实体经济上,以提高供给体系质量为主攻方向,优化存量资源配置,扩大优质增量供给。上海在激发创新创业活力和推动产业结构升级的过程中需要解决一些过去的增长方式造成的问题,改善供给体系,提高供给效率。这些问题主要包括:经济新动能培育不足;传统制造业转型升级不快;传统行业积累了较多过剩落后产能,造成资源浪费和环境污染;金融体系规模增速较快,但实体经济的资金使用成本依然较高;过去五年上海住宅平均价格上涨接近90%,经济发展对房地产业的依赖依然较重。

　　1. 加快发展"四新经济",提升战略性新兴行业、高技术行业等新动能对经济发展的带动作用

　　"四新经济"是未来产业发展的方向,也将是未来经济增长的主要推动力,着力培育"四新经济"、在重点行业和重点领域形成优势,是上海产业结构转型升级的核心关键。科创中心建设对上海发展"四新经济"是一个巨大的机遇,具有非常重要的支撑作用。一方面,科创中心建设可以为上海的产业升级提供技术和人才支持;另一方面,上海的产业升级需要服务国家战略,并要抢占产业和技术发展的高地,将这些需求及时向科创中心反馈,可以明确科技研发的方向,形成正向循环。

　　推进"四新经济"发展与科创中心建设相结合,顺应产业跨界融合大趋势,加快发展新技术新产业新业态新模式,突破一批具有自主知识产权的高端制造业核心关键技术,促进企业与高校科研院所联动创新,形成经济增长新动能。加强对"四

新经济"的金融扶持和政策引导,重点聚焦中高端消费、生命健康、创新引领、绿色低碳、现代供应链、人力资本服务等前沿产业和领域,推动互联网、大数据、人工智能和实体经济深度融合,培育智能经济。掌握信息资源,提高全社会信息化程度,将现有资产存量与信息技术结合,发展共享经济,推动"新硬件"制造,向高端制造、智能制造迈进,全面提升上海极限制造、精密制造、成套制造能力。进一步提升自主发展能力和国际竞争力,成为世界级新兴产业创新发展策源地,推进一批战略性新兴产业重大项目落地,在符合国家重大战略需求、具有重大国际影响力的领域实现关键核心技术突破,如半导体、工业机器人、航空航天装备等,加快形成产业化能力。破除制度性瓶颈,促进平台经济、移动互联网、大数据、云计算、物联网等加速发展。

2. 促进传统产业与信息技术结合,提升传统产业竞争力

上海的传统产业大多是制造业,包括重化工业、汽车等,且传统产业基础雄厚,需要在保留优势的前提下推进转型升级。当前,传统制造业的生产正在向着定制化转变,消费者的偏好也呈现出小众化、个性化的趋势,规模化标准化生产的工业品越来越不能满足消费需求。上海传统行业的模式以面向企业的大批量生产为主,要适应消费需求的转变,需要与信息技术、大数据技术相结合,充分了解消费者需求,在此基础上推出符合个性定制、有较高品位的商品,从而推动产能与需求匹配,实现传统行业向产业链高端转移。

积极落实"中国制造2025"战略,推进信息技术与制造业深度融合,充分发挥原有产业优势,发展基于工业互联网的新型制造模式,激发传统优势行业的活力,弘扬工匠精神。促进制造业高端化、绿色化、智能化、服务化发展,淘汰落后的粗放型生产方式和高污染、高能耗行业,加强绿色、节能和多功能多用途新型材料使用,加强大数据和信息技术在产品设计、研发、生产、销售中的运用,推动制造业运用现代设计理念和先进设计手段,推进传统制造业与服务业融合发展。加快制造业向价值链高端转型,促进汽车产业向智能网联汽车和新能源汽车升级,船舶产业向高端船舶和海洋工程装备产业升级,钢铁、石化产业向新材料领域延伸,都市工业向文

化创意产业转型升级。适应消费升级的趋势,推动传统制造业拥抱互联网,实施设施装备智能化改造,促进传统制造业生产方式向数字化、网络化、智能化、柔性化转变,积极推出个性定制化产品,完善制造业供应链管理,对消费者的需求进行智能分析、智能响应、智能服务、智能引导。增强长三角地区产业和基础设施联动,扩大对内对外开放,促进双向投资。

3. 推动传统落后行业去产能,释放大企业的产业资源、载体资源

传统行业中部分国有企业转型困难,占据了大量资金、人力、场地等资源,生产方式造成的污染较高、消耗较大,生产效率极低。与落后的国有企业相比,民营企业活力较强,富有创新精神和突破精神,深圳的民营经济占了 90% 以上,对深圳的经济发展活力做出了重大贡献。以国有企业改革推进传统落后行业去产能,将国有企业中的资源释放给民营企业有助于减少落后产能,提高资源利用效率和资本回报,减少对环境的破坏,同时增强经济活力。

加快国有企业混合所有制改革,把国资国企改革与产业结构转型升级相结合,关停高污染高能耗落后产能,重组国有企业优质资产,优化国资布局和结构,加快国资向战略性新兴产业、现代服务业、先进制造业、基础设施和民生保障等领域集聚。提高富有创新改革活力的民营企业比重,进一步减少政府对市场干预,消除制约非公经济发展的制度性障碍,拓宽民营企业准入领域,激发企业活力,提高资产回报,改善经济发展效益。

4. 加强金融监管,通过完善多层次资本市场增强服务实体经济功能

第五次全国金融工作会议提出,金融工作要回归本源、优化结构、强化监管、坚持市场导向,为实体经济服务,防止发生系统性金融风险。由于中国的金融尚未完全开放,国外的金融风险对国内的影响相对较小,但在国内金融体系内部的联系较为紧密,风险传导也较快。上海作为中国的金融中心,即使本地的金融机构和市场较为健康,也会受到全国整体金融风险的影响,因此一方面要注重风险防范,另一方面要在深化改革、为实体经济服务方面成为全国的表率。

加强影子银行体系监管,对同业业务、表外业务、资管渠道等进行规范化管理,

加快处理劣质金融资产,降低金融体系杠杆率,降低金融系统性风险。完善多层次资本市场,加强服务实体经济力度,为企业提供全生命周期的融资服务,加强金融对科技创新支持力度,使资金真正进入实体经济,金融业发展方向由规模扩张转变为功能提升及服务水平提高。

5. 健全房地产业健康发展长效机制,减轻对房地产业依赖

从 2011 年初到 2016 年底,上海的住宅平均价格上涨了接近 90%,以实际价格计算的房租上涨了超过 50%,房价和房租过快上涨对上海产业发展和吸引人才都造成了巨大的阻碍,遏制房价上涨势头势在必行。上海房价涨速过快有几个主要原因,一是上海作为经济中心,吸引了大量人口集聚,租房市场不完善使人们更倾向于买房,推高了对房产的需求,在土地供应有限的情况下房价自然上涨;二是上海房价上涨的预期刺激了投机行为;三是宽松的信贷环境为房价上涨创造了条件。解决住房问题,关键是完善房地产市场长效机制,促进供需均衡,并完善租赁体系和监管机制。

完善住房供应机制,坚持以居住为主、市民消费为主、普通商品住房为主,调整和优化中长期供给体系,实现房地产市场动态均衡。积极支持有条件的企业兴建员工租赁房,建立以租为主的保障房体系,完善市场租赁体系,加强租赁立法,保护租客权益。完善房地产市场调控机制,以土地供应调节住房供需,继续实施稳妥的限贷政策,避免过度运用金融杠杆,积极推进房地产税制改革,推进房产持有税落地,合理引导预期。完善监管机制,建立监管平台,实现房产信息联网,加强房产信息发布管理,加强房地产经纪机构和金融服务领域监管,维护房地产市场健康稳定。

6. 提高土地使用效率

上海市新一轮城市总体规划对上海建设用地总量规定了上限,未来上海的新增空间不能仅依靠净增量,需要更多关注存量,从提高土地利用效率上寻找出路。当前,土地利用效率还有较大提升空间,全市工业用地平均产出仅 50 亿元/平方公里,不及深圳、苏州工业园区 100 亿元以上的平均产出水平。通过推进土地节约集

约高效利用,可控制城市无序蔓延,优化城市用地结构,实现城市的精明增长。上海已进入城市"逆生长"和有机更新阶段,推进土地高效利用,是上海城市发展的必然要求。

进一步提高土地利用效率,应着力提高减量化政策的针对性,各部门协同配合确保工作顺利完成。一是市级层面加大统筹协调力度。将提高土地使用效率纳入全市重点工作,自上而下形成政策合力,完善相关政策机制,提高各部门开展工作的主动性和积极性,最终形成覆盖市、区、镇、村的全市提高土地利用行动方案,确保土地利用提升目标全面落实。加强建设用地管理,梳理各区、各部门的用地需求和管理要求,对涉及产业转型、联合开发、区镇村利益统筹等建立和完善相关机制。二是整合多部门的政策和资源,加快低效利用土地调整退出。结合产业结构调整,积极淘汰落后产能,实现项目调整与土地利用"双增效"。引导区县节能减排和土地利用同步推进,扎实推进工业用地减量化,切实提升工业用地使用效率。三是加强土地利用综合执法和管理。加强对违法用地和违章建筑的排查,依照税务、环保、劳动用工等法律法规,加大执法力度。对高能耗、高污染、低附加值的工业企业,提高企业用地成本,引导企业撤并搬迁。

4.4.2　进一步激发创新创业活力

创新是引领发展的第一动力,是建设现代化经济体系的战略支撑,创新创业活力是决定经济增长速度和效益的根本性因素。上海要把创新摆在城市发展全局的核心位置,瞄准世界科技前沿,把握科技进步大方向、产业革命大趋势,推进以科技创新为核心的全面创新,充分激发科技研发、成果转化、企业创业等环节的创新活力和动力,深入实施创新驱动发展战略,以创新带动产品升级和产业转型,构建创新发展新体制,使创新经济成为发展的主动力。要实现前瞻性基础研究、引领性原创成果重大突破,加强应用基础研究,拓展实施国家重大科技项目,突出关键共性技术、前沿引领技术、现代工程技术、颠覆性技术创新。强化创新创业的人才和资源基础,培养造就一大批具有国际水平的战略科技人才、科技领军人才、青年科技人才和高水平创新团队,增强战略科技力量。深化科技体制改革,建立以企业为主体、市场为导向、产学研深度融合的技术创新体系,加强对中小企业创新的支持,促进科技成果转化。

1. 大力推进张江综合性国家科学中心建设,完善知识产权保护制度

激发创新创业活力,首先要加强创新源头,张江综合性国家科学中心是上海科技创新的重要载体,应当成为重大科技突破的发源地,集中重要的科技创新成果,并在国际国内有较强的影响力。要以全球视野、国际标准为指引,瞄准世界科技前沿和顶尖水平,汇聚各类创新资源,推进张江综合性国家科学中心集中度和显示度提升。聚焦张江科学城由园区向城区转变,加快推动功能性项目落地,着力促进产城融合,体现科学特征、集聚科学要素、打造人文生态、彰显创新活力,加快形成世界一流的科学城基本框架。

加强基础核心共性技术体系研发,积极主动进行前瞻布局,力争在基础科技和关键核心技术领域取得大的突破。聚焦国家战略布局、上海自身有基础、有望突破且能填补国内空白的领域,实施航空发动机与燃气轮机、高端医疗影像设备、高端芯片等一批重大战略项目,在脑科学、新能源、新材料、计算科学等领域组织跨学科、综合性大型科研计划,实现融合创新发展,在信息技术、生命科学和医学、高端装备等领域重点建设若干开放式共性技术研发支撑平台。

科技研发离不开科学基础设施建设和高水平研发机构的集聚,要加快建立世界一流的重大科技基础设施集群,依托张江地区已形成的国家重大科技基础设施,积极争取超强超短激光、活细胞成像平台、海底长期观测网等一批科学设施落户上海,并集聚培育具有国际先进水平的国家实验室、科研院所、研发机构和研发平台,大力吸引海内外顶尖研究机构、高校、跨国公司来上海设立全球领先的科学实验室和研发中心,增强创造新知识、新技术、新产业的能力。同时,要积极培育创新文化,完善知识产权保护体系,加快发展高水平的知识产权服务中介机构,建立开放共享的科技成果信息库,推动科技成果信息开发利用,优化技术交易市场机制,以完善的知识产权保护体系激发科研人员和科研机构创新动力,加强研发成果转化,提高科技创新成果利用效率。

2. 加快建设各具特色的创新创业重要承载区，加强功能性研发转化平台建设

科技创新成果需要依靠专业的转化平台将创新源头与企业联系在一起，并由企业来进行产业化，充分发挥创新成果价值，促进创新链条顺畅运行。上海要继续深化科技体制机制创新，建立符合创新规律的政府管理制度，强化企业创新主体地位，完善以企业为主体的产学研结合的技术创新体系，为建成国际性重大科学发展、原创技术、高新科技产业重要策源地和全球重要创新城市打好框架。

加快以产业化基地和重点园区为主的创新载体建设，在重要产业领域掌握一批拥有自主知识产权的核心技术，形成重要产业技术标准和重大战略成果，加快重大项目成果转化和产业化，培育优势产业集群。打造科技成果转化和产业化服务支撑平台，加快建设重大战略项目、基础前沿工程和研发与转化功能型平台，构建市场导向的科技成果转移转化机制，完善科技成果的使用权、处置权、收益权归属制度，实施激发市场创新动力的收益分配制度，探索完善股权激励机制和配套税征制度，促进科技成果转移转化，激发创新主体活力。

加快各具特色的科技创新中心重要承载区建设，着力打造全球化的创新创业生态系统，营造良好的创业生态环境。加快推进国家全面创新改革试验，加快政府职能从研发管理向创新服务转变，改革政府支持方式，加大创新产品和绿色产品的政府采购力度，把握世界投资由"重资产"向"轻资产"转移的趋势，提高财政资金用于人力及软投入比例，改革药品注册和生产管理制度。打造更多开放便捷高能级的众创空间，积极促进众创空间孵化器品牌化、专业化、连锁化、国际化发展。推动科技与金融更紧密结合，加快建立"战略新兴板"，加快发展股权托管交易中心科技创新板，完善适应科技创新产业化需求的金融体系，加强金融市场对创新创业的扶持力度，建立创新企业全链条服务机制。加强创新产业配套，鼓励企业之间形成由具有行业影响力的大企业带动的产业联盟，形成技术高地，增强行业竞争力，促使创新成果成为社会发展的驱动力、支撑力。

3. 构建开放型经济新优势,推进科技创新资源集聚、开放共享

全球各个国家和城市之间互联互通,资源流动日益频繁,仅仅依靠本地的创新资源已经不足以取得竞争优势,集聚利用全球创新资源的能力对于全球城市越来越重要。充分利用全球创新资源有助于突破上海本地人才和资金限制,进一步增强创新能力。跨国公司研发中心是利用其他国家创新资源的理想抓手,有利于上海与来自世界各地的创新人才互动,激发创新火花。同时,上海地处长三角地区,周边城市同样集聚了丰富的创新资源,需要加以有效利用。

支持和鼓励跨国公司研发中心提升能级,增强配置全球创新资源能力,促使研发资源向上海集聚,鼓励跨国公司研发中心与本土研发机构互动,加强财政支持和创新激励政策,推动形成跨境融合的创新合作新局面。目前,长三角地区协同创新还面临缺乏顶层设计、创新体系难以对接等问题,加强区域化创新分工和定位,充分挖掘长三角地域红利,立足长三角制造业基地,加强创新资源对接,推进协同创新网络建设和产业链、创新链融合,形成上海特色创新机制。

4. 从房租、人才和资金价格入手,降低创新创业成本

当前,场地租金已经成为创新创业企业的沉重负担,房价和房租过快上涨进一步推高了劳动力成本,并挤出了青年人才,间接推高了企业人力成本,抑制房价和房租过快上涨迫在眉睫。此外,近年来的落户政策变动也使得青年人才有流失趋势,增加了企业的人才搜寻成本。

上海未来要从创业成本、人才数量等方面营造良好的创新创业环境。依托房地产市场健康发展长效机制防止土地和房租价格过快上涨,重点加强针对创新创业人才的保障房供应,合理引导和有效满足创新创业人才的住房需求,降低创新企业运营成本压力,减轻创新人才生活压力。增强对年轻人才吸引力,提高基础人才存量,增强企业人才可得性,降低人才搜寻和使用成本。促进科创中心与金融中心联动,持续完善金融科技服务体系,加大对创新创业支持力度,进一步降低成长性企业融资成本。

5. 支持成长性企业发展，打造优势产业群

缺少本地成长起来的龙头企业，是上海近年来经济发展过程中的一个重要问题，甚至出现了一个现象：一些企业在上海创立，随即转移到其他省市，成长到一定规模后，又再回到上海。上海有巨大的市场和充足的人才、资本，有利于大型企业的发展，因此这些企业愿意回归，但企业成长过程中部分环节的缺失，是上海需要解决的问题。上海的初创企业生态环境与纽约、伦敦等创新创业活跃的全球城市相比，存在着创业咨询服务不健全、市场可及性不高、人才成本高等问题。根据世界银行营商环境指数，上海在企业获得信贷、小股东权益保护和办理破产等方面的表现都与新加坡、香港等城市差距较大。除了这些普遍性的成本之外，针对中小微企业，还需要注意制度成本。由于规模限制，中小微企业往往难以承担应对各种规范化的行政事务所需的时间和劳动力成本，在运行过程中，中小微企业一般也难以组建起像大企业一样完善的管理框架，因此会出现众多特殊的问题，使中小微企业之间具有较强的异质性。此外，大企业对中小微企业的发展有极强的带动作用，并购也是企业发展壮大的重要方式。

关注呵护中小微企业发展，健全扶持中小微企业发展的政策法规体系，制定具有上海特色的中小微企业扶持政策。上海城市管理规范且信息技术运用较广，在这个良好基础上，充分利用互联网和大数据技术构建统一的中小微企业信息数据平台，推动中小微企业对接国企、央企、外企，加强大企业对小企业的帮扶，完善中小微企业服务窗口，针对中小微企业的异质性实行不同的服务方案，加大对中小微企业财政支持力度，形成适合中小微企业发展的土壤。鼓励企业跨行业并购建立新兴行业综合性企业，支持本地有潜力的企业快速成长，支持企业做精做深做强，打造细分市场"隐形冠军"。促进本地企业与外地龙头企业合作，充分利用外地龙头企业资源，提升行业顶尖企业的集中度，带动一批配套企业和中小企业集聚。继续推进企业降本减负，加大减税降费力度，切实提高行政审批效率，进一步降低企业制度性交易成本，减少企业发展障碍。

6. 发挥外资研发中心作用，促进创新成果"本土落地"

当前，跨国公司全球业务重心从传统产品转向新兴领域，跨国公司在华研发战略从基础科研转向技术服务，在沪跨国公司研发模式从内向自主型转为外向协作型。这一形势下，稳步推进跨国公司研发中心与上海本地企业协作创新具有重要意义。在沪跨国公司研发中心创新成果本土化还存在一些障碍，一是部分研发中心"非独立性"导致专利申请不具备客观条件，跨国公司在沪研发中心大多为非独立法人机构，在法律意义上不具备申请专利的主体资格。二是部分研发中心的技术先进性认定存在一定偏差，其技术前沿性设定也大多考虑母公司的国际竞争力，而忽略了其在沪投资项目的技术前沿性和科研活动水平的高低。三是部分跨国公司先进技术仍处于高度封锁状态，跨国公司出于对现有知识产权保护法规制度与国际水平差距的顾虑，将具有国际先进性的技术开发活动置于"高预警度"的技术封锁管理模式下，本土员工与技术人员接触、学习、参与前沿科技研究项目机会微乎其微。

加快突破瓶颈，多措并举推进跨国公司研发中心创新成果"本土落地"。一是实施更加精准的"创新激励"政策。调整跨国公司研发中心激励政策，重点考察研发项目规划与预期创新成果等"创新产出"类指标。在新立项的跨国公司研发中心审批中，向具有独立法人资格的研发中心倾斜。根据跨国公司研发中心的科研活动规划及其与本土中小企业联合创新的进展情况，对其享受的税收优惠与资金补贴作差别化安排。二是推进跨国公司与本土企业协作创新。推动实现本土创新力量与跨国公司深度合作，推动医药等行业研发外包快速增长。设立创新促进项目，加强跨国公司与本土中小企业对接，推进"1＋X"开放式创新生态建设。加强知识产权保护，对合作创新中知悉的相关技术严格保密。三是进一步完善对跨国公司研发中心的服务。建立公共资助信息平台"单一窗口"，对各种属性的研究资助、技术开发资助和创新推广项目发布权威统一的项目信息。关注跨国公司参与本土重大项目的信息咨询、项目申请、资金拨付等环节，协调跨国公司企业财务制度与政府资金管理等流程要求，并对项目创新成果保护、产品市场推广等提供后续服务。四是构建以上海为核心的长三角研发网络。淡化行政区域和城市间的"外资竞争"

导向,以跨国公司长三角总体投资和创新成果为考量,完善长三角全域视角下的研发网络布局。引导在沪制造业跨国公司研发中心扩容升级向周边城市延伸,形成以上海为核心、周边城市为"分中心"的研发格局。

7. 加快出台高峰人才针对性政策,推进人才制度持续创新

高峰人才主要指行业内的顶尖人才,具有稀缺性,吸引高峰人才不仅要为其提供优越的生活环境,更要提供有利于事业发展的空间。高峰人才大多是处于行业顶尖地位的企业家或科学家,因此优质的制度环境和公共服务极为重要,尤其是营商环境、研究机构管理制度。上海需要进一步完善高峰人才培养、引进、使用和评价激励机制,培养造就一批能够把握世界科技大势、研判技术发展方向、善于统筹协调各方力量、勇于创新、善于创造的科技领军人才和企业家,充分发挥高峰人才在科创中心建设中的中流砥柱作用。

围绕国家战略,聚焦重点领域,面向领军人才及其团队出台有针对性的具体政策,推进"一人一案",以此形成上海在吸引高峰人才方面的特色优势。集聚引进培养创业、科技、金融、航运等方面的高层次人才,在战略性新兴产业重点领域加大人才引进培养力度。注重"环境留人",为高峰人才提供优质的制度环境和公共服务,优化营商环境,改善研究机构管理制度,扩大科研院所自主权,赋予高峰人才更大的人财物支配权、技术路线决策权。推进人才政策创新突破,实施更积极开放的人才引进政策,健全市场认定人才机制,完善永久居留申办制度,优化调整居住证积分指标体系,完善人才直接落户政策,健全人才跨国使用机制。创新人才培养模式,加强人才计划顶层设计,畅通高层次人才成长通道。针对国际人才的医疗、教育、出入境便利化等需求,营造国际化的服务环境,鼓励引进国际知名品牌的医疗服务机构,提高教育国际化水平,支持社会力量兴办外籍人员子女学校,改善外籍人士就业、居留许可等行政事务服务水平。

4.4.3　进一步加快新型产业体系建设

在经济发展的不同阶段,产业结构和经济增长动能会发生相应变化。过去推

动上海经济增长的主要是投资,产业结构以相对中低端的制造业和服务业为主,传统产业占比较高。经济发展程度越高,这些产业对经济增长的推动作用越小,上海亟须转换经济发展动能,培养较为高端、技术含量高、回报率高的新兴行业,奋力推进经济结构优化升级。在此过程中,需要对原有的产业布局进行调整,并牢牢把握新一轮科技革命和产业革命的机遇,增强企业内在动力,大力推进"四新经济"和战略性新兴行业发展,培育新增长点、形成新动能,尤其是要大力发展人工智能产业。同时,上海要吸取前几轮科技革命的经验,充分利用军工技术成果。

1. 注重品牌建设和质量提升,因地制宜完善区域产业布局

随着经济发展和人民生活水平提高,过去粗放的发展模式已经不能持续,人民群众消费升级要求上海的产业结构向着产业链和价值链高端转移,并加强品牌效应。同时,由于改善生活环境、发展高附加值产业等原因,世界上的全球城市的中心城区基本都是以服务业为主,高端服务业、都市型产业和生活性服务业占了产业结构的90%以上,制造业分布在郊区或临近城市。上海也需要继续完善调整产业布局,并把握好招商引资项目的质量,避免引入低端产业,同时要做好现有高质量企业的服务支持工作,减少龙头企业向外转移的现象。

提升产业发展质量和标准,加强产品质量攻关,完善检验检测、质量和标准化等服务体系,支持自主品牌振兴发展。郊区集聚发展先进制造业,加快发展生产性服务业和特色生活性服务业,中心城区优先发展高端服务业和都市型产业,加强招商引资项目准入统筹。积极引进一批引领性强、成长性好、带动性大的产业项目,加快大飞机、物联网、北斗导航等重大项目组织实施。

2. 大力推进人工智能产业发展,抢占产业高地

人工智能产业是上海产业结构升级和"四新经济"发展中最重要的产业。人工智能产业本身具有难以估量的潜力,很有可能在未来形成巨大的市场和产值。同时,人工智能产业的发展是其他很多产业转型升级的基础,包括智能制造、智能医疗、智能交通等,也是智能监管和智能城市管理的必要条件。没有高度发达的人工智能产业,将错过未来的产业转型升级机遇,在全球城市竞争中有落后危险。抓住

人工智能发展的机遇,加强人工智能在经济发展、社会管理等各方面的应用,有利于上海在全球城市竞争中抢占先机,也有利于加快推动产业转型升级,提高生产效率。

全面实施智能上海(AI@SH)行动,深化数字城市、智慧城市建设和下一代互联网示范城市建设,推进信息基础设施更新换代和超前布局,发展物联网技术和应用,拓展网络经济空间,释放信息生产力。集聚全球人工智能产业发展要素资源,拓展人工智能在制造业转型升级、金融监管、商贸流通服务转型、交通航运智能化组织管理、医疗健康、城市管理和公共服务等领域的深度融合应用。强化人工智能前沿基础研究,加快共性关键技术攻关。加快人工智能产业链整合,积极培育智能驾驶、智能机器人、智能硬件等新兴产业,提高人工智能软件、芯片和传感器产业的核心竞争力。加强产业生态培育,深入推进数据资源共享开放利用,打破数据壁垒和垄断,推进公共数据资源开放共享和社会化开发应用,加强政务数据资源共享,提升数据资源开放的深度和广度,推动社会数据资源流通,提升大数据发展水平,释放数据价值。加大政府引导支持力度,实施人工智能人才高峰建设行动,针对顶尖人才制定个性化的方案,以更积极开放的人才战略建设人工智能人才高地,降低人工智能企业创业成本。

3. 围绕中心城市功能,提升现代服务业发展能级

城市社会经济发展程度越高,服务业的地位越重要。城市服务业的发展既能带来直接的收益、促进就业和经济发展,又是增强城市功能的基础。生活性服务业的质量能够显著影响城市对人才的吸引力,生产性服务业的质量则决定了城市对高端产业的吸引力和支撑能力。美国的"独角兽"企业中,企业服务行业的独角兽数量占 27%,且在全球企业服务领域独角兽企业中占 71%,远远超过其他行业。发达的企业服务业能够有效降低企业成本,提高企业巩固总效率,为企业成长和产业发展提供有力支撑。上海在金融、贸易、专业服务业等高端服务业方面尚有不足,且服务业开放程度不高,对服务业的发展和与国际接轨造成了限制。

大力提升现代服务业能级水平,加强金融业、贸易服务业、专业服务业、优质

教育医疗等高端服务业布局,促进航运、贸易、法律、会计、审计、咨询等高端服务业领域快速发展,推动服务业向高端化精细化转变,提高服务业附加值比重,增强服务业的影响和辐射能力。扩大服务业开放,实行公平市场准入,打造与国际接轨的制度环境,探索推进医疗、教育、物流、电子商务、金融等领域有序开放,通过开放促进本地服务业企业转型,提高服务质量。顺应网络化和信息化潮流,加快服务业转型升级,扩大信息消费,促进基础软件、行业应用软件等信息服务业快速发展,加快商贸业转型升级,推动金融科技、区块链、互联网＋等前沿领域规范发展。积极引进服务业跨国公司,推动本土服务业企业走出去,促进服务业企业并购整合。建设美丽健康全产业链,促进美丽健康产业跨越式发展,推进上海消费品工业增品种、提品质、创品牌。促进文体旅等有机融合,培育和挖掘新消费增长点,提升文化创意、健康养老、教育培训、体育健身、旅游休闲、时尚等产业的品质和竞争力,鼓励康复医疗、远程医疗、医疗旅游、互联网教育等新型业态发展。

4. 大力实施军民融合发展战略,充分发挥军工技术对高端产业的带动作用

从历史经验来看,第二次和第三次科技革命中,许多原本用于军事用途的技术,如发动机、互联网、核能运用等,在进行民用化之后,极大地推进了产业革命,促进了产业结构升级和经济发展。习近平总书记在中央军民融合发展委员会第一次全体会议上指出,要"加快形成多维一体、协同推进、跨越发展的新兴领域军民融合发展格局",军民融合新兴领域通常具有时代性、先进性、融合性的特点,包括新能源、航空航天、机器人等,具有良好的民用前景。美俄等国历来对军民融合发展十分重视,通过加强战略顶层设计、完善组织管理体系、打造产学研用一体的创新体系等措施加快新兴领域军民融合发展。

上海未来要把握军民融合发展的机遇,把军工技术民用化作为推动科技革命转化为产业革命的重要途径,在我国军工技术积累的基础上,落实重点项目、先进军工技术产品布局,增强竞争力。探索具有上海特色的军民融合新机制,加快成立军民融合产业发展基金,推进基金市场化运作、专业化管理。布局军民两用技术攻

关,推进军工技术成果转化和产业化。

4.4.4　进一步增强城市集聚辐射功能

上海城市功能提升是建设卓越的全球城市和"五个中心"的需要,也是服务国家战略和推动产业升级的需要。目前,上海的城市功能与顶级城市之间尚有差距,主要体现在开放水平和国际化水平不足。开放是上海最大的优势,开放带来进步,封闭必然落后。上海要以"一带一路"桥头堡建设为重点,加快金融业改革开放,促进金融服务实体经济发展,坚持引进来和走出去并重。拓展对外贸易,培育贸易新业态新模式,实行高水平的贸易和投资自由化便利化政策,大幅度放宽市场准入,探索建设自由贸易港。进一步深化改革、扩大开放,尤其是服务业对外开放,大力吸引外资,提升总部经济发展能级,构建开放型经济新体制。创新对外投资方式,支持鼓励本土企业走出去,参与国际经济合作与竞争,加快培育国际经济合作和竞争新优势,促进长江经济带、长三角地区合作发展。

1. 加快金融业改革开放,推进高端金融业发展

加强金融中心和自贸区联动,优化金融中心发展环境,提高金融体系市场化程度,进一步提升上海金融法治化水平,加强与国际通用体系对接,打造面向国际的金融市场平台。进一步提升上海金融法治化水平,不断完善金融制度体系和金融监管,健全金融风险监测评估机制和风险防范处置制度。加快建设人民币产品市场,提升人民币国际影响力,探索开展人民币衍生品业务,促进人民币资金跨境双向流动。打造企业走出去桥头堡,为"一带一路"项目的投融资提供完善的金融服务平台和工具。

提升金融市场功能,积极稳妥推进金融开放,提高金融市场开放度,拓宽境外投资者参与境内市场的渠道,促进金融市场间互动及与境外金融市场互联互通,提高上海金融市场资产定价能力。优化金融行业布局,大力推动股权托管交易、票据市场、互联网金融、资管等新兴产业和高端产业发展,丰富金融市场产品和工具。强化培育金融机构体系,吸引更多总部型、国际性、功能性的金融机构落户上海,打

造财富管理中心,提升互联网金融机构发展的质量和层次。积极促进金融科技发展,推进云计算、大数据、物联网、人工智能、区块链、网络空间安全等现代科技在金融领域应用与创新,为下一轮金融革命提前布局。

2. 加强国际国内贸易、物流、航运服务能力,提升航运中心综合服务能力

加快形成自由贸易港区建设方案,促进投资贸易自由化,扩大一线海关开放,推动人员、货物自由流动,适应新型贸易方式发展需要,优化贸易制度和贸易环境,形成一套符合中国实际、具有国际水准的监管制度,吸引有影响力的国际贸易投资促进机构、国际商事争议仲裁机构和国际经贸组织等在上海发展。服务实体经济和网络经济发展新需求,面向国际国内两个市场,提升贸易中心能级,加快转变贸易发展模式,大力发展服务贸易、技术贸易、转口贸易和离岸贸易,推动文化创意、软件信息等服务贸易发展,优化出口市场结构,提高外贸产品附加值,加快形成外贸新优势,鼓励以对外投资的方式带动上海的产品、技术、标准等走出去。提升现代市场体系能级,强化贸易营运和控制功能,加快集聚功能性机构和服务贸易产业,进一步发挥平台市场功能,提升大宗商品交易和定价功能。进一步集聚国内外知名消费品牌,增强对国内外消费者吸引力,促进配套服务业和文化娱乐服务发展,着力打造国际时尚消费城市。

扩大航运服务业开放,加快完善现代航运服务体系,推动航运金融、航运保险、航运经纪等高端航运服务业发展,不断提升航运中心的综合服务功能。完善与全球枢纽节点地位相匹配的现代航运集疏运体系,优化现代航运服务体系,提高航运要素集聚度,增强全球航运资源配置能力。探索建立与国际接轨的海事仲裁制度,引进国际知名航运组织和功能性机构,增强国际航运规则话语权。

3. 继续集聚总部机构,全面提升集聚辐射功能

上海经济中心的集聚辐射功能以城市综合服务能力为基础,既包括对国际机构和生产要素的集聚,也包括对周边地区和国内其他城市的辐射带动作用。继续推进总部经济发展,依托总部机构集聚增强对生产要素的吸引力、提高使用效率。鼓励跨国公司设立地区总部和投资性公司、研发中心等功能性机构,促进人才、资

本和技术流动,发展"流量经济"。围绕打造"一带一路"企业走出去桥头堡,增强高端综合服务功能,建立面向全球的现代服务中心,探索具有国际竞争力的离岸税制安排,建设服务"一带一路"的市场要素资源配置功能枢纽。

世界上的大都市通常都与周边城市形成一个都市圈,其中的每个城市各有侧重,互相协同,如纽约都市圈、旧金山湾区等。上海位于长三角地区,与周边城市协同发展、打造大上海都市圈有利于上海疏解非核心功能,加快产业转型升级,与邻近城市形成完整的产业链,加强产业配套。深入推进长三角地区协同发展,提升长三角地区合作水平,积极拓展合作领域,完善区域合作协调机制,建立健全多层次、全方位的区域合作体系。打造长三角区域创新网络和科技交流合作平台,搭建跨区域产业合作平台,探索产业园区共建、企业兼并重组、股份合作等方式,共同打造若干规模和水平居国际前列的先进制造业产业集群。推动长江经济带转型升级,深化沿江港口协作联动,强化大通关协作机制,加强长江经济带统一市场建设,加强与长江中上游地区产业合作,促进沿江产业合理布局和集群化发展。

(钱智　史晓琛　李宛聪)

第 5 章

新阶段上海社会与文化发展的思路

近年来,上海在党的十八大、十九大精神的指引下,稳步推进社会建设各项工作,持续完善公共服务与民生保障,深入推进基层社会治理创新,着力推动城市精细化管理,不断落实社会领域重大改革,社会发展的各项成效明显。展望未来,全面改革仍在深化,社会与文化改革发展中的深层次问题与困难仍然较多,人民日益增长的美好生活需要和不平衡不充分的发展之间的矛盾依然突出。为此,迫切要求上海在更高的发展基础上,牢牢把握人民群众对美好生活的向往,牢牢把握高质量发展、高品质生活的内涵,牢牢把握上海全球城市崛起的历史使命,进一步推动社会领域改革,进一步增加社会民生投入,为 2020 年上海建成更高质量的小康社会,建成"四个中心"和社会主义文化都市奠定坚实基础。

5.1　新阶段上海社会与文化发展情况

着力改善民生、增强城市活力一直是上海城市发展的出发点和落脚点。上海在社会与文化领域内的诸多改革举措都引领风气之先,成为国家改革发展的先导和探索,为其他地区提供了有益的借鉴,充分体现了中国改革开放排头兵、创新发展先行者。近年来,上海更是紧紧围绕国家建设小康社会要求,坚持将民生优先作为上海城市发展的导向,坚持将建设更高水平的小康作为城市发展的目标,不断深化改革,人民群众的幸福感、满意度不断增强。

5.1.1　公共服务和民生福祉水平不断提升

上海始终以服务和保障民生为目标,聚焦市民关注的重点领域,集中力量办好民生实事,提升公共服务水平,公共服务和民生福祉水平不断提高,群众获得感和满意度不断提升。

1. 就业创业形势稳中向好

在新阶段,上海就业规模持续扩大,创业发展环境更加优化。每年新增就业岗位近 60 万个,城镇登记失业率控制在 4.4％以内,高校毕业生就业率连续保持在 96％左右。市民创业氛围日益浓厚,市民的整体创业活动率从 9.3％提高到了 11.9％(2013—2016 年),帮助成功创业 1 万人以上。主要工作措施包括:健全政府主导的促进就业社会责任体系。强化就业工作考核,初步构建失业预警体系,不断加大促进就业资金投入力度,基本形成全社会共同促进就业的良好局面。大力推动创业带动就业。实施鼓励创业带动就业专项计划,不断完善创业支持政策,加大创业培训力度,整合和聚集各类创业服务资源,开创创业服务新格局。加大职业培训的力度。形成多层次、多形式的培训体系,实现劳动者职业培训全覆盖。建立了中小微企业培训公共服务平台,开展了企业新型学徒制培训试点,实施两轮农民工技能提升专项行动计划,开展了校企合作培养,试点了"双证融通"。完善促进重点群体就业的机制。深入实施高校毕业生就业创业促进计划和青年就业"启航"计划,构建全面促进青年就业创业的政策服务体系。实施促进特定"就业困难人员"到特定行业就业的"双特"政策,出台加强残疾人就业保障的政策,实施促进残疾人就业专项计划,加大刑满释放、戒毒康复人员就业帮扶力度。

2. 社会保障制度不断完善

新阶段,上海实现了社会保险制度体系全面接轨国际,率先建立基本社会保险关系转移衔接办法,率先实现城乡统一的居民养老、医保、低保等基本社会保险和救助制度,且社会保障待遇稳步提高。具体体现在:养老保险水平不断提升。企业养老金、城乡居保基础养老金分别从 2 341 元、370 元增加到 3 558 元、750 元(2012—2016 年),水平位居全国前列。退休职工养老金大幅提高,机关事业养老保险制度改革不断深化,老年综合津贴制度逐步健全,养老服务水平不断提升。医疗保障制度不断完善,率先在基本医保制度框架内开展长期护理保险试点,不断推进医保异地就医直接结算工作。建立医药阳光采购平台和药品分类采购机制,开展部分医保药品带量采购试点。实施职工医保个人账户购买商业医疗保险。全力支持公立医院改革,深化医保支付制度改革。社会救助标准稳步提高。逐步完善了城乡低保与居民基本生活费用价格指数相协调的动态调整机制,稳步调整低保等救助标准。2012 年,上海城乡低保标准分别为 570 元/月和 430 元/月。2015 年,在全国率先实现城乡低保标准一体化,提高至 790 元/月。2017 年 4 月 1 日,上海第 21 次调整了低保标准,城乡低保标准水平提高至 970 元。目前,全市基本生活救助对象约 20.45 万人,实现了应保尽保。

表 5.1 城市最低生活保障制度标准与上海人均可支配收入对比

	2012 年	2013 年	2014 年	2015 年	2016 年	2017 年
上海人均可支配收入(人民币/月)	3 450	3 654	3 975	4 156	4 525	4 916
城市最低生活保障制度标准(人民币/月)	570	640	710	790	880	970
城市低保标准占人均可支配收入比例(%)	16.5	17.5	17.9	19.0	19.4	19.7

3. 教育事业发展水平不断提升

新阶段,上海坚持立德树人,加快推进教育改革和发展,取得了新成效。建立城乡教育一体化发展保障机制。推行全市统一义务教育生均基本标准,2011—2016 年,新增义务教育学校 283 所,增加学位 10 万余个。完善学前教育教养体系,2014—2016 年间全市新增幼儿园近百所,幼儿园总数达到 1 510 所,基本实现对常住 3—6 岁幼儿学前教育和看护服务全覆盖。加快郊区教育资源的布局。实施郊区农村义务教育学校委托管理机制,150 余所相对薄弱学校接受托管,覆盖 3 300 个班级,受益学生 12 万人。推进学区化集团化办学。2015 年全市所有区全面推进"学区化""集团化"办学,截至 2016 年底,全市建有学区和集团 132 个,覆盖学校 721 所,占全市义务教育学校总数的 48.6％。促进"新优质学校"集群式发展,2016 年,"新优质学校"研究与实践群体覆盖义务教育阶段学校,已占全市义务教育学校总数的 40％,市民享有的优质教育资源明显增加。2017 年底,实现学区化、集团化覆盖全市 50％义务教育阶段学校。启动高校"高峰高原学科建设计划",对接国家"双一流"学科建设。101 个学科点纳入建设范围,包括 22 个 Ⅰ 类高峰学科、11 个 Ⅱ 高峰学科、11 个 Ⅲ 类高峰学科、4 个 Ⅳ 类高峰学科、37 个 Ⅰ 类高原学科和 16 个 Ⅱ 类高原学科建设。率先实施考试招生制度改革。颁布实施《上海市深化高等学校考试招生综合改革实施方案》,建立健全高校分类考试、综合评价、多元录取的考试招生制度,积极构建更加科学的考试、评价选拔方式,促进形成科学的人才培养模式。构建完善职业教育体系。完善现代职业教育人才培养体系,优化职业教育布局,完善纵向衔接、横向贯通的现代职业教育体系,建成全市终身教育服务体系,促进学习型城市建设。

4. 医药卫生改革红利初显

新阶段,上海医药卫生体制改革加快推进,卫生与健康事业获得长足发展,市民健康水平持续提高。人均寿命不断提高。2017 年人均预期寿命达到 83.37 岁,比 2012 年增加 0.96 岁;常住人口的婴儿死亡率由 5.04‰下降到 3.71‰,孕产妇死亡率由 7.10/10 万下降到 3.01/10 万,主要健康指标达到发达国家先进水平。医疗服务体系进一步完善。2016 年,上海每万人口医生数达到 27 人,每万人口医院床位数达到 46 张。基本医疗保障、基本药物、基层医疗服务等基本医疗卫生制度逐步完善。城市公立医院改革不断推进。公立医院逐步取消药品加成,调整医疗服务价格,破除以药补医,推动现代医院管理制度建立,开展公立医院医疗服务信息公示。深化全面预算管理,完善医疗收支预算核定方法,实施"双控双降",坚持公益性,深化市级医院内部绩效考核和收入分配制度改革。公共卫生服务能力进一步增强。全面实施国家基本和重大公共卫生服务项目,实行公共卫生服务分级分类管理。全面推进健康城市建设,率先实现国家卫生区全覆盖,设立首个世界卫生组织健康城市合作中心,建立依法控烟组织体系和执法机制,市民健康素养大幅提高。中医药事业发展进一步加快。中医药服务网络进一步健全,中医医疗机构服务能级不断提升。实施基层中医药服务能力提升工程,各区均设有公立中医医疗机构,95%的综合医院设有中医临床科室。社区卫生服务中心均开设中医科,中医全科医师占全科医师总数的比例达到20%,"治未病"服务在全市普遍开展。

表 5.2　上海市户籍人口预期寿命

年份	户籍人口预期寿命(岁)	男(岁)	女(岁)
2012	82.41	80.18	84.67
2013	82.47	80.19	84.79
2014	82.29	80.04	84.59
2015	82.75	80.47	85.09
2016	83.18	80.83	85.61
2017	83.37	80.98	85.85

5.养老服务体系不断完善

新阶段,上海努力构建"五位一体"的社会养老服务体系,不断满足持续增长的养老服务需求。扩大养老服务供给。养老机构床位总量从2012年的10.52万张增加到2017年的13.2万张,老年人日间服务中心总量从313家增加到517家,老年人助餐服务点从492家增加到633家。在中心城区,重点推广社区嵌入式养老服务机构——"长者照护之家",为老人提供就近、便利、综合的养老服务,实现居家、社区、机构养老融合。探索建立失智老人照料服务体系,新增7000张养老机构床位,新改造1000张失智老人照护床位。完善养老服务保障。全面加强医养结合,实现养老机构与医疗机构签约率100%。实施我国第一部养老机构方面地方性法规——《上海市养老机构条例》,老年照护统一需求评估、社区居家养老服务补贴、高龄老人医疗护理计划等制度建立实施。推进养老护理员队伍建设,提升老年人养老照护支付能力,发挥信息化对养老服务支撑保障作用,推进上海"智慧养老"。强化养老服务行业监管。加强准入监管,强化日常监管,探索组建养老机构督导员队伍。加强行业自律,积极发挥行业组织的作用,开展对养老护理人员的培训和等级鉴定。建立养老机构等级划分和评定制度,把信息公开作为加强行业监管的突破口。

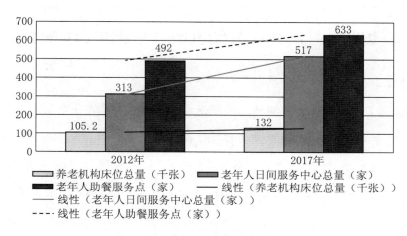

图 5.1　上海养老服务相关统计数据

6. 住房保障力度不断加强

新阶段,上海不断深化完善"四位一体"住房保障体系,健全房屋管理体制机制,加快实施各类旧住房改善和城市更新工程,市民居住条件和居住环境质量得到改善。深化完善"四位一体"住房保障体系。不断扩大廉租住房政策受益面,2013年至2017年6月底,全市共新增廉租租金配租家庭约2.5万户,历年累计受益家庭达11.7万户;稳步推进共有产权保障住房申请供应,截至2017年6月底,共有产权保障住房已累计完成签约购房9.2万户;实施公共租赁住房制度,截至2017年6月底,全市累计新增供应各类公共租赁住房房源约11万套,完成配租约9.5万套,入住20.6万户(人);加强征收安置房建设管理,2013年至今征收安置住房搭桥供应数量为3 558.82万平方米,42.51万套。实施旧住房改善和城市有机更新。开展旧住房修缮改造,在确保房屋安全前提下,提升改造标准、丰富实施内容,重点实施推进完善房屋安全和使用功能的成套改造、厨卫综合改造、屋面及相关设施改造等三类旧住房综合改造项目,2013—2017年实施各类旧住房修缮改造工程8 000余万平方米,其中三类旧住房综合改造2 100万平方米。开展旧区改造和城中村改造,进一步加大旧区改造和城中村改造力度。2013年至2017年9月底,实际完成365.6万平方米二级旧里以下房屋改造。

专栏5.1　上海加大公租房供应7年累计达11万套

上海自2010年起实施公共租赁住房制度以来,累计筹集房源超过15万套,供应房源超过11万套。记者日前从上海市房管局获悉,其中的9个项目因先进的管理经验而被命名为首批"上海市公共租赁住房管理服务创新示范项目"等称号。

按照上海市委、市政府建立完善"租购并举"住房保障体系的总体部署,上海自2010年起实施公共租赁住房制度,解决青年职工、引进人才、来沪务工人员等常住人口阶段性住房困难。上海市和各区公租房运营机构积极探索、勇于创新,多策并举加大房源筹措力度,依靠信息化手段提高租赁管理水平,聚焦租户需求拓宽配套服务内涵,不断取得先进经验,涌现出了一批公租房管理服务创新项目。近日,还首批命名了4个"上海市公共租赁住房管理服务创新示范项目"和5个"上海市公共租赁住房管理服务创新项目"。

在首批被命名的项目中,有些利用"互联网＋"和"智能技术"解决了管理中的积弊。例如浦东公租房公司在仁文公寓推出以人脸识别为主要手段,指纹识别为辅助的智能门禁系统;投入使用后未再发现转租、转借行为,租金收缴率达100％。同时,试点机动车车牌进小区和进地库二次智能识别,对租赁地下车位但仍将车辆停在地面、未被地库识别的,按地面停车标准收费,以促进租户自觉将车辆停入地库。

此外,地产住房保障公司在铁路南站噪声治理收购公租房项目中试点使用读取身份证开锁的智能门锁,有效防范了公租房转租、转借行为,同时也提高了租金收缴的及时性,增加了对违规违约租户强制退租的手段。

公租房房源的筹措和轮候供应一直都是让主管部门头疼的问题。长宁公租房公司面对中心城区房屋土地资源有限的具体困难，积极探索盘活区内存量住房，结合全区"群租"整治的有利时机，争取财政部门和属地镇政府等的支持，2012年以来在新泾北苑、剑河家苑等五个小区累计回租居民闲置存量住房近 500 套，装修后作为公租房出租使用，有效丰富了公租房房源筹措渠道。

浦东公租房公司在新供应房源装修期间和已供应房源原租户退租前 3 个月，提前将相关房源在网上以"询租"状态推出，同时公布房源可入住日期，定点定时向取得公租房准入资格的对象开放网上选房，既有利于保障对象提前安排好租房计划，又提高了房源利用效率，实现了周转性空置减少和租金增收双重效果。

资料来源：《中国商报》2017 年 11 月 17 日。

5.1.2　社会治理创新持续深入推进

上海坚持核心是人、重心在城乡社区、关键是体制机制的原则，积极探索符合超大城市特点和规律的社会治理新路，社会治理创新不断深入，治理能力显著提升。

1. 党建引领下的区域化治理格局不断完善

初步建立了以党组织为领导核心，驻区单位、社区社会组织和社区居民等多元主体参与的社区治理工作机制，形成了推进社会治理工作合力。基层普遍建立了区域化党建工作体系，搭建了共治活动的各类载体，形成了围绕"三公"事务的多元共治制度链条，建立了共治资源和需求的对接机制，并为公共议题形成提供了制度化保障。在街区层次推动"共治"与"自治"有效对接，2015 年以来，杨浦、静安、普陀、闵行等多个区在街区①层次探索建立党建工作网络，实现"共治"向下沉淀、"自治"向上拓展，两者在街区交汇。基层普遍探索了依托居民区党建激发自治活力的

---

①　所谓街区是街道之下，若干居民区之上组成的地理区域，在中心城区一般覆盖 6 000—8 000 户居民。

新做法,探索了稳定的公共事务形成机制,在贴近居民生活的空间开展党建引领自治工作,推动社区社会组织融入居民区自治体系。街镇普遍建立了党组织支持和保障的社区社会组织发展体系,通过社会组织形成了发现需求、吸纳参与、培育骨干的新路径。

2. 基层治理改革创新有序推进

制定出台《关于进一步创新社会治理加强基层建设的意见》及 6 个配套文件。加强以街镇和居村为重点的基层建设,健全居村自治机制,完善居(村)委会依法协助行政事项的清单和准入机制,先后创制和修订街道、居、村三部地方性法规。优化基层社区政务服务。在街镇普遍建立“前台一口受理、后台协同办理”的社区事务受理中心,搭建“一门式”社区政务服务平台,对全市社区事务受理服务系统进行升级优化,整合了公安、人社、民政、工会、残联、粮食等 12 个委办局的 22 个系统,集中办理事项 171 项,其中全市通办事项 66 项,全年服务 1 200 万人次。取消街道招商引资职能,强化街道的公共服务、公共管理和公共安全等职能,推动街道内设机构改革,优化完善条块职责和资源配置。推动社区工作者专业化职业化发展。2014 年以来,上海探索构建包括选任招聘、岗位设置、薪酬待遇、培训考核、职业发展等要素在内、统一规范的社区工作者职业体系。目前全市社区工作者队伍扩至 4.5 万人,平均年龄 38 周岁,大专及以上学历占 82.5%,成为上海社区治理中一支关键的骨干力量。

3. 大力培育社会组织健康发展

新阶段,全市社会组织数量从 1.07 万家,增加到目前的 1.45 万家,万人拥有社会组织数超过 10 个。全市社会组织年末净资产为 452.7 亿元,从业人员 33.6 万人。社会组织发展总体平稳有序,社会活力不断释放。在社会组织准入管理方面,对行业协会商会类、科技类、公益慈善类、城乡社区服务类等社会组织实行直接登记改革,发布直接登记和综合监管文件,在简政放权的同时,加强事中事后监管。截至目前,全市列入直接登记的社会组织占登记总数的 67.7%,在全国率先实施“三证合一”改革。目前,上海已领取统一代码登记证书的社会组织 11 721 家,占总数的

88%。在推进社会组织参与社会治理方面,建立和完善了社会组织参与社区治理的平台和有关工作协调机制。目前,全市有 700 多名社会组织工作人员担任市、区的党代表、人大代表、政协委员,成为参政议政、参与经济社会发展的一支重要力量。市、区两级共建成社会组织孵化基地 23 个,全市共有 232 家社会组织服务中心,基本实现街镇全覆盖,共有 58 家社区基金会,4 200 多家社区社会组织活跃于基层社区。

4. 城市社会管理水平逐步提高

完善实有人口管理机制,制定实施居住证管理办法。探索统一社会信用代码和"三证合一""一照一码"改革。运用智能化信息技术,构建了互联互通、标准统一的市、区、街镇三级城市网格化综合管理系统平台,逐步实现城市网格化管理与大联动、大联勤、"12345"市民服务热线的融合互动,立体化社会治安防控体系基本建立,集体制机制、管理标准和信息平台于一体的管理模式日趋成熟。基本形成了网格确定、内容明了、责任清晰、流程闭合的网格化管理标准,基本建成了覆盖全市主要公共区域和城市综合管理领域的网格化管理体系,具备了对城市管理问题从发现到处置实施监督指挥的能力,推动了各相关部门工作效能的提升,实现了常态长效管理模式的创新,为提高超大型城市精细化管理水平提供了有力的支撑保障。狠抓道路交通违法行为大整治,推进城乡中小河道综合整治,全面加强食品安全工作,着力解决城市管理突出顽症。

5. 大力开展美丽家园建设工程

多渠道改善旧区、旧住房、住宅小区中居民的居住环境和质量。开展旧住房修缮改造,提升改造标准、不断丰富实施内容,重点实施推进完善房屋安全和使用功能的成套改造、厨卫综合改造、屋面及相关设施改造等三类旧住房综合改造项目。实施老旧小区表前供电设施改造、老旧电梯安全评估、二次供水设施改造、易积水小区积水点改造。截至 2017 年实施各类旧住房修缮改造工程累计达到 8 000 余万平方米,其中三类旧住房综合改造 2 100 万平方米。进一步加大旧区改造和城中村改造力度。截至 2017 年,累计完成 365.6 万平方米二级旧里以下房屋改造,其中,中心城区完成二级旧里以下房屋改造 302.7 万平方米,郊区城镇旧区改造完成二级旧里以下房屋改造 62.9 万平方米。

5.1.3　国际文化大都市建设步伐加快

新阶段,上海以提升文化软实力和国际影响力为重点,以国际文化大都市建设为目标,坚持以人民为中心的工作导向,聚焦重点,改革创新,国际文化大都市相关工作有力有序有效推进,文化发展繁荣呈现新局面。

1. 社会主义核心价值观影响力不断提升

上海把建设社会主义核心价值体系作为基础工程和灵魂工程,引导广大群众牢牢把握国家层面的价值目标,使得中国梦和社会主义核心价值观深入人心,城市精神进一步彰显。始终将核心价值观构建作为文化发展的第一要务,融入文化工作全过程,探索和运用舆论先导、艺术熏陶、服务引领、传统灌输、活动感染、市场渗透、机制撬动等方式推动核心价值观构建,力求内化于心、外化于行、固化为制、转化为力。在电影院线系统、农村电影放映、城市户外公共放映点、微电影、微视频中,推荐放映一批彰显核心价值观题材的优秀影视艺术作品。在全市公共图书馆、文化馆、美术馆、博物馆、纪念馆、社区文化活动中心等公共文化载体嵌入核心价值观表达要素,丰富视觉感知,设置互动平台,使市民在参与服务中自觉接受核心价值观的引导。利用中国上海国际艺术节、上海国际电影节、上海电视节、全国优秀儿童剧展演等节庆活动,推动核心价值观正效应释放。

2. 文化创意产业稳步发展

上海坚持用供给侧改革思维推动文化产业优化布局、调整结构、集聚资源、形成规模,重点文化产业呈现出整体实力不断增强的局面。2017 年,上海文化创意产业总产出 10 433 亿元,占全市生产总值比重超过 12%,产业增加值 3 395 亿元,同比增长 8.2%,成为上海重要支柱产业之一。重点产业基地和重大项目落地。上海依托国家级文化创业产业基地和一批市级重大项目,不断优化城市文化创业产业空间格局,落地实施多项文化市场开放政策,稳步推进国家对外文化贸易基地建设。影视广播产业发展活力逐步凸显,全市广播电视节目制作经营机构总量达1 873家,制作完成电视剧集数连续5年处在全国前列。培育集聚了银润传媒、新文化、中影(上海)国际文化、河马动画等一批具有行业竞争力的本土民营企业。引导和鼓励社会资本投资影院建设。电影市场不断繁荣,电影票房连续八年增长。电影创作生产佳片迭出,涌现了《西藏天空》《辛亥革命》《高考 1977》和 3D 动画《大闹天宫》、3D 戏剧电影《霸王别姬》等一批优秀影片。演艺产业发展业势头保持良好,全市专业剧场数量达到 54 个,可用剧场 141 个,全市剧场年演出场次 1.6 万场,年观影人次 1 000 万以上,年演出票房收入 15 亿元,有 27 个剧场年演出场次超过 150场,位居全国前列。

3. 公共文化服务体系日趋完善

新一轮重大文化设施布局和建设顺利推进。围绕"建设一流文化设施,构建卓越全球城市的文化软实力"目标,推进建设美术馆、博物馆和图书馆等一批重大公共文化设施,新建一大批国有和民办美术馆,建成了上海交响乐团博物馆。推进建设上海历史博物馆、上海博物馆东馆、上海图书馆东馆等公共文化设施项目。新建改建(功能拓展)上海文化广场、上海交响乐团音乐厅、上海儿童艺术剧院等一批专业剧场 20 余个,2016 年新建影院 51 家。全市公共文化设施网络日趋健全。基本形成涵盖市、区、街道、村居的四级公共文化设施网络,"十五分钟公共服务文化圈"不断完善。目前,上海共有博物馆 125 家,美术馆 77 家,公共图书馆 240 家,市区级文化馆(群艺馆)24 家。基层文化服务载体功能逐步完善,目前全市社区文化活动中心 216 个,东方社区信息苑运营 320 个,居(村)综合文化活动室 5 245 个,可容纳200—1 500 人的文体广场数百个。城乡公共文化资源供给体系基本形成。以公共文化"云项目"为抓手,让市民享受一站式公共文化服务。在全国率先建立了由市群艺馆牵头,东方宣教中心、东方讲坛等多方共同参与的市、区、街(镇)三级联动的"东方系列"文化资源配送系统,为基层、社区、农村提供节目、讲座、教育培训、数字电影、文艺指导等服务,年受益近 6 000 万人次。创新政府社会联动、事业企业并举、国企民营参与的文化内容供给平台,推动建成公共电子阅览室 320 家,实现了对所有街道、乡镇的全覆盖,服务人次超过 1 400 万。

4. 文化体制改革逐步深入

　　上海着力深化文化体制改革,进一步解放和激发文化发展活力,坚持把社会效益放在首位、社会效益和经济效益相统一,以体制机制创新释放文化创造活力。实施报业、文广、出版集团改革,优化报业结构,媒体深度融合、整体转型有力推进,舆论影响力和话语权显著增强。实施国有文艺院团“一团一策”改革,围绕“出作品、出人才、出影响”,形成艺术专家委员会、艺术总监工作机制,推行优秀剧目题材、版本多样化机制,完善演出收入分配机制,实施院团职务序列改革,完善院团考核体系,推进院团院址功能提升工程,提高财政保障水平。深化文化国资国企改革,强化国资管理,优化国资布局,实施企业领导人任期制契约化管理。实施文化领域群团改革,推动市社联、市文联、市作协“去四化、增三性”改革,优化治理结构,延伸服务臂膀,扩大社会影响。深化文化事业单位社会化管理改革,上海交响乐团、上海国际舞蹈中心分别建立基金会,上海图书馆、上海博物馆分别成立理事会。深化文化市场管理体制改革,推进行政审批改革,探索审批标准化建设,实施“证照分离”改革试点。

　　在充分肯定成绩的同时,也要看到,当前上海社会与文化领域还存在不少困难和问题,主要表现在:公共服务资源的结构性供求矛盾突出。尽管本市在公共服务与民生保障方面的投入明显增加,公共服务资源总量相对丰富,供给水平明显提高,但随着生活水平持续提升,市民对优质公共服务需求不断上升,原来以保基本为主的公共服务供给体系难以匹配当前需求。同时,市域范围内公共服务资源不平衡的矛盾仍旧突出,面向“一老一少”等特定群体的服务资源存在结构性短缺,城乡差距、户籍差距、以及公共服务的可及性等诸多问题仍然存在,多层次、多样化公共服务有待健全。适应超大城市特点的社会治理体系建设有待加强。多元参与的社会治理格局尚未完全形成,行政单一主体色彩仍然较浓,社会组织和公众等多元主体参与程度还不高。随着上海城市规模持续扩大和社会结构的日趋复杂,各种社会运行风险和隐患也日趋增加,与此相适应的社会治理能力和手段尚有欠缺,治理的系统化、科学化、智能化、法治化水平有待提升。城市文化软实力和影响力水平迫切需要提升。在当今错综复杂的社会发展形势下，上海用社会主义核心价值体系引领社会思潮、凝聚社会共识的能力还有欠缺，代表中国参与、影响国际意识形态、价值体系和话语权体系的能力仍然较弱。以市场为基础、以企业为主体的文化发展环境尚未真正形成，文化资源条块分割、区域壁垒和行政干预等问题依然突出。国际化、多元化、多样化的文化资源与服务还不足，文化氛围和活力有待改善。

5.2　上海社会与文化发展的形势和思路

过去这些年上海在社会与文化发展方面取得了显著的成绩和进步，但是，在决胜全面建成小康社会、夺取新时代中国特色社会主义伟大胜利、迈向卓越全球城市的关键阶段，上海面临着新的形势和新的要求，还需要厘清思路、明确方向、坚定前行。

5.2.1　上海社会与文化发展面临的新形势和新要求

当前，党和国家事业发生历史性变革，中国发展站到了新的历史起点上。中国特色社会主义进入新时代，社会主要矛盾已经转化为人民日益增长的美好生活需要和不平衡不充分的发展之间的矛盾。今后五年，是中国实现"两个一百年"奋斗目标的历史交汇期，是上海基本建成"四个中心"和社会主义国际化大都市的决胜期，也是上海建设"卓越的全球城市"的起步期，我们面临着决胜全面建成小康社会、深入推进新时期社会主义现代化建设的重大历史任务。习近平总书记强调，要"牢牢把握我国发展的阶段性特征，牢牢把握人民群众对美好生活的向往"。随着内外部条件变化和新历史方位的演进，上海社会与文化领域面临着新形势和新要求。

1. 国家全面建设小康社会进入决胜阶段，要求上海努力在全国实现更高水平、更高质量的小康社会发展

到 2020 年全面建成小康社会，是中华民族发展史上浓墨重彩的一个篇章，我们

党向人民、向历史作出的庄严承诺。经过改革开放近 40 年的发展,中国社会生产力、综合国力、人民生活水平实现了历史性跨越,中国从中等收入国家向高收入国家发展迈出坚实步伐。展望未来,人民对美好生活的向往更加强烈,人民群众的需要呈现多样化、多层次、多方面的特点。必须牢牢坚持以人民为中心的发展思想,不断促进人的全面发展、实现全体人民共同富裕。从上海的情况来看,未来面临着建设更高水平的小康社会的任务。随着人均 GDP 的不断攀升、中产阶层崛起和高端生产要素集聚,上海市民对公共服务和民生福祉的需求从原来满足于有、立足于数量的生存型需求向着眼于优、聚焦于质量的发展型需求转变,高质量的教育、医疗、养老、体育健身、健康保健、精神文化等公共服务缺口将更加凸显,数量补缺与品质升级的压力并重。为此,迫切需要加强社会领域供给侧改革,建立健全高效率、高质量、多层次的公共服务和民生保障体系,在小康社会发展的关键指标领域取得更高水平,为国家全面建设小康社会提供支撑。

2. 上海建设"四个中心"和国际文化大都市进入关键阶段,要求上海社会与文化领域更好地发挥对于城市整体发展的支撑和推动作用

上海"十三五"规划提出,到 2020 年基本建成"四个中心"。社会民生领域发展是城市和谐、稳定发展的基本支撑,通过大力发展社会事业、构筑社会保障体系、加强与创新社会治理,可以营造吸引全球人才竞相集聚、安居乐业、和谐共存的社会环境,有效释放社会发展活力,从而为城市高水平、高能级发展提供坚实基础与保障。上海需要加快营造人才竞相集聚、市民安居乐业、社会和谐稳定的环境,为"四个中心"和社会主义国际化大都市所需要的城市高水平、高能级发展提供社会基础。同时,上海第十一次党代会明确提出,今后五年的奋斗目标之一是上海国际文化大都市基本建成,这也对上海推动文化竞争力和软实力的进一步跨越提升提出了新要求。在当今及未来世界竞争格局中,底蕴深厚、魅力独特、创新力活跃的城市,往往能够成为全球人才、企业、机构等的向往集聚之地,容易成为世界城市网络中更高能级的全球城市。文化发展恰恰是打造全球城市魅力与创新力、挖掘与延展城市底蕴的有效载体。因此,上海要始终坚持社会主义先进文化前进方向,加强

社会主义核心价值观建设,充分完善基层公共文化设施建设与公共文化服务体系,传承城市历史文脉,加大文化领域开放度,促进文化的多元与繁荣、创新与传承,为城市整体发展提供思想保障、精神动力与智力支持,有效支持政府、经济和社会运转。

3. 上海建设卓越的全球城市进入起步阶段,要求上海努力形成体现社会主义自身特色、适应开放要求的社会治理模式

建设卓越的全球城市是上海面向 2035 年的远景目标和方向。从建设全球城市的基本条件来看,除了更高要求的国际联通度水平、创新策源能力以及价值链管控能力以外,也需要更加公共、包容、友好的社会环境,需要适应开放要求、与国际通行做法更为适应的社会治理规则,需要在民主、法治、公平、正义、安全、环境等领域全方位的提升。纽约、伦敦等较为成熟的全球城市发展历程也同时表明,全球城市发展往往会出现社会和空间的极化趋势,城市的开放性和包容性将吸引更多不同地区、民族、信仰的人群汇聚,这带来了一定的社会分化和文化冲突的潜在风险。因此,上海要更加强调包容友好的制度环境,让不同群体在发展机会、收入分配、公共服务、社会福利、社会治理参与等方面享有同等的权利,加强具有全球影响力与辐射力的教育、医疗卫生、养老、体育、文化等公共服务功能建设,促进社会多元融合与和谐发展。同时,要更加善于把党的领导和我国社会主义制度优势转化为社会治理优势,着力推进社会治理系统化、科学化、智能化、法治化,通过制度创新和模式创新实现上海城市治理能力的有效提升,不断完善中国特色社会主义社会治理体系,参与引领全球城市社会治理规则的制定,使上海成为代表国家向世界展现中国国家治理体系和治理能力现代化的窗口。

5.2.2　上海社会与文化发展的基本思路

党的十九大是在全面建成小康社会决胜阶段、中国特色社会主义发展关键时期召开的一次十分重要的大会,系统谋划了全面建成小康社会、深入推进社会主义现代化建设的重大任务,提出了"中国特色社会主义进入新时代,我国社会主要矛

盾已经转化为人民日益增长的美好生活需要和不平衡不充分的发展之间的矛盾"的重要判断,给社会与文化发展指出了前进方向和努力目标。

面对十九大后社会与文化建设的总体形势要求,上海一方面要立足于2020年建成"四个中心"、社会主义文化大都市和更高水平的小康社会,聚焦当前社会与文化领域发展不平衡、不充分的问题,经过五年的努力使群众生活质量持续改善,就业更加充分,居民收入和经济增长基本同步,基本公共服务和社会保障更加公平;城市管理与社会治理创新深入推进,以党建为引领的基层社会治理创新深化拓展,符合超大城市特点和规律的社会治理体系更加完善;国际文化大都市基本建成,文化软实力和国际影响力日益增强,城市精神充分彰显,文化上海更显魅力。另一方面,要立足新一届政府开局、"十三五"中期加速和上海建设卓越全球城市和具有全球影响力的科创中心需要,加快社会文化的改革与创新,充分关注长期制度建设和功能培育,创造和谐、有序、包容的社会文化环境,在更高水平上推动社会主义和谐社会建设。

为此,未来上海社会与文化建设和发展的总体思路是:均等化、高水平,推动公共服务水平持续提升;新思维、新模式、新技术,加快实现治理能力现代化;大融合、大开放、大平台,着力实现上海文化大繁荣;重改革、重协同、重引领,有效夯筑未来发展动力。

1. 全覆盖、均等化、高水平,持续完善公共服务体系

人民对美好生活的向往,是公共服务持续发展的目标和动力。上海要立足于更高水平的小康社会建设,立足于完善"四个中心"和社会主义文化大都市的公共服务配套,全面按照"在幼有所育、学有所教、劳有所得、病有所医、老有所养、住有所居、弱有所扶上不断取得新进展"的总体要求,着力聚焦广大市民最关心、最直接、最现实的利益问题,进一步贯彻让改革发展成果更多惠及全体市民的基本理念,下大力气完善公共服务体系。通过夯实基本公共服务、完善社会政策托底和保护弱势群体等方式保障基本民生,使发展成果惠及所有群体,努力消除城乡差距、"新二元"差距和区域差距,着力实现全覆盖和均等化;全面提升教育、医疗、养老、

就业、收入、体育、文化等各个领域的公共服务发展水平,努力满足广大市民对高质量公共服务的迫切要求。

2. 新思维、新模式、新技术,加快实现治理能力现代化

上海要立足超大城市实际,把提升治理能力现代化作为卓越全球城市建设的重要抓手,积极用新思维、新模式、新技术解决影响人民安居乐业、社会安定、城市安全的重点难点问题。要以精准适切的法规标准为依据、以智慧泛在的信息技术为手段、以跨界多元的协调共治为支撑,以持续推进的补短板行动为突破,让城市更有序、更安全、更干净;坚持问题导向、需求导向、发展导向有机结合,专项治理与系统治理、综合治理、依法治理、源头治理有机融合,打造共建共治共享的社会治理格局,走出一条符合超大城市特点和规律的社会治理新路子;要充分发挥各级党委在社会治理中总览全局、协调各方的领导核心作用,强化各级政府抓好社会治理的责任,引领和推动社会力量参与社会治理,努力形成社会治理人人参与、人人尽责的良好局面,有效提升社会治理能力,增强社会发展活力。

3. 大融合、大开放、大平台,着力实现上海文化大繁荣

上海要聚焦社会主义文化大都市建设,深刻认识到卓越全球城市所具有的文化影响力和辐射力,积极成为兴盛繁荣社会主义文化的先行者和排头兵。坚持以马克思主义为指导,坚持为人民服务、为社会主义服务,坚持百花齐放、百家争鸣,坚持创造性转化、创新性发展,推动海派文化再创辉煌。把握社会主义先进文化前进方向,着力提升核心价值观感召力、理论成果说服力、宣传舆论影响力,不断增强城市软实力,努力为城市发展进步提供思想引领、精神力量和人文滋养;不断推动文化与科技的融合、文化与区域的融合、世界文化与本土文化的融合,着力实现上海城市文化在融合中实现大发展;不断提升上海文化发展的国际化水平和开放度,构筑文化走出去、引进来的大平台、大市场,通过融合与开放促进上海文化在更高的水平上实现大繁荣。

4. 重改革、重协同、重引领,有效夯筑未来发展动力

要立足于卓越全球城市的建设,以改革促开放,以改革促发展,通过社会与文

化的大发展,进一步夯筑上海崛起成为全球城市的长期动力。要加强供给侧结构性改革,打破垄断,开放社会服务业市场,引入民营和外国资本、品牌和管理,在社会服务业方面与国际惯例对接,增加更多中高层次的医疗、教育、养老、体育、文化等服务供给。坚持把社会效益放在首位、社会效益与经济效益相统一,正确处理好阵地与市场、导向与效益的关系,推进文化管理体制和国有文化单位改革,深化国有文艺院团及报业、文广、出版集团改革,培育体育产业集团和中介服务机构,增强文化事业和文体产业竞争力。注重社会与文化领域发展与全球城市建设的整体协同,提升上海社会与文化在亚太区域乃至全球的引领作用,通过社会与文化领域的全面发展,奠定上海全球城市发展基础。

5.3　上海社会与文化发展的任务和举措

面对新阶段社会与文化发展的总体形势要求,上海要坚持全覆盖、均等化、高水平,推动公共服务水平持续提升;坚持新技术、新模式、新思维,全面提升城市治理的精细化水平;坚持开放化、创新化、多元化,着力增强文化发展活力。

5.3.1　以更高水平的小康社会为着力点,持续改善社会民生

1. 抓重点人群,抓万众创新,推动实现更高质量的就业

就业是社会民生之本,要坚持把促进就业放在优先位置,推动实现更加充分、更高质量的就业。

加大对重点群体就业扶持。提升重点群体就业帮扶的精准性。完善就业公共服务体系,继续实施针对不同群体的专项就业计划。聚焦分类施策,全面帮扶青年大学生就业,提升就业质量。以更大力度综合施策帮扶困难群体实现稳定就业。大力促进残疾人等特殊群体就业。强化离土农民就业帮扶。着力做好以高校毕业生为重点的青年就业创业工作,切实做好城镇困难人员就业帮扶工作和退役军人就业工作,极具有针对性的专场招聘、职业指导、见习推荐、技能培训等服务。以实

施居住证管理和灵活就业登记政策为抓手，加强职业技能培训，积极做好来沪人员就业服务管理工作。

进一步推动"万众创业"。提升创业带动就业效应。实施新一轮创业促进就业专项计划。完善初创期社会保险补贴、贷款担保贴息、房租补贴、税费减免等各项创业扶持政策，探索出台创业保险制度。构建适应不同阶段创业者需求的多层次、多元化创业培训模式。发展创业载体，建设创业者公共实训基地分基地。加快市级创业孵化示范基地、高校创业指导站等创业服务平台发展，鼓励推动市场化、专业化、集成化、网络化的"众创空间"平台建设。深化社区、校区、园区创业服务，打造全覆盖的创新创业支持链。

完善就业服务体系和援助促进机制。进一步发挥企业主体作用，健全培训服务平台，深入推进企业职工职业培训。提升职业培训的质量和实效。实现培训对象全覆盖。大力推行订单式培训、定岗培训、定向培训等与就业紧密联系的培训方式。加强对新型职业农民、养老服务人员等特殊职业人群的培训。扩大企业新型学徒制试点范围。完善技能竞赛体系。探索引进境外优质培训资源。加大资金投入，完善培训补贴机制。继续深化创新职业培训机制，完善学历教育与职业资格培训"双证融通"，建立重点建设项目与职业培训联动机制，探索引进国外优质培训机构。

2. 以均等化和高水平为着力点，加强和完善社会保障

社会保障是民生安全网、社会稳定器，与人民的幸福安康息息相关，关系国家长治久安。要按照兜底线、织密网、建机制的要求，全面建成覆盖全民、城乡统筹、权责清晰、保障适度、可持续的多层次社会保障体系。

进一步推动社会保障的均等化。健全城乡一体化的基本保障制度，完善全覆盖、保基本、多层次、可持续的社会保障体系。调整完善城乡居民养老保险政策。完善增长机制，继续提高各类人员养老金水平。逐步缩小各类基本医疗保险制度之间的待遇差距。

稳步提升社会保险政策含金量。在统筹平衡基础上，继续调整各类人员养老

金水平。全面完成小城镇养老保险、医疗保险与基本养老保险、职工医疗保险的并轨。进一步扩展高龄老人医疗护理计划试点覆盖面，开展长期护理保险制度试点。进一步扩大医保支付项目范围，扩展个人账户资金购买商业保险试点。

增强社会救助政策的精准性。继续调整最低生活保障等社会救助标准，进一步完善与物价上涨挂钩联动机制。探索研究鼓励和引导社会力量参与社会救助，完善各类专项救助的实施机制。针对老年人、单亲家庭、儿童、残疾人、低收入者、外来人口、受灾群众、流浪者与乞讨者等不同群体、个体的特殊需求和特征，设计更有针对性的救助项目与方案。

进一步完善社会保险政策和机制。根据国家试点进程适时合并基本医疗保险基金和生育保险基金。完善养老保险基金预警机制。探索进一步扩大社会保险基金委托投资范围。实施职业年金基金投资运营。探索建立多渠道筹集社保资金机制。完善社会保险基金预决算管理和报告制度。加强医保经办及监管体系建设，理顺市区医保管理体系。细化医保监管。

3. 以"五位一体"养老服务体系建设为重点，进一步完善养老服务

按照"五位一体"的总体部署，加快健全以居家为基础、社区为依托、机构为支撑、医养相结合的养老服务格局，保障养老基本公共服务需求。充分发挥市场和社会作用，扩大多层次养老服务供给。

全面推进老年照护统一需求评估制度。全面实施老年照护统一需求评估，所有新增基本养老服务需求，依申请、经评估后，基本得到相匹配的照护和服务。完善统一需求评估标准，优化评估参数和评估内容，使评估结果更加契合老年人身体状况实际。以老年照护统一需求评估制度为核心机制，为未来养老服务资源的供求适配奠定前提和基础，确保公共资源得到公平有效利用。扩大统一需求评估试点范围，健全完善需求评估信息系统和评估技术，加强第三方评估机构和评估员队伍建设。

扩充和丰富养老服务设施载体。加大养老设施建设力度，让老年人都能获得就近、便捷、适宜的养老服务。大力发展各类社区托养机构，推广"长者照护之家"；

建立老年人日间服务机构,完善社区老年人助餐布点及服务。全面完成居村委会老年活动室标准化建设,大力培育社区老年人睦邻点。实现社区综合为老服务中心街镇基本覆盖,科技助老信息化建设形成"两级平台、三级网络",深化开展"老伙伴计划"、家庭照料者培训、喘息服务、居室适老性改造等家庭养老支持项目。落实市政府实事项目,继续推进新增公办养老床位、社区老年人日间照护中心、长者照护之家等设施建设。推动老年宜居社区建设,推动社区养老服务向嵌入式、小规模、多功能方向发展,增强服务的适宜性和灵活性。全面建设老年宜居社区,发展"养老服务包",让老年人都能获得就近、便捷、适宜的养老服务。

完善养老服务支撑和保障。继续深入推进医养结合,实现社区托养机构与社区医疗卫生服务机构签约基本覆盖。结合长期护理保险制度试点,完善有关配套政策。以老年人需求为导向,探索建立长期护理保险制度,增强老人支付能力。积极应对失独老年人养老照护需求,探索有针对性的服务供给方式。加强政策支撑体系建设。加强养老服务财力保障和政策扶持,各级政府加大对养老服务设施的建设补助和运营补贴力度,落实养老服务设施和机构享受税费、土地、融资等方面的优惠政策。完善全面放开养老服务市场的相关政策,建立健全养老基本公共服务合格供应商制度。吸引社会力量参与养老机构运营管理,完善养老机构公建民营模式,推进养老服务专业化、社会化、品牌连锁化发展。加强养老服务行业监管体系建设。继续加强养老服务标准化建设,完善养老机构、老年人日间照护机构、长者照护之家等各类服务机构的管理和服务标准,实施分类指导和监管。加大行政监管力度,充实行政执法力量,提高执法效能。逐步建立养老服务机构及其从业人员的诚信管理、信息公开、审计、评估、等级评定和督导等制度。

4.以完善供应和优化政策为重点,奠定住房保障发展新格局

未来上海要在"房子是用来住的,不是用来炒的"的住房总体定位下,进一步构建完善"物币并重""四位一体"的住房保障体系,优化各类保障性住房供应和相关政策机制。

长期发挥廉租房的保障托底作用。按照"货币补贴为主、实物配租为辅、标准

动态调整"的原则,加强廉租住房供应,有效发挥廉租住房保障托底作用。以货币补贴为主,建立与市场租金、物价和工资水平、补贴面积等指标相挂钩的准入标准和租金补贴标准动态调整机制,对符合条件的申请家庭实现"应保尽保"。

逐步形成促公平、引人才、可持续的公租房供应体系。积极探索以住房券为载体、以可负担为标准的公租房运作机制,提供服务和价格梯度化的公租房品种,保障不同群体多元、多层次居住需求。扩大增量、盘活存量,增加租赁住房建设供应。从供给侧结构性改革入手,多措并举,多层次、多品种、多渠道发展住房租赁市场,满足不同层次、不同人群住有所居的需求。适当增加中心城区就业密度较高区域公租房供应量,组建公租房发展基金,引导社会资源用于公租房的开发、运营和管理。落实支持政策,培育市场运营主体。发挥企业在住房租赁市场中的主体作用,提升住房租赁规模化、集约化、专业化水平。实行公租房的市场化运营机制和强制退出机制,保障房源的可持续循环使用。按照开放、共享的原则,链接相关系统和市场化网络住房租赁平台,建立住房租赁公共服务平台。

完善共有产权房运作模式。针对共有产权房标准较为宽松、需求对象比较稳定、户籍人口已经基本实现"应保尽保"的情况,以及大力发展住房租赁市场的方向,对共有产权房的运行模式进一步完善。可保持现有准入标准不再放宽,根据保障人群数量,维持并逐步压缩供应规模,以需定供;亦可改革公有产权房分配流通机制,分配对象逐步从户籍人口扩大为常住人口,但流通市场仅限于政府保障人群,且申请者不能购买商品房。

完善住房保障政策机制。健全实物和货币相结合的保障方式,着力提高资源利用效率,促进住房保障从以保基本为主逐步向保基本和促发展并重转变,更好地顺应和服务经济社会发展目标。严格规范保障性住房居住使用管理,明确各类住房保障机构的具体管理职责,健全相关规章及处罚规定,加强保障性住房日常使用行为管理,加大保障性住房入住后违规行为的监督力度。

5. 以深化教育综合改革为基础,着力提升教育发展水平

百年大计,教育为本,党的十九大报告明确提出"必须把教育事业放在优先位

置"。未来上海要进一步深化教育综合改革,率先实现教育现代化,不断增强上海教育的辐射力和影响力,努力办好人民满意的教育。

推动基础教育均衡提升发展。办好每一所家门口的学校,全面提升幼儿保教质量,促进城乡之间、学校之间义务教育优质均衡发展,形成开放、优质、多样的普通高中发展新局面。合理布局义务教育资源,加快实现城乡义务教育均等化。实现城乡办学条件均衡发展,全面推进学区化和集团化办学,提升义务教育服务能级,形成义务教育学校优质均衡发展新格局。城乡学校携手共进,建立城乡学校互助发展新格局。打破既有制度障碍,逐步为常住适龄青少年提供更长期限的义务教育。

进一步深化完善高考综合改革。加强高中教育教学、高校人才选拔与新考试评价模式之间的磨合。适应高考综合改革需要,扎实推进高中课程创新。促进高中教育特色化、多样化发展。适应高考综合改革需要和高中学生特点,推动高中学校课程改革。强化高中学生创新素养的培育,深入实施创新素养培育项目,推进创新实验室建设,推进区建立跨校选修和学生共育的联盟机制。建立孵化、创建、评估和支持保障机制,形成一批课程特色明显、布局相对合理,充分满足多样化学习需求的特色普通高中。

促进高等教育办学质量提升。围绕国家战略和上海城市发展,稳步推进高校布局结构调整和一流学科建设。加快教育管办评分离,推进高校科研管理改革,营造创新创业育人氛围。进一步扩大高校办学自主权,健全高校教师潜心教学的激励机制,深入推进高校科教融合、产教结合与国际合作。

加强职业教育与终身教育体系建设。对接行业需求、对标国际标准,构建开放融合的现代职业教育体系。加强社区教育功能开发,为市民终身教育学习提供更好条件。建立多主体共同参与的终身教育体系。推动政府、社会、市场、企业等多方协同,提供多层次、高质量、宽领域的教育与培训,形成以需求为导向、共建共享的终身教育供给机制。鼓励学校教育资源向社区教育延伸,推进开放大学的创新发展。统筹搭建市民终身学习的活动平台,建立学习信息共享机制,扩大面向各类人群的终身教育服务。改善终身学习的技术环境,提升信息技术水平,大力开展在线教育。充分运用信息化技术,优化学习环境,创新学习模式,加快建设公共数字化教育资源库,为市民提供优质的终身教育服务。

6. 以建设健康上海为统领,进一步提升卫生发展水平

未来上海要建立以市民健康为中心的整合型健康服务体系,把健康放在优先发展地位,全方位、全周期维护和保障人民健康,基本实现健康公平,全面提高人民健康水平。

加快健康城市基础性建设。着力推动卫生服务模式从注重诊疗向注重预防保健"治未病"转变,进一步完善全民健身、饮食习惯、卫生保健、慢性病防治、精神卫生疾病、妇女儿童健康等多领域联动的健康预防体系。持续推进公共卫生体系建设,深化健康促进和健康城市建设。完善基层基础医疗服务网络,加强郊区医疗服务能力建设,建立老年医疗护理体系。营造有利于市民健康的大环境,推进健康社区建设,夯实常住人群全覆盖的健康服务网络。普及健康文化和生活习惯,探索医疗健康与养老、旅游、体育等联动发展,积极促进和培育相关健康促进产业。

持续推进医药卫生综合改革。落实国家医改要求,调整医疗服务价格,合理控制医疗费用增长。以信息化建设与绩效工资制度改革为抓手,加快推进现代医院管理制度建设。全面实施社区卫生综合改革,推动优质医疗资源下沉城乡社区,优化社区卫生服务平台,做实家庭医生服务。深化完善医疗保障制度,建立有效和公平的医疗费用分担机制,加大公共财政投入,切实降低居民就医负担。

补齐医疗卫生服务短板。强化公共卫生服务,提高卫生应急处置能力。推进以家庭医生为基础的分级诊疗体系建设,进一步深化公立医院改革,完善药品供应保障体系。推进计划生育服务管理改革。加强居民健康管理,引导市民建立健康生活方式。优化医疗资源配置,提升郊区医疗服务、妇女儿童健康医疗服务的供给能力,加快发展高端医疗服务业。以基层医疗机构为重点,提升中医药健康服务能力。促进中医药事业内涵发展。扩大医疗服务领域对社会资本开放,加快高端医疗服务集聚发展。

加强医学科创中心建设。打造一批国际一流的医药学科和研究型医院,促进"海派中医"传承创新,建成亚洲医学中心城市。完善医学科技创新制度,打造一批与国际接轨的医学科技创新平台。

专栏 5.2　纽约健康入万策

严控香烟阻止年轻人过早吸烟

纽约市议会以 35 票对 10 票的结果通过了一项法案,把购买香烟和电子烟等产品的最低年龄从原来的 18 岁提高到 21 岁。此外,这一法案还对香烟的价格做了限制,规定每包香烟的最低售价不能低于 10.5 美元(约合 63 元人民币);同时禁止对烟草产品进行打折促销一类的活动。一直以来纽约都是严格控烟的"急先锋"。2002 年起,这个城市就已经在餐厅和酒吧实施禁烟令;到了 2011 年,公园、海滩等公共场所也开始对吸烟说"不"。此外,纽约的烟草税也是全美最高的。

建设菜园,为市民提供健康食品

2013 年 6 月,美国纽约市长为一廉租房小区新建的一个大型菜园举行了落成仪式。这是当年纽约市政府"六项计划"中的第一项,旨在通过为居民提供天然无污染的产品,使他们可以直接获得可放心食用的蔬菜,从而达到抑制肥胖的目的。这个菜园大约有 4 000 平方米。负责卫生事务的市长助理琳达•吉布斯说:"这项举措还给年轻人提供了锻炼学习的机会和工作机会。"一些蔬菜分发给那些较贫困的家庭,另一些卖出去,挣得的钱用于菜园,从而保证菜园的正常运营。这个菜园同时还支持教育中心和培训中心的运作。

限制甜饮,大杯装的含糖软饮不能卖

纽约市通过一项针对含糖软饮料的限制令,即限制单份零售饮料的分量。纽约成为美国第一个限制含糖饮料的城市。依照新规定,每份出售的含糖软饮不得超过 480 毫升,迫使零售商以更小号容器规避,违反规定者将被处以 200 美元罚款。这项限制令当前不包括啤酒等酒精饮料。不过,所谓"能量饮料"和果昔均在限制之列。统计显示,纽约成年人肥胖率已从 18% 升至 24%,卫生官员指认,含糖饮料是最大"元凶"。

减少包装食品和餐馆用盐量

2010年,纽约市政府推出一项新的健康倡议,鼓励食品制造商和全国连锁餐厅减少其产品中的含盐量。该计划设定了一个"限盐"目标,即在5年后将包装食品和餐馆饮食的含盐量降低25%。美国联邦政府建议人均每天摄入1 500—2 300毫克钠,而目前美国成人平均每天的钠摄入量达到3 400毫克。

纽约市健康委员会委员托马斯·法利博士说,美国人摄入的盐80%来自包装食品或餐馆饮食,因此这项"限盐"计划如果能够有效实施,将挽救很多人的生命。

限制垃圾食品销售

2012年12月,根据纽约市长迈克尔·布隆伯格推行的最新健康举措,公立及私立医院将禁售甜食和多脂食品。根据方案,医院内自助餐厅不允许出现炸鸡等深炸食品,绿色菜沙拉将作为必选食物;餐厅入口处和收银处的零食货架只允许存放健康零食;至少一半的三明治和沙拉必须含全麦;必须有半份装三明治销售。

建议调低耳机音量

2013年3月,纽约市长又将注意力转移到了市民们日常出行使用的耳机上。市长正开展一项健康活动,警示全体纽约市民:身体健康从降低耳机音量开始!耳机音量过大确实对耳朵是不好的,对于人体健康而言,声音大小不应超过85分贝。统计数据显示,1988—2006年间,美国青少年及成年人听力丧失的概率提升了30%。

资料来源:http://money.163.com/13/1103/02/9CNKPIMH00253B0H.html。

5.3.2　围绕市民需求和突出问题,不断创新社会治理和城市管理

1. 除隐患、重防范、强管理,守牢城市运行安全底线

确保城市运行安全总体可控。加强重点行业领域安全监管和整治,提高城市日常管理和维护标准,完善城市综合防灾减灾体系。落实人员密集重点场所的属

地管理责任,加强对城市交通干线、城市生命线管廊等的隐患排查。加强邮件、快件寄递和物流运输安全管理,落实行业管理措施和企业管理责任。

大力维护社会治安秩序。加大对危害国家安全的各类违法犯罪的打击力度,加强社会治安重点地区排查整治。坚持防范和治理金融诈骗和电信网络诈骗等活动,加强网络运行安全技术保障。强化综合治理和部门联动,减少人口无序流动引发的社会治安和公共安全隐患。

推动实施食品安全专项治理。进一步强化法治保障,加快完善相关规章制度配套,强化责任落实,深入落实政府监管责任,完善监管体制,建立统一高效的监管执法标准,完善执法操作流程,切实提高执法队伍整体专业素质,加强食品源头监管力度。加强资源和信息共享,增强监管合力。切实落实地区属地责任,加强对市民群众的食品安全法规、知识的宣传教育,进一步把食品安全执法纳入城市网格化综合管理。进一步强化科技支撑,全面运用大数据、互联网等现代化安全监管新技术,探索"互联网＋食品安全监管",深化监管数据分析和信息化手段应用,逐步创新安全监管新方法。不断提高智慧监管能力,健全完善食品信息追溯系统,切实完善网上宣传平台。进一步强化社会共治,充分发挥行业协会作用,注重发挥行业协会在加强自律、规范行为、诚信建设和维护市场新秩序等方面的作用,引导社会力量有序参与,推动形成食品安全社会共治的良好格局。

加强其他重点领域突出问题的治理。加强对道路交通、轨道交通、建筑施工、危险化学品、特种设备等重点领域突出问题的治理。完善安全监管执法机制,严格行政执法,加大隐患排查治理力度。深入实施创新驱动发展战略,充分发挥科技创新对安全生产的支撑和引领作用,引导安全科技创新,强化重点领域安全的科技支撑。深化应急联动机制建设,强化以综合性应急救援队伍为主体、专业救援队伍为补充、专家队伍为支撑的应急救援力量体系建设,坚持专业化与社会化相结合,通过签订协议、购买服务等方式,引导社会力量参与应急救援。

2. 回应市民需求,聚焦关键问题,持续推进基层社会治理创新

未来,上海要进一步围绕"核心是人、重心在城乡社区、关键是体制创新"的要

求,着力于夯实治理基础,着力于释放制度活力,着力于创新治理方式,增强人民群众的认同感、参与感、获得感,形成共建共治共享的社会治理格局。

深化党建引领自治共治。推进多种形式的区域化党建平台建设,健全社区党委运行机制,做实社区党建服务中心,落实"双报到""双报告"等制度,完善区、街镇、居村三级区域化党建组织体系。推动党的工作体系向社会领域拓展,加强对脱钩后行业协会商会党组织的领导和管理,提高社会组织党的组织覆盖率和工作覆盖率。推动驻区单位、"两新"组织、社区群众等各类力量共同参与。积极推动街镇探索设立社区基金(会),拓展社区治理多元化投入渠道。完善自下而上的社区共治议题的形成机制,实施社区公益服务清单、双向认领制度,形成社区与驻区单位双向服务、共建共享。

夯实基层治理基础。实现街道社区代表会议、社区委员会的全覆盖。推动市、区职能部门主动适应街道体制改革需求,进一步理顺街镇与市区两级职能部门的关系,加强街道"6+2"工作机构与街道各中心、居民区之间的联动关系,加强资源统筹、协同联动。按照权责一致的原则,落实街镇对下沉力量在工作履职、人事任免、人员招录、资产资金等方面的管理权。建立健全全市统一的以自下而上为导向、居民群众满意度为主要内容的街道社区治理工作综合考评体系。

推动城乡社区公共事务协商。制定街镇和居村社区协商规则,将涉及居(村)民切身利益的公共事务、公益事业,居(村)民反映强烈、迫切要求解决的实际困难问题和矛盾纠纷等事项纳入协商内容。建立健全基层协商民主建设协调联动机制,引导群众依法、理性、有序参与协商。完善居(村)民提案议事、听证会、协调会、评议会等制度,鼓励运用信息化手段,通过建立微信群、QQ群等方式,建立小型化、社区化的日常沟通平台,引导居民群众参与网上社区协商议事。

提高居(村)民自治能力。完善以居村党组织为领导核心,居(村)委会为主导,居(村)民为主体,集体经济组织、居(村)务监督机构、业委会、物业公司、驻区单位、社会组织等共同参与的治理架构。发挥居(村)民自治章程、居(村)民公约作用,健全自下而上的自治议题形成机制和居(村)委会工作评价体系,有序引导居(村)民参与自治事务。落实居(村)委会"减负增能"工作,实行居(村)委会协助行政事项准入机制,不断增强居(村)委会的自治功能。培育和凝聚一批有影响力的社区带头人,组织动员社区居民广泛参与,营造良好的社区自治氛围。

加强重点社会组织扶持。健全完善社会组织参与社会治理的领导体制和工作机制,积极探索建立社区服务的供需对接机制和公益众筹机制。发展公益性、服务性社会组织和基层社会组织。重点扶持一批社区生活服务类、公益慈善类、文体活动类、专业调处类等社区社会组织参与社会治理,推动融入社区,拓展发展空间,释放自身活力。支持服务上海全球城市建设的行业协会商会类、科技类、涉外类社会组织发展,形成一批具有区域影响力的品牌性、龙头型社会组织。通过政策引导和资源扶持,培育一批品牌实力强、带动辐射广、在重点区域和重点领域处于领先地位的社会组织,发挥政治把关、孵化培育、协调指导、整合引领作用。建立完善市、区一体化的政府购买服务公共管理平台,及时公开政府购买服务项目等信息,推动跨区域参与政府购买服务。加强社会组织与社区的融合互动,广泛开展特色化、差别化和专业化的社会治理实践,促进社区、社会组织、社会工作者"三社联动"发展。推动发展一批评估社会组织参与社会治理成效的第三方机构。

3. 按照"一核心三全四化"的总体要求,进一步强化城市精细化管理

按照以人为核心,着力实现全过程、全覆盖、全天候的目标,积极推动落实法制化、社会化、智能化、标准化的总体要求,切实提升城市治理整体能力。

推动信息技术和城市发展全面深入融合。改变传统上依靠人海战术的做法,顺应当前技术变革的大趋势,积极推动互联网、物联网、大数据、云计算等信息技术在治安、消防、交通、公共安全等重点领域的运用,如通过电子警察、电子围栏等整体上提升上海城市智能化管理水平。加强城市管理基础信息采集和基础信息库建设,着力摸清底数,建立完善城市管理基础信息库,切实做到基础数据全面翔实、动态实时、互联共享。建设涵盖空间地理数据、属性数据、业务数据的城市综合管理数据资源中心,丰富和完善数据信息采集手段。推进城市管理专业平台的互联互通和一体化综合智能平台建设,加强信息与智能化技术在城市管理中的深度运用。

更多运用现代信息智能技术,深化互联感知、数据挖掘与分析、风险预警、智能决策技术等在城市管理中的应用。

夯实城市网格化管理,实现网格化管理全覆盖。深化城市网格化管理平台应用,拓展各专业领域和郊区城镇化地区网格化应用,逐步整合各专业网格和各级系统平台,形成市、区、街镇三级联动的统一管理平台。做实做强街镇网格化中心,不断完善管理内容,提升基层社会治理的精细化水平。推动网格化综合管理与居村自治管理的有效联动,进一步向村居拓展网络。根据人口规模、区域大小等要素,及时动态完善街镇区划与管理单元设置,进一步优化投入保障机制,确保管理力量和公共服务资源的均等化。推进各专业平台间的互联互通,加强网格化管理平台与市民服务热线平台、公共安全视频监控联网平台等专业平台的融合对接。加快建设上海城市管理综合信息数据中心和共享交换平台,以城市管理基础信息库建设为契机,整合归集各类共享数据,实现感知、分析、服务、指挥、监察"五位一体",逐步构建城市管理的一体化综合智能平台。

持续推动补短板行动。深入推进生活垃圾分类减量、再生资源回收利用和处置能力建设,完善建筑装修垃圾管理体系,使上海垃圾减量化、资源化、无害化管理水平明显提升。推进以住宅小区和郊区村庄为重点的城乡社区综合治理,推动美丽家园和美丽乡村建设全覆盖。积极推进非机动车违法违规问题整治、出租车行业顽疾整治、网约车市场规范清理以及共享单车的有序管理,破解城市交通管理的突出问题。

专栏5.3　佛山、杭州等城市的智能化管理经验

精细化管理是城市竞争力、吸引力和城市魅力的重要组成部分。提升城市管理智能化水平,为精细化管理提供重要的技术支撑。不同于传统的人海战术和粗放式管理,城市智能化管理主要是综合运用城市数据和先进信息技术进行城市管理,将新技术的运用和新时代的改革紧密结合,用技术创新、模式创新和改革创新来破解城市管理中的难题。

依托智能化技术撬动政务改革,破解群众"政务办事难"这一老问题

当前全国各地都在推动政务改革,简政放权、优化审批流程,而基于大数据平台的智能化手段正是推动改革的重要抓手和动力。比如,佛山市开展智能化一门式政务服务,重点强化数据库的全面整合、智能化技术的创新运用和业务流程的深入再造,其口号是"把简单带给群众和政府,把复杂留给信息技术"。具体而言,佛山市经验做法中有三大亮点:一是可以由政务一体机提供标准化服务。佛山通过一种基于区块链技术的智慧多功能身份认证平台,解决了证明"你是你自己"的问题,办理身份证、护照、港澳通行证以及车管等,以前需要排队、递交大量材料甚至来回奔跑的业务,均可以通过一体机即时办理,真正立等可取。二是可以实现基本信息自动关联,避免反复填写。在办理多种业务时,市民只要刷身份证,具体业务目录下就能关联出姓名、性别、身份证号、出生年月、民族以及学历、婚姻、住址等基本信息,极大地节约了市民自己填写的时间。三是让惠民政策和服务精准定位。佛山市禅城区实施一系列智能化民生服务管理举措,比如,基于大数据平台智能化应用,不需要自己提交申请,老人就能够自动获得相关养老服务;市民在办理某项业务时,平台能够自动提醒即将需要办理或其他需要关联办理的事项,避免市民再跑一次;根据人口热力图合理确定社区助餐点选址,等等。

利用智能化思维破解城市管理突出难题

城市规模扩大化和城市系统复杂化,对城市管理的全覆盖、全天候和全过程提出了更高要求和挑战。本次调研的很多城市已经认识到,依靠传统方法和手段已经很难应对城市管理的突出挑战,必须借助新思维、运用新技术。比如,针对数量庞大的城市细小基础设施实时掌控难的问题,杭州市引入智慧井盖,利用RFID电子标签联入智慧化管理工作平台,一旦井盖被偷偷搬动并产生一定倾角($\geqslant 15°$)就马上发出报警信息。针对流动人口底数难以掌握的难题,杭州市研发智能门禁系统,建设"杭州市流动人口动态信息(居所出入智能门禁)管控平台",

门禁系统数据统一接入市管控平台。该系统在重点人员动态掌握、在逃人员布控、侦查办案视频追踪等方面发挥出积极作用。针对大规模出租房管理难的问题，杭州市研发了移动警务通"慧眼"租房检查平台，实现了对租房检查菜单式采录、隐患拍照上传、督促房东整改隐患短信自动推送，隐患整改复查跟踪提醒等功能。针对大城市交通管理复杂的难题，杭州市在"城市数据大脑计划"中专门设立了交通模块，在对交通实时状态进行精确分析后，通过智能调节红绿灯，道路车辆通行速度平均提升了 3% 至 5%，部分路段甚至提升了 11%。

5.3.3　以建成社会主义文化大都市为目标，加快推动上海文化大发展大繁荣

1. 依托科创中心建设，推动文化创意与现代科技融合

文化创意与网络科技等现代技术融合发展已经成为世界性潮流，未来上海应在科创中心建设背景下，努力推动文化与科技的深入融合。

加快建成数字化网络化公共文化服务体系。大力发展文化创意产业，努力建设全球影视创制中心，打造亚洲演艺之都，形成全球动漫游戏原创之都，巩固国内网络文化龙头地位，深化国际创意设计之都建设，构建国际重要艺术品交易中心，加快实施文化装备产业链布局。通过网络传播、新媒体集成管理、云服务等数字技术的集成应用，推动形成全市统一的数字化公共文化服务网，实现对公众文化产品的普惠和精准投放，推动上海公共文化服务继续走在全国前列。推动产业转型升级，发展"互联网＋"文化产业。

聚焦张江国家级文化和科技融合示范基地建设。通过文化科技跨界人才培养、文化科技公共服务平台体系建设、文化科技骨干企业培育、文化科技融合统计体系建立等探索建设文化科技融合载体的经验，并进一步依托"部市合作"和"市区联动"机制，带动国家数字出版基地、中国（上海）网络视听产业基地、国家绿色创意印刷示范园区等一批国家级文化创意产业基地加快实现文化与科技的融合创新。优化文化产业布局，新建一批定位明确、主题突出的文化产

业园区。

着力突破文化创意产业关键共用核心技术。通过政策聚焦、资金扶持等措施，鼓励相关机构围绕三维、高清采集、摄像、投影以及打印技术、海量数字内容的高效表示与存储、自适应编码与在线聚合技术、大型立体实时交互多媒体屏幕拼接技术等文化创意产业链关键技术环节，大力加强技术攻关，打造系列体现国际大都市特色的文化科技融合创新示范工程，实现若干关键文化产品和装备的升级和国产化。

2. 以文化开放为重点，加快构建上海文化发展的国际性平台

以打造全球城市体系中重要的"文化资源配置中心"和"国际文化交流平台"为方向，通过文化大发展推动上海城市大繁荣。

打造面向国内外市场的文化资源配置中心。依托外高桥国家对外文化贸易基地等重点区域，做大做强上海文化对外贸易平台。加快文化"走出去"步伐，鼓励文化贸易企业通过资本合作、品牌共享、技术交流、管理创新等加快"走出去"步伐。以上海文化产权交易为核心，加大上海文化产权交易平台建设力度。强化上海文化金融市场培育和建设，积极引导金融机构加强对文化创意企业的信贷支持，支持金融机构在符合监管要求的前提下投资文化企业债权和股权，推动各类股权投资基金、风险投资基金、私募基金等与文化企业对接。鼓励有条件的企业通过跨国并购、海外投资等获得新技术、新市场、新资源、新模式，提升全球文化运营能力。

打造与全球城市相匹配的国际文化交流平台。充分利用各国际文化大都市驻沪机构、组织，做实上海与各国际文化大都市之间的文化交流机制。以中国上海国际艺术节、上海国际电影节、上海国际旅游节等品牌载体为重点，按照国际惯例进行深层次开发，充分发挥其交流大舞台、贸易大市场的双重功效。建立上海国际文化论坛，打造上海组织世界文化交流的高能级平台，发展成为类似"财富论坛""500强论坛"的国际文化论坛。创新和改进广播电视产品和服务出口的运行方式，鼓励传媒机构通过租赁频道、时段、合办栏目等在海外形成一批具有国际影响、中国风

格、海派特色的节目品牌。进一步发挥上海在国家"一带一路"建设中的重要作用，推动中华文化走出去。用文化方式服务国家战略，深化高层文化互访尤其是长三角区域多层协商机制、长三角高层互动机制。加快文化"走出去"步伐，鼓励文化贸易企业通过资本合作、品牌共享、技术交流、管理创新等加快"走出去"步伐。鼓励有条件的企业通过跨国并购、海外投资等获得新技术、新市场、新资源、新模式，提升全球文化运营能力。创新和改进广播电视产品和服务出口的运行方式，鼓励传媒机构通过租赁频道、时段、合办栏目等在海外形成一批具有国际影响、中国风格、海派特色的节目品牌。

3. 加强区域开发建设中的文化内涵打造，构建文化与城市开发建设融合发展的新模式

区域发展、文化为魂，上海要加强区域建设发展中文化内涵的注入与渗透，通过文化建设推动区域综合能级提升、营造良好文化氛围。

强化旧城改造中的文化功能保护与开发。全面加强对历史建筑、风貌街区成片成区域修缮保护，重现历史风貌，再塑内涵功能，延续历史文脉。注重对历史文化遗产的保护与开发，重点区域要进行博物馆式保护和更新修缮，加强旧城保护与开发的规划设计，积极传承上海历史文脉。

加强商务商业区的文化功能打造。重点加强商务商业区的文化内涵建设，积极加强商务商业区内的文化资源布局与培育，使文化建设成为提升区域整体能级的重大驱动力。

完善文化体育设施功能布局。坚持高水平布局、专业化改造，补短板、提功能，加快规划建设一批功能性多样化文化体育设施，提升举办一流艺术展演和国际性重大专业赛事的能力。增加和改善城乡居民文化体育公共活动空间，扩大公共文化和体育产品供给，方便市民就近参与各类群众性文体活动。结合郊区新城建设，推动地标性和区域性公共文化设施建设。

专栏 5.4　上海"城镇村""点线面"的历史风貌保护对象体系

在国家历史文化名城、名镇(10 个)、名村(2 个,传统村落 5 个)保护的基础上,上海目前已建立了以历史文化风貌区(风貌保护街坊)、风貌保护道路、保护建筑"点线面"相结合保护对象体系。

划定历史文化风貌区(风貌保护街坊)

2003 年,上海市政府划示了中心城 12 片、约 27 平方公里的历史文化风貌区,约占新中国成立初期上海市建成区面积的三分之一。

2005 年,上海市政府划示了郊区及浦东新区 32 片、约 14 平方公里的历史文化风貌区,此后,国务院批复的上海 10 个国家历史文化名镇、2 个名村(5 个传统村落)均位于这 32 片风貌区之内。

2013 年起,上海开展了风貌区范围扩大推荐工作,2016 年,市政府批复确定了风貌区扩区范围,即 119 处风貌保护街坊,约 13 平方公里。至此,上海中心城成片风貌保护区域又在原基础上增加近 50%,总量突破 40 平方公里。全市总计约 54 平方公里。

2017 年起,由上海市委办公厅牵头,市规土局会同市住建委、市文物局开展了上海市 50 年以上历史建筑普查工作。以普查工作为基础,对有保护保留价值的里弄等历史建筑所在街坊进行了全面甄别,形成第二批风貌保护街坊名单并上报市政府,进一步扩大保护范围。

确定风貌保护道路

2005 年,上海确定了中心城 12 片风貌区内 144 条风貌保护道路(街巷)。其中,64 条一类风貌保护道路进行原汁原味的整体规划保护,即道路红线永不拓宽,而且街道两侧的建筑风格、尺度要保持历史原貌,行道树等道路空间重要组成部分也受到保护。与此同时,还在郊区及浦东新区风貌区范围内确定了 234 条风貌保护道路(街巷)。

2016 年,结合风貌区范围扩大工作,上海市政府批准公布新增了 23 条风貌保护道路(街巷)。至此,上海风貌保护道路(街巷)达 401 条。

公布保护建筑(优秀历史建筑、文物建筑)

除各级文物保护单位、文物保护点外,上海市政府先后于 1989 年、1994 年、1999 年、2004 年公布了 632 处优秀历史建筑,总计 2 138 幢。2013 年起,市规土局会同原市房管局开展了第五批优秀历史建筑推荐申报工作,2015 年经市政府批准公布了 426 处第五批优秀历史建筑。至此,上海优秀历史建筑总计 1 058 处、3 075 幢。

4. 推动上海文化体制改革在若干重要环节实现突破,进一步凝聚上海文化发展合力

进一步坚持以改革促发展、促繁荣,坚定不移地深化文化体制改革,努力实现文化体制改革的重大突破,逐步建立与国际文化大都市相匹配的文化体制。

深化文化管理体制改革。在上海市文化创意产业推进领导小组办公室的基础上,积极谋划成立"上海市文化发展委员会",横向上整合与文化发展有关的文广局、经信委、国资委等部门,在市级层面上进一步凝聚文化发展合力。深化公共文化服务的管理创新,鼓励社会各方力量参与公共文化设施运营、公共文化服务内容供给、公共文化服务效能评估。完善公共文化服务机构法人治理结构。

加快文化人才体制机制改革。按照建设国际文化大都市目标要求,完善人才引进、培养、使用和激励机制,努力使上海成为一流文化人才的汇聚之地、培养之地、事业发展之地、价值实现之地。通过设立工作平台、资助创作和作品出版展览、设立国际化的薪资待遇标准等方面的制度创新,为海内外文化人才来沪发展建立广阔的事业平台。进一步加强落户、医疗、社会保障、子女就学等方面的制度创新,为海内外文化人才引进营造更为宽松的氛围。大力引进和培养高层次人才,集聚创新创业人才,鼓励孵化器与优秀社会资源、高校资源合作,建立文化人才培养基地。通过扶持和引导上海相关高校加强前沿、交叉学科建设,借鉴上海纽约大学经

验加快创办国际性的上海文化艺术大学,利用与国际艺术机构合作举办高级艺术管理人才学校等多种方式,不断加强上海文化人才队伍的培育。支持文艺院校与国外知名的院校、院团、文化集团联合办学,培养国际化文化创新人才。优化人才环境,建立以能力、业绩、贡献为主要标准的人才评价导向,支持行业组织搭建高端紧缺人才培养培训平台。

进一步推进国有文化单位改革。完善国有文艺院团"一团一策"改革,鼓励原创、激励演出,不断激发舞台艺术活力。推动世纪出版集团加快实现线上线下融合发展,做大做强出版主业。推动文广集团进一步压缩投资层级,坚持新闻立台,聚焦主业,深化融合,不断提升发展质量和效益。坚持把社会效益放在首位、社会效益与经济效益相统一,正确处理好阵地与市场、导向与效益的关系,深化国有文艺院团及报业、文广、出版集团改革,培育体育产业集团和中介服务机构,增强文化事业和文体产业竞争力。

(吴也白　钱洁)

第 6 章

新阶段上海城市建设和管理思路

过去五年,上海城市建设和管理稳步推进,重大基础设施不断完善,城市管理水平显著提升,城市运营支撑能力进一步提高,社会主义现代化国际大都市城市建设再上新台阶。但与此同时,也应看到,上海城乡基础设施差距明显、城市基础设施一体化效应不高、城市综合管理水平有待提升等问题还比较突出。未来五年是上海经济和社会发展的关键时期,上海要在更高水平上全面建成小康社会,基本建成国际经济、金融、贸易、航运中心和社会主义现代化国际大都市,形成具有全球影响力的科技创新中心基本框架,迈向卓越的全球城市,为实现"两个一百年"奋斗目标作出应有贡献。要实现这一战略目标,上海必须进一步明确城市建设和管理的思路,进一步增强城市的吸引力、创造力、竞争力,使城市更加宜居宜业,改革发展成果更多更公平惠及全市人民。

6.1 上海城市建设和管理的成效与问题

过去五年,上海始终按照当好全国改革开放排头兵、创新发展先行者的根本要求,有序推进城市基础设施建设力度,不断加强市容环境整治和城市管理,社会主义现代化国际大都市城市建设再上新台阶。但与此同时，也应看到，上海城市建设和管理仍存在着一些困难和问题亟待破解。

6.1.1　过去五年上海城市建设和管理取得了显著显效

1. 枢纽型、功能性、网络化的城市基础设施体系基本形成

截至 2017 年底，上海轨道交通运营线路总长达到 666 公里，跃居世界城市首位。洋山港四期自动化码头、浦东国际机场第四跑道和第五跑道等重大工程相继建成。青草沙、东风西沙水源地和黄浦江上游金泽水源地建成使用，两江并举、多源互补的原水供应格局进一步完善。京沪高铁上海段建成通车。老港固废综合利用基地建成再生能源一期、综合填埋一期。黄浦江从杨浦大桥至徐浦大桥45 公里岸线的公共空间贯通开放。中环线全线贯通。光纤宽带网络和第四代移动通信网络基本覆盖全市域。郊区重点新城、镇基础设施加快建设，美丽乡村建设力度不断加大。

2. 城市综合管理水平显著提升

大力推进依法治理，加强基层基础建设，城市管理向精细化、综合化、社会化迈出新步伐。上海世博会后市容环境治理成果得到巩固，一批城市管理制度规定得到固化。城市管理综合执法力量下沉街镇全部到位，网格化管理工作站覆盖所有居村，网格化管理与大联动、大联勤、"12345"市民服务热线等融合互动进一步深化。住宅小区综合治理进一步加强，物业服务市场机制进一步健全。着力解决住宅小区难题顽症，群租、黑车、乱设摊、违法建筑等突出顽症整治取得明显成效。全面开展建筑市场集中整治，系统开展城乡建设交通领域运行安全和生产安全梳理和研究，实现安全生产形势持续稳定好转。强化高层建筑、玻璃幕墙、地下空间、老旧公房、危险品运输、燃气管道以及大型交通枢纽等重点危险源安全运行管理，完善应急预案体系，制定了一批安全法规规章和规范性文件。市、区两级城市维护公共财政保障机制基本建立，投入资金稳步增加，城市维护水平逐步提高。

3.城市建设管理体制机制逐步优化

深化政府管理体制改革,市城乡建设管理委和市交通委完成分设,市住房保障房屋管理局与市城乡建设管理委合并为市住房城乡建设管理委。深化行政审批制度改革,市住房城乡建设管理委行政审批事项精简幅度近70%。出台了《关于进一步加强本市重大工程建设管理的实施意见》,完善重大工程推进机制。放宽社会资本投资领域,推广政府和社会资本合作模式,全社会固定资产投资逐步提升。

4.城市管理信息化向纵深发展

基本建成以道路交通综合信息服务平台、公共交通综合信息服务平台、公共停车信息平台为主干的交通信息化应用框架,实现900多条公交线路、200多个中心城区停车场状态信息在线实时查询,成为改善城市生活品质的重要支撑。城市管理与政务信息化向纵深发展,运行效率明显提升。城市网格化管理模式持续向郊区以及地下空间、水务、绿化、民防等专业领域渗透拓展,有效促进大联动、大联勤等基层社会治理模式的创新发展;城市水务、电力、环保、安全监管等领域的智能应用体系初步形成,城市精细化管理水平进一步提升;推动城市安防视频资源共享、智能化消防、安全生产综合管理、多灾种早期预警等应用,城市应急处置机制逐步完善。

5.建筑行业转型发展步伐加快

建立健全了推进机制,发布了《上海市绿色建筑发展三年行动计划(2014—2016)》《关于本市进一步推进装配式建筑发展若干意见》《关于本市推进建筑信息模型技术应用的指导意见》等专项推进意见和计划,明确提出了绿色建筑、建筑节能、装配式建设和BIM技术发展目标和路线图。进一步完善技术研发和标准体系建设,颁布了多项标准和图集。绿色建筑、装配式建筑和BIM技术的市场关注度和推广应用持续升温,绿色建筑已从单体示范进入规模化快速发展模式,虹桥商务区、国际旅游度假区、南桥新城等获评国家级绿色生态示范城区。装配式建筑应用位居全国前列,落实面积累计达到1000万平方米以上,并成功获批"国家住宅产业化综合试点城市"。在国内率先启动了BIM技术推广工作,通过世博园区、国家会展中心、上海迪士尼、上海中心、浦东机场等一大批重点工程的运用,积累了一定的工程实践经验。

6. 住房发展工作取得了明显成效

坚持"以居住为主、以市民消费为主、以普通商品住房为主"的原则,切实将推进住房保障、服务百姓安居作为住房发展的主线和首要任务。坚决贯彻落实各项调控措施,保持房地产市场平稳发展,住房秩序明显改善。不断探索和完善相关住房保障举措,基本形成"四位一体"、购租并举的住房保障体系。加快旧区改造和旧住房综合改造,探索住宅小区综合治理机制,推进节能环保和住宅产业现代化等,有效改善了市民居住条件。

6.1.2　当前上海城市建设和管理面临的主要问题

在充分肯定成绩的同时,也要看到,上海城市建设和管理还存在不少困难和问题,主要表现在如下几方面。

1. 城乡发展的差距依然存在

尽管上海高强度的城市扩张型建设阶段已经结束,但全市域范围内基础设施仍存在缺口,中心城区与郊区基础设施水平不均衡的矛盾仍旧突出。当前上海郊区农村特别是远郊地区农村,基础设施仍存在较多"短板"。如农村生活污水、天然气、垃圾处置等设施的改造任务仍旧严峻,农村地区普遍存在村级道路建设和养护资金投入不足,乡村道路、农村道路级别标准低,难以满足现代出行需求,农村"最后一公里"问题还未彻底。此外,农民居住问题也较突出,农民房多为 20 世纪八九十年代建造,房屋质量状况普遍较差。由此,统筹推进城乡基础设施一体化,加快郊区农村基础设施建设和人居环境建设,解决城乡二元结构矛盾,是上海城市建设和管理工作面临的重大课题。

2. 基础设施一体化效应有待增强

基础设施运行效率有待提高,部分项目仍旧缺失,项目构建不合理、复合利用率低的情况仍旧存在。地下空间统筹开发亟待加强,伦敦、东京等国际化大都市均采用地下管道综合管廊的模式进行管线建设,而上海真正意义上的地下综合管廊建设才刚起步,差距较大,同时,地下空间利用规模和方式也较为落后,公共设施、文化商业设施相对较少,利用方式还较单一。城市安全运行体系有待进一步完善,应急处置能力有待提高。绿色基础设施碎片化严重,尚未跟总体规划很好地融为一体。

3. 城市建设和管理的信息化水平仍待进一步提升

随着信息资源的不断丰富,进一步激发了应用协同的需求。但目前的各类信息资源之间互联互通、信息共享、协同运作仍有待加强,"信息孤岛"现象仍旧存在。城市建设管理信息化的应用感受度有待提高,在多媒体动态交互、数据采集、可视化远程监控、智能引导、应急指挥调度、决策分析等诸多功能集于一体的城市管理的信息系统方面有待进一步完善。

4. 住房发展工作依然存在一些亟待解决的问题

受宏观经济等影响,住房市场健康稳定发展的长效机制建设相对滞后,社会预期不够稳定。住房制度需要深化改革,住房供应体系有待进一步完善,特别是购租并举的住房体系尚未完全建立,租赁住房的有效供给不足。大批保障性住房建成入住,后续管理面临较大挑战。上海仍然存在较多老旧住房,旧住房综合改造和城市更新压力较大。住宅小区综合治理效应尚未充分显现,体制机制建设仍然有待创新突破。需协同推进规划、设计、施工、配套等环节,进一步提升管理能级,加强科技创新,全面提升住房建设质量。

6.1.3 上海城市建设和管理面临的新形势和新要求

当前,上海城市建设和管理站在了一个新的起点。随着内外部条件的变化,上海城乡建设和管理面临着新形势和新要求。

1. 大建设后的城市建设和管理面临新的任务

由于城市基础设施建设的严重欠账,在过去相当的一段时期,上海城市建设体制和城市管理体制改革的重点取向是建设。随着上海城市枢纽型、功能性、网络化的基础设施体系基本建成,加强城市管理将面临新的历史性任务。如何进一步贯彻"建管并举、重在管理"的指导思想,克服城市建设管理中"重建设、轻管理,重机构、轻职能,重对象、轻标准,重目标、轻流程,重改造、重保护"等现象,提升城市精细化管理水平,进一步深化体制改革,理顺职责关系,优化管理资源,加大管理投入,强化基础常态管理,也是新形势下提高现代化国际大都市管理水平的重要任务。

2. 基础设施的品质、标准面临新的要求

一方面,传统公共设施标准较低,处理能力难以跟上城市自身经济社会发展的需求。如当前垃圾处理能力建设缺口较大,邻避现象也影响较大。此外,已建成基础设施已部分进入更新期,迫切需求更新换代。另一方面,城市基础设施安全运行面临新的挑战。上海是一个超大城市,又是一个国际化、开放度很高的城市,任何时候都必须确保正常有序运行,确保安全。但是,随着城市现代化程度的提高,城市正常运行所面临的风险也日益增大。各类自然灾害给城市安全运行带来重大风险,针对各种敌对势力的反恐防恐任务十分艰巨,涉及城建领域的各类群体性矛盾影响社会稳定。上述内外在因素的变化对基础设施造成了胁迫,迫切需要提高和转变建设标准和模式,加强技术储备,以切实提高应急反应和处置效率,切实防范各类风险、化解各类矛盾、减少事故损失和促进社会稳定。

表 6.1　上海未来可能面临的城市风险及其时空影响特征

类　型	灾害名称	时空影响特征
自然灾害	风灾、雨洪、震灾、地面沉降、海平面上升及其次生灾害	发生时间多可提前预测,有相对稳定的高风险区
资源供给型灾害	空气污染、能源危机	发生时间与发展趋势呈正相关空间影响,范围呈现区域特征
设施老化型灾害	火灾、潜在城市环境灾害、通信工程灾害、地下空间与生命线工程	突发性,有相对稳定的高风险区
全球蔓延型灾害	传染性疾病、恐怖袭击、社会分异	突发性,发生地点不可预知
其他不可预知灾害	通信信息灾害、网络犯罪、新技术事故	突发性,发生地点不可预知

资料来源:石婷婷,《从综合防灾到韧性城市:新常态下上海城市安全的战略构想》,《上海城市规划》2016 年第 1 期。

专栏6.1　城市建设的"限度"

城市建设的环境物理问题

城市建设中，大面积的硬质下垫面广场造成夏季严重干热，改变了城市的雨水径流；高大建筑周围的强风对环境产生危害，高层建筑围合出的"城墙"，阻挡了风的流动；城市快速干道旁的高层住户常年忍受噪声折磨；各式各样的玻璃材料为我们利用光提供了各种可能，但当有人在享受这种辉煌时，有人又在无奈中忍受着光的污染；出现在南方"山水城市"中的新建现代建筑，不仅破坏了其"山水意境"，也破坏了城市的环境指标。如何利用规划设计手段改善日益恶化的城市热湿环境、光环境、声环境、风环境和大气环境？如何利用风速、风向等气象参数，合理布置、选择城市用地以控制市区大气污染浓度低于控制标准？如何确定城市中心区分布合理的足够水面、绿地和人工铺装，使之不超过功能所必需的面积？如何确定与城市人口、开发强度相匹配的可呼吸性地面面积？如何设计有一定数量和一定宽度、走向与夏季盛行风向相近的街道，以加强市区与郊区之间机械紊流的热交换？如何进行不妨碍风道、促进城市换气的绿化带的配置及路线规划设计？这些都是规划、建设者应进行深入研究的问题。同时，对于不同空间尺度人们从事各种活动的城市环境物理的健康区间和舒适区间亟待研究，并总结成为具有极高操作性的、具有严谨的科学依据的空间规划设计策略。

城市建设的灾害问题

当我们把一个城市打造成全球性的国际金融中心或国际贸易中心，打造成国家或区域性的文化中心或旅游中心时，我们的聚居地也成为了物质资源的消耗中心，成为了各类污染物和废弃物的高强度排放源。当我们努力地将所在的城市"打造"出某种"特色"时，原有的自然环境也被进行了改造。各种衍生灾害风险不断产生，如迅速发展的城市形成城市雨岛效应，改变了城市降雨中心的分布和强度，且随着城市向周边扩展，以往城外的行洪河道演变成城市的内河，城市中原有的河湖水面经过大规模改造,地表径流发生变化,加之城市内外湖泊湿地及祖先留下的"涝池"被填埋,使城市失去了应对极端气候(暴雨等)的能力。城市具备能够应对地质灾害、防洪排涝、污染防治、生态环境变化、水源保障等可能问题的能力,以保障城市建设的安全已成为人们的共同认知。但是,如何在城市建设中,减少和避免在人们善意地追求经济发展和社会进步的同时,由于各种规划设计指标逾越限度产生的一系列衍生的地质灾害、城市内涝、环境污染等灾害问题? 如何在新城建设的选址、城市用地发展方向的选择、城市用地总体布局、城市综合防灾专项规划编制等城市规划设计环节充分考虑防灾、减灾问题,对城市灾害进行定量、定边界的评价? 如何进行雨水规划技术指标、技术参数的校核,进行雨水影响评价和内涝风险评价? 如何合理确定绿地的面积和布局方式,以保证雨水足够的蓄、滞、渗空间等? 这些都是我们今后要长期面对而且必须解决的棘手问题。

城市建设的低碳问题

能量在城市空间的高集中性和高强度性,使得中国城市面临能源集约化使用的巨大压力。城市的人口集聚和产业集中,也引发了持续增长的 CO_2 排放,城镇化和工业化过程中高碳城市与高耗建筑这种粗放式的发展已经成为制约中国可持续发展的重要问题。绿色发展标准是什么? 如何确定家庭、学校、商店、办公室和社区设施等形成的能源系统低碳排放控制线? 如何减少因满足人体室内热舒适而造成的能源消耗和空气污染? 如何确定公园或公共空间的节能减排要求? 如何确定步行、骑车和使用公共交通出行的比例? 如何确定行人和自行车友好的合理的地块尺度? 如何确定基于公共交通可达性的地块开发强度? 什么样的规划设计规范标准能够达到某一特定的控制热岛强度的要求? 控制热岛强度的绿地率、建筑密度、建筑间距、微风廊道宽度等是多少? 如何建构更加有利于可持续发展的城市结构? 如何确定符合低碳发展要求的规划设计技术规范与指标体系? 这些问题都亟待深入研究探讨。

资料来源:刘加平、陈晓键,《城市规划学刊》2017 年第 1 期。

3. 城市建设和管理面临新的约束

上海城市发展面临人口、土地、环境、安全四条底线,要严格控制全市人口规模,规划建设用地规模负增长,建设用地只减不增、生态用地只增不减,锚固城市生态基底,确保城市安全运行。面对约束趋紧的发展形势,城市建设和管理要系统谋划,科学发展,为破解城市发展矛盾提供有力支撑。

表 6.2　上海"十三五"必须牢牢守住人口、土地、环境、安全等四条底线

	目标要求	现状水平
守住常住人口规模底线	常住人口不超过 2 500 万作为长期调控目标	截至 2017 年底,上海常住人口总数为 2 418.33 万人
守住建设用地总量底线	"十三五"期间逐年减少建设用地增量,规划建设用地总量实现负增长。到 2020 年,要守住 3 185 平方公里的红线,比原来的规划目标减少 41 平方公里	截止到 2016 年底,全市建设用地已达 3 156 平方公里,开发强度为 46%,远远超过纽约、东京、香港等国际大都市
守住生态环境底线	应在大气、水、土壤等关键领域加大治理力度,聚焦重点、标本兼治,源头治理,综合监管,严格执法,加快产业结构调整和生态环境建设	生态环境问题已经成为突出的民生问题,不能后退,只能前进,需要以确保城市生态环境稳定持续改善为底线
守住安全底线	用最严的标准,最严的要求,最严的措施,保障城市生产安全和运行安全,牢牢守住城市安全底线,确保人民群众生命财产安全	

资料来源:课题组整理。

4. 建设行业转型发展步伐有待进一步加快

建筑市场无序竞争现象仍然存在,行业主体对产业链延伸和自身转型升级的意愿不强。建筑工业化处于起步阶段,装配式建筑产业链尚未成熟。建设管理模式有待创新,现有监管模式下开发、建设、运维各环境管理割裂,尚未覆盖建筑全生命周期。建筑品质有待提升,与国际先进水平尚存在较大差距。

6.2　上海推进城市建设和管理的目标与思路

顺应未来城市建设和管理的发展趋势,立足现有基础条件,着力补齐发展短

板,着力转变城市发展方式,着力塑造城市特色风貌,着力提升城市生活品质,着力改善城市管理服务,努力建设和谐宜居、富有活力、更具魅力的现代化国际大都市。

6.2.1　未来城市建设和管理的趋势

1. 城市建设的新理念和新趋势

一是更加注重建设和管理相结合。城市建设与管理相辅相成,密不可分。长期以来,由于城市经济的需要,城市建设长期以来一直处于主导地位,为了缓解城市建设供需矛盾日趋紧张的状况,城市管理基本上处于依附式的次要地位。近年来,随着城市建设的深入推进,大规模基础设施的相继建成,"建、管并重",将建设与管理相结合,逐步成为共识。正确处理城市建设与管理的关系,以高水平的规划管理来调控城市建设,以标准化管理实现城市有效运转,将可切实有效地推进城市化建设进程。

二是更加注重绿色发展理念。2014 年,中共中央和国务院颁布了《国家新型城镇化规划(2014—2020 年)》,这一顶层设计中关于现代城市建设提出了绿色城市建设的理念。绿色强调人与自然的关系。建设绿色城市,即是通过在城市发展低碳经济,应用低碳技术,改变生活方式,最大限度减少城市温室气体的排放,最大限度减少城市对自然环境的破坏,彻底摆脱以往以高能耗、高污染、高消费为特征的社会经济运行模式,致力于形成能源输入低碳化、能源利用高效化的循环经济体系,倡导健康、节约、适度消费的生活方式和消费模式,最终实现经济发展以低碳为方向、市民生活以低碳为理念、政府管理以低碳为蓝图的复合发展目标。从各大全球城市未来的规划来看,均将绿色城市建设作为重点,从源头上控制城市建设规模的扩张,保障城市生态空间。例如,新加坡正在从"花园城市"向"花园中的城市"转变,伦敦未来规划进一步加强环城绿带系统的建设,纽约将规划更多的开发空间并相互连通。这些转变的核心都是要将城市置身于整个生态系统格局之中,而非将生态建设补充到城市的开发建设之中。近年来,绿色建筑、海绵城市等即为绿色发展理念在城市建设领域探索实践的典型案例。

专栏6.2 海绵城市的基本内涵

"海绵城市"就是将原来大量排至管渠末端的雨水,通过如同"海绵"一样在应对自然环境和自然灾害变化时具有弹性的建筑、道路和草地、河流等吸收、存蓄、渗透消化掉,有效破解城市"逢雨必涝"的魔咒,同时补充和净化地下水源的城市建设方法。在城市缺水干旱时,又可以将大雨时蓄存的水释放出来并加以利用。建设海绵城市,就是让城市能够最大限度地留住雨水,在城市的各个区域,设置若干地块,作为海绵体;这些海绵体平时是市民的休闲公园,下暴雨的时候就成为蓄水之地。泥地、草地、树林,以及小河、小湖泊、下水道、蓄水池等,都能吸收大量雨水。这样,可以把雨水消化在本地,避免暴雨时雨水汇集到一起形成洪水。当大量雨水都被海绵体吸收之后,城市就没有积水,也没有内涝。那些被海绵体充分吸收的雨水还可以再次广泛利用,如浇灌花草植物、洗车、冲厕等,在一定程度上可以缓解水资源紧张局面。海绵城市要求对天然河流、湖泊进行保护和利用,要求尽可能减少钢筋混凝土排水管道及钢筋混凝土蓄水池,要求排水设施与城市已有的绿地、园林、景观水体相结合,并解决暴雨后城市排污道、厕所污物溢出对水环境污染的问题。从经济角度看,海绵城市的建设,一是降低了城市建设的成本,二是降低了内涝造成的一系列经济损失,三是发挥了城市的生态效益。

当前中国的城市建设基本上是粗放型的,城市及周围的河流、湖泊、绿地等被填埋造房,或者是硬化地面建道路和建停车场,城市原有的自然生态环境和水系得不到保护;城市地面硬化建设后,本来在下雨时、特别是下暴雨时可以渗入到地下的水,集聚在地面形成地表径流,造成城市内涝。雨水不能有效利用,导致全国不少城市出现"逢大雨必涝、逢小雨水必溢"的问题。城市建设不注重自然水生态的保护和自然水资源的利用,不注重水污染的治理和水安全的保障;城市建设轻地下排水吸水系统而重地上硬化、亮化设施;城市排水系统建设目标单

一、标准较低、缺少系统考虑,遇到自然灾害缺乏应对的办法,城市内涝、水体污染等问题交叉发生。这些都是当前城市建设中普遍存在的问题,反衬出海绵城市建设的重要性和紧迫性。

　　资料来源:方世南、戴仁璋,《海绵城市建设的问题与对策》,《中国特色社会主义研究》2017 年第 1 期。

　　三是更加注重人本化和宜居性。城市的主要矛盾是人与环境的对立统一,目的是为了满足人类不断增长的物质和精神需求,城市问题往往更直观地表现为人类行为选择的结果。人文城市也是《国家新型城镇化规划(2014—2020 年)》提出的重要理念之一。当前,我们正处在全球性的资源能源危机和生态环境恶化之中。建设宜居城市,促进人与自然、人与社会高度融合、和谐共存,提高城市宜居水平正逐步成为各大城市的共同举措,这是一种对现代人文关怀以及人的价值的肯定。

　　四是更加强调城市的"韧性"和适应性。进入 21 世纪以来,韧性城市(resilient cities)在以英美为代表的国际学术界已经成为城市规划和地理学研究的热门话题。韧性城市所要解决的问题主要是社会生态系统应对不确定扰动的适应能力。广义上理解,这种扰动类型不仅包括自然灾害和人为因素,还包括一些缓速的、不确定的扰动过程。相比于传统的城市应变应急研究,韧性城市的研究更具系统性、长效性,也更加尊重城市系统的演变规律。传统的应急应变策略重心在于短期的灾后规划,相比之下,韧性城市的研究思想则强调通过对规划技术、建设标准等物质层面和社会管治、民众参与等社会层面相结合的系统构建过程,全面增强城市系统的结构适应性,从而长期提升城市整体的系统韧性。这一转变,体现了"授人以鱼"和"短期止痛"相比"授人以渔"和"长期治痛"的本质区别。如《更强壮、更韧性的纽约》是在 2012 年纽约遭受桑迪飓风灾害之后编制的,目的是重建在飓风中受损的社区,并提高未来纽约市的建筑和基础设施在抵御气象灾害时的韧性。

　　五是更加注重城市更新和存量优化。城市更新是指推广以节约利用空间和能源、复兴衰败城市地域提高社会混合特性为特点的新型城市发展模式。虽然更新改造几乎伴随着城市发展的全过程,但是现代意义上大规模的城市更新运动则是始于20世纪六七十年代的美国。当时的更新是面对高速城市化后由于种族、宗教、收入等差异而造成的居住分化与社会冲突问题,以清除贫民窟为目标。由联邦政府补贴地方政府对贫民窟土地予以征收,然后以较低价格转售给开发商进行"城市更新"。在中国,随着大规模建设和快速城市化阶段的基本结束,用地不集约、结构不合理等空间利用问题严重制约着城市竞争力的提升,中国城市发展正由空间外延扩张型迈入以存量开发为主的"内涵增长"新阶段,城市更新也日渐成为城市建设的一个重要方面。

六是更加趋向立体化和复合化。面对城市用地紧促的现象,从平面空间管理走向立体化建设的理念应运而生。现代城市建设既重视地上空间的规划建设与运行,又重视地下空间的规划建设。地上空间的管理包括地面、墙面的清洁,广告牌匾的设置,绿地、水域、公共设施的保洁,空气质量的改善等。同时,先进国家城市地下空间使用率已超过40%,在现代人口超过百万的城市多采取地下基础设施系统与商业结合的方式来缓解市中心区环境拥挤问题,并促进都会区空间立体发展,完善城区功能,充分发挥城市空间效应。

2. 城市管理的新趋势

一是城市管理精细化。所谓城市管理的精细化,是指变粗放低效管理为精准高效管理,变突击运动式管理为经常性、可持续性,深入到每个角落细节的管理,变管理主体的分散、职责的交叉扯皮为上下左右无缝拼接。只有精细管理,才有精致的公共空间。在精致的城市中,出现的问题能够及时解决,市民才能满意。现代信息技术的运用,使得城市管理的精细化成为可能。精细化管理的结果是政府城管部门的处置能力从低效、迟钝变为高效、敏捷。

二是城市管理综合化。城市管理是一项综合性很强的系统工程:从过程上看,涉及城市的规划、建设和运行等环节;从内容上看,涉及经济、社会、文化、生态建设与发展等方面。市政、市容管理工作与社会治安综合治理、精神文明建设、社会建设的交叉越来越多,综合性越来越强,这在城管执法上表现得最为突出。城市管理越来越重视系统性,越来越强调建立"政府牵头、部门合作、社会参与、专业管理、市场运作"的城市环境建设和管理大格局。

三是城市管理科学化。城市管理是一门科学,特别是在快速城镇化的今天,城市的规划、建设和运行都要讲究科学意识,树立科学理念,运用科学技术,遵从科学标准,推动科学发展。在城市管理制度、法规、标准和条例的制定上,注重科学化、民主化和公平化;在城市规划和设计上,强调科学发展的理念、生态优先的意识和以人为本的思想,构建市民、市容和市区共融的和谐空间,使生产、生活、生态"三生"共融,规划建设宜居宜业的生态城市;在城市建设和运行上,运用绿色建筑材料和可再生能源,进行节能降耗减排和低碳城市建设,以实现人口、资源和环境的平衡与可持续发展。

四是城市管理法治化。法律是所有社会规范中最具执行力的规范,没有城市管理的法治化,也就没有城市管理的规范化、科学化和民主化。城市管理的法治化具体表现在三个方面:一是城市管理的各个环节依法行事,包括依法规划城市,依法建设城市,依法管理城市的运行;二是城市管理者尤其是执法监管部门带头学法、知法和执法;三是各级领导干部树立法律意识,强化依法行政理念,在旧城改造、城中村拆迁、违章建筑拆除、"三乱"治理、市场监管和食品安全等领域,切实做到依法行政,管理到位。

五是城市管理民主化。从本质上看,城市管理民主化是民主政治在城市公共管理中的体现。城市善治理论强调城市中的利益相关者共同治理城市,运用服务、协调、倡导、引领、法律和规范等理念与方式管理城市。以人为本的科学发展观必然要求公众参与城市管理,这样可以降低城市管理成本,满足人的多样化需求,促进城市管理的科学化。城市管理的民主化要求增加管理的开放度、政策的透明度,通过加强公众参与制度的建设,完善公众全程参与城市治理的机制。

六是城市管理长效化。为了改善城市环境,一些城市以大会战的形式开展城市环境集中整治活动,但活动结束不久,城市面貌又回到了原样。可见,城市管理的难点是建立长效机制。近几年,许多城市借鉴北京市的经验,建立了与社会互动的网格化数字管理模式,确立了"三个一样"的长效管理目标,即白天和晚上一个样、节日和平常一个样、检查和不检查一个样,并实行管理区间全天候巡查、督察整改全天候衔接、责任权利全天候到位的管理模式。城市管理由过去被动、定性和分散的管理,转变为主动、定量和系统的管理。

七是城市管理信息化。现代城市面临着越来越多的经济社会事务、复杂纷繁的各类问题以及瞬息万变的大量信息,现代城市管理要求管理者、决策者更多的是相信数据,运用数字化进行管理,而不是凭主观臆断。如果城市管理仍按常规的办法处理,显然不能适应发展的需要。因此,现代城市管理必须充分利用现代信息技术,逐步走向数字化、信息化。城市管理信息化包括城市管理主体的信息化和城市管理物质对象的数字化。前者是指城市政府等管理主体广泛采用计算机技术、网络技术、现代通信技术建立起城市电子政务系统和城市应急联动系统。后者是指在城市管理活动中,将城市管理对象的地域特征、形象特征、属性特征等数字化,并将这些数字化的特征采用计算机、网络等信息技术手段,进行存储、传输、整合、分析,最终以文字、音像、图形等形式输出,作为城市管理的技术依据,以维护和拓展城市综合功能的过程。

6.2.2　上海城市建设和管理将进入转型提升的新阶段

如何推动城市在新的起点上加强对新形势的应对,进而实现更大跨越将成为上海未来面临的首要目标。综合分析发现,新阶段上海城市建设与管理将面临"五大转变"。

1. 从外延扩张式城市建设向内涵提升式城市建设转变

随着大规模建设期的结束,未来上海城市建设和管理要以增量建设为主向存量优化和有机更新转变,行业发展要从规模扩张型向质量效益型转变,城市建设不仅要有空间的概念,还要有质量、结构、序列的概念。要充分体现全生命周期、低影响开发、绿色化等理念,进一步完善城市综合管理体制机制,加快构建与超大城市相匹配的城市综合管理体系。要突出历史风貌保护和文化传承,更加注重城市功能完善和品质提升,旧区改造由"拆改留"并举向"留改拆"并举转变,传承城市的历史、文化、内涵,多途径、多渠道改善市民居住条件。

专栏 6.3　上海市城市更新的工作原则、要求和相关政策

工作原则

城市更新工作,遵循"规划引领、有序推进,注重品质、公共优先,多方参与、共建共享"的原则。

城市更新要求

城市更新应当坚持以人为本,激发都市活力,注重区域统筹,调动社会主体的积极性,推动地区功能发展和公共服务完善,实现协调、可持续的有机更新。

规划政策

(一)在符合区域发展导向和相关规划土地要求的前提下,允许用地性质的兼容与转换,鼓励公共性设施合理复合集约设置。

(二)在同一街坊内,对符合相关要求的地块可进行拆分合并等地块边界调整。

(三)在地块所处高度分区的范围内,建筑高度可进行适当调整,超过高度规定,应当进行规划论证。风貌保护、净空控制等地区按照相关规定执行。

(四)按照城市更新区域评估的要求,为地区提供公共性设施或公共开放空间的,在原有地块建筑总量的基础上,可获得奖励,适当增加经营性建筑面积,鼓励节约集约用地。增加风貌保护对象的,可予建筑面积奖励。

(五)因确有实施困难,在满足消防、安全等要求的前提下,按照规定征询相关利益人意见后,经规划土地管理部门同意,部分地块的建筑密度、建筑退界和间距等可以按照不低于现状水平控制。

（六）城市更新中应当采用绿色、低碳、智能技术，实现节能环保高标准，加快低碳智慧城市建设。鼓励对建筑第五立面进行生态化、景观化以及其他有益于增加公共价值的改造利用。

土地政策

（一）现有物业权利人或者联合体为主进行更新增加建筑量和改变使用性质的，可以采取存量补地价的方式。城市更新项目周边不具备独立开发条件的零星土地，可以扩大用地方式结合城市更新项目整体开发。

（二）城市更新项目的土地使用条件应当根据经批准的控制性详细规划确定。以拆除重建方式实施的，可以重新设定出让年期；以改建扩建方式实施的，其中不涉及用途改变的，其出让年期与原出让合同保持一致，涉及用途改变的，增加用途部分的出让年期不得超过相应用途国家规定的最高出让年期。现有物业权利人或者物业权利人组成的联合体，应当按照新土地使用条件下土地使用权市场价格与原土地使用条件下剩余年期土地使用权市场价格的差额，补缴土地出让价款。

（三）城市更新按照存量补地价方式补缴土地出让金的，市、区县政府取得的土地出让收入，在计提国家和本市有关专项资金后，剩余部分由各区县统筹安排，用于城市更新和基础设施建设等。对纳入城市更新的地块，免征城市基础设施配套费等各种行政事业收费，电力、通信、市政公用事业等企业适当降低经营性收费。

（四）城市更新的风貌保护项目，参照旧区改造的相关规定，享受房屋征收、财税扶持等优惠政策。

资料来源：上海市人民政府关于印发《上海市城市更新实施办法》的通知，2015 年 5 月。

2. 从粗放式城市管理向精细化城市管理转变

随着经济社会的飞速发展和人民生活水平的提高，人们对创造优美生活环境的需求越来越高。原来粗放型的城市管理模式已经不能适应现代化城市的需求。只有精细管理,才有精致的公共空间。上海作为超大型城市不同于一般城市,推进城市精细化管理的形势更复杂、变量更多、难度更大。上海要立足超大城市实际,把深入推进城市精细化管理作为卓越的全球城市建设的重要抓手,以精准适切的法规标准为依据,以智慧泛在的信息技术为手段,以跨界多元的协调共治为支撑,以持续推进的补短板行动为突破,让城市更有序、更安全、更干净。

3. 从"硬"的建设为主向"软""硬"建设并举转变

在过去的发展中,上海更多的是以大规模推进道路、轨道等"硬"的市政公用设施为主,在文化、体育、废弃物处理等与市民密切相关的公共服务设施的建设和功能提升上做得相对不太充分。目前,随着基础设施框架体系已基本建成,交通基础设施仍是重要内容,但相对分量下降,文化体育等公共服务设施、数字基础设施、绿色基础设施、废弃物处理设施等"软"领域的建设应被提到更加突出的位置,以让市民群众分享城市发展成果,在城市发展中拥有更多的获得感。

4. 从单一目标的建设思维向复合目标的建设思维转变

随着上海城市发展的不断推进,土地资源短缺的问题日益凸显,建设紧凑型城市的要求日益迫切。为此,应由原有单向的、单功能的建设思维向复合建设思维转变,统筹规划地上、地下空间开发,鼓励城市各类建筑功能复合开发利用,促进城市各类建筑功能适度混合,并注重将社会效益、经济效益、生态效益适当叠加在建筑之上,最后叠加形成综合效应,在为破解城市发展矛盾提供有力支撑的同时,发挥各类建筑设施的最大功能效用。

5. 从以资源投入为主的城市建设向更多依靠制度、机制创新的精细化建设、管理转变

现代城市是一个巨大的复杂性系统。在过去的发展当中,为了保障城市平稳运行,我们更多是靠资源投入,通过动员全社会共同参与,加大集中整治,实现了市容环境、城市面貌和城市管理的明显改善。面对以往大规模城市后设施运行的日常管理要求,面对城市管理层出不穷的新情况、新问题,必须把集中整治措施转化

为常态长效机制,加强精细化管理,并将精细化的制度、理念,结合新技术贯穿到工程建设的全过程,提高城市建设管理的高效度。

6.2.3 新阶段上海城市建设和管理的目标

面对新形势、新情况,上海要着眼长远,科学谋划,对标卓越的全球城市的目标定位,以提升超大城市基础设施支撑、运行能力和城市管理水平为主线,围绕城市有机更新、城乡一体建设、城市运行安全、生态环境改善、城乡住房发展等事关城市发展、民生改善的重点领域,以体制机制改革和科技创新为动力,显著提高城乡建设和管理的绿色化、精细化、智能化、法治化水平,建成适应超大城市特点的高效基础设施系统和城市综合管理体系,进一步增强城市的吸引力、创造力、竞争力,使城市更加宜居宜业,改革发展成果更多更公平惠及全市人民。

表 6.3 历次文件有关城市建设管理目标的提法

文 件	总体目标	具体目标
上海市"十一次"党代会	城市更加宜居宜业,吸引力、创造力不断增强,改革发展成果更多更公平惠及全市人民	城市管理与社会治理创新深入推进。基本公共服务和社会保障更加公平
上海市"十三五"规划	基本建成社会主义现代化国际大都市。到 2020 年,基本建成城市安全、生态宜居、人民幸福的社会主义现代化国际大都市,市民对"城市,让生活更美好"的感受度进一步提升	人民生活水平和质量普遍提高,覆盖城乡的基本公共服务均等化全面实现,城乡发展差距明显缩小。公共交通出行更为便捷高效,城市更有序、更安全、更干净。重大功能性文化设施布局和公共文化服务体系基本形成,水环境质量全面改善,人均公园绿地面积达到 8.5 平方米
上海市城乡建设和管理"十三五"规划	城乡建设和管理绿色化、精细化、智能化、法治化水平显著提高,城市综合管理体系和城乡基础设施体系进一步完善,城市综合进一步增强,努力建设安全、整洁、有序、高效、法治的现代化国际大都市,让全市人民生活更美好	形成依法管理、精细科学的城市综合管理格局;建成运行高效、一体衔接的现代化基础设施体系;形成应防有力、系统严密的城市安全防御能力。到 2020 年,实现建设工程安全事故起数及死亡人数较"十二五"进一步下降 10% 以上;建成绿色低碳、循环发展的城乡生态环境;形成住有所居、有机更新的民生保障体系;形成创新引领、规范有序的行业发展趋势

资料来源:课题组整理。

6.2.4　上海进一步推进城市建设和管理的思路

为了实现上述目标,根据现实基础和条件,上海推进城市建设和管理在操作层面上可遵循如下思路。

1. 尊重城市发展规律,树立客观科学的城市建设和管理理念

城市发展是一个自然历史过程,有其自身规律。城市和经济发展两者要相辅相成、相互促进,既要提升城市建设特别是基础设施建设质量,形成适度超前、相互衔接、满足未来需求的功能体系,以为经济发展提供支撑,又要注重遏制城市"摊大饼"式发展,不能脱离经济发展而人为大搞"造城运动"。城市规模要同资源环境承载能力相适应,生态空间和建设空间比例失调,环境容量就不可避免变少,污染就必然加重。要在底线约束的背景下,导入海绵城市、紧凑城市、韧性城市、高效绿色的发展理念,建设高密度、可持续发展的典范城市。

2. 注重依法管理、精细科学,着力提升城市精细化管理水平

要把深入推进城市精细化管理作为体现"四个新作为"和建设卓越的全球城市的重要抓手,针对当前城市管理中存在的突出问题和关键短板,紧紧围绕让城市更有序、更安全、更干净的目标,牢牢把握核心是人的原则,积极贯彻全覆盖、全过程、全天候的要求,加快构建法制化、智能化、标准化、社会化的精细化管理服务体系,注重精准施策,注重服务民生,为中国城市建设和管理贡献上海经验。

3. 坚持以人民为中心,建设有温度的宜居宜业城市

群众满意度和获得感应成为今后上海城市建设和管理工作的关键价值指向。要提高城市发展的宜居宜业性,把创造优良的生产、人居环境作为中心目标,创新推进更具人性化的城市建设模式,进而发挥城市发展应有的效应。同时,要更加注重城市与人的安全,聚焦城市综合管理这个重点,加快推进城市精细化管理,并在城市管理中更多地发挥"公众参与"的作用,让人民群众在城市生活得更方便、更舒心、更美好。

4. 完善功能和增量建设并举,推进城乡建设协调发展

聚焦郊区基础设施、文体公共服务设施和绿色基础设施等城市建设的短板和薄弱

环节,以高标准、高品质的项目建设为抓手,进一步补齐增强。在继续推进单系统基础设施建设的基础上,努力提升系统之间的相互衔接和协调,进一步发挥基础设施体系的网络效应和不断提高整体运营效率。更加尊重历史文脉,守住城市记忆,注重成片、成街坊历史风貌和乡村风貌整体性、普遍性保护,推进城市改造向城市有机更新转变。

5. 强化统筹推进,提高城市建设和管理的系统性

城市建设和管理是一个系统工程,不能就建设谈建设,而应注重各领域、各环节之间工作的协调性和系统性。要树立系统思维,注重规划、建设、管理三大环节的统筹,增强城市建设的科学性、指导性;注重统筹政府、社会、市民三大主体,提高各方推动城市发展的积极性;注重加强城市群内各城市之间的城市建设协调,形成网络效应和协同效应,对接"一带一路"、长江经济带、长三角地区协同发展要求。

6.3 新阶段上海推进城市建设和管理的主要举措

未来上海将对标世界一流城市,围绕城市品质提升、绿色发展、智慧应用、空间复合利用、城乡住房发展、城市运行安全等、建筑行业发展等事关城市发展、民生改善的重点领域,推进城市建设和管理水平进一步提升,让全市人民生活更美好。

6.3.1 以主城区有机更新和郊区新城和镇的建设为重点加快城市空间布局调整和优化

一是以"增功能、增空间、增活力"为导向,有序推进主城区城市更新、提升能级。增加公共绿地面积,增加公共活动空间,以社区为载体,打造便捷舒适的生活圈。贯彻紧凑集约的发展理念,加强重要交通站点、中心城区和滨江区域周边特色社区建设,享受城市空间高密度带来的生产力提升。积极推进城市有机更新,坚持"留改拆"并举、以保留保护为主,做好发展新阶段的旧区改造工作,传承城市的历史、文化、内涵,多渠道多途径地改善市民居住条件,营造具有历史文脉、人文气息浓郁的城区环境,增强综合服务功能。

二是大力推进新城和镇的建设。进一步优化财政投入机制,优化分成比例,加大财政资金向郊区基础设施的倾斜,加大郊区特别是工业区、非建制镇等污水管网改造力度,全面提升郊区污水处理水平。强化郊区新城、新市镇和集镇基础设施建设和公共设施配套,发展特色小镇,优化城镇村布局体系。推进美丽乡村建设,以村庄改造为载体,大力推进美丽乡村建设工作,对规划保留村庄,开展村内基础设施建设、村庄环境整治和公共服务设施建设三大工程,不断推进农村人居环境持续改善。

6.3.2　以海绵城市、立体城市和韧性城市为重点增强城市建设的可持续发展能力

一是把海绵城市理念体现到城市规划、建设、管理的全过程,综合采取"渗、蓄、滞、净、用、排"等措施,充分利用自然空间,实现雨水综合管理,恢复水生态,改善水环境,提高水安全。推广海绵型建筑与小区,采取屋顶绿化、雨水调蓄与收集利用等措施,提高建筑与小区的雨水积存和蓄滞能力。提高城镇排水系统建设标准,加大城市排水防涝设施建设力度。

二是顺应城市立体化发展要求,统筹协调地下空间、地下管线建设管理,最大限度预防和减少安全风险,保障城市安全有序运行。开展地下空间竖向分层规划,拓展城市空间资源,分层、分类、分期开发利用地下空间资源,形成功能适宜、布局合理、竖向协调一体、横向互联互通的地下空间系统,优先确保城市公共安全保障的地下空间使用,重点建设地下公共交通和市政基础设施空间,预留地下物流、水资源调蓄、能源输送等功能通道,打造"立体城市"。

三是加强弹性适应能力,率先做韧性城市试点。依赖于原有的防御体系,增加冗余设计或新技术手段,加强技术监测与模拟,加强技术研发,提高设计标准,制定评估与更新计划。推进具有韧性的空间规划和设计来分散城市风险,尽可能降低灾害的影响力和破坏力。创新和完善城市安全的社会治理体制,提升智慧城市管理水平,促进城市政府之间的信息共享,引导社会资本参与城市安全设施投资建设,加强民众的安全意识和防范知识教育和应急演练,推动上海未来城市安全防御

从综合防灾向动态维护、多级网络、联合共治的韧性城市转变。

6.3.3　以绿色化、智能化为核心扩大科技在城市建设和管理中的应用

一是着力推进绿色发展、低碳发展和循环发展。划定城市开发边界、永久基本农田、生态保护控制线,增加生态空间,推进绿地林地湿地融合发展。构建"双环、九廊、十区""多层次、成网络、功能复合"的市域生态空间体系。加快建设郊野公园,完善地区公园、社区公园、街心公园等各类城市公园,打造城市绿道系统,大力发展屋顶绿化和立体绿化,全面提升市民生态文明感受度和获得感。加强绿色基础设施骨架构建,大力建设生态廊道、防护林带和生态公益林,显著增加农田林网覆盖率,完善生态补偿制度,实施绿地、林地占补平衡。大力推进绿色建筑规模化发展,全面推广装配式建筑,倡导可再生能源与建筑一体化应用。倡导建材工业绿色制造,全面推行清洁生产,发展智能制造,引导建材生产企业提高信息化、自动化水平。

二是全面推广智慧应用。依托新型基础设施和信息、数据等新生产要素,聚焦智慧治理、智慧交通等领域强化应用,使智慧城市触手可及。深化建设城市综合管理系统,加大建筑信息模型技术应用推广,提升建筑管理、地下管廊等领域的信息化管理水平,推进城市管理的精细化、可视化、协同化。实施智慧交通工程,加强交通综合信息平台建设,充分整合行业平台交通数据,开发交通研判、预测等辅助决策系统,提升交通管理和服务水平;大力发展公共出行信息服务,建设停车信息服务平台;加快车联网等新技术应用。

三是加大技术储备力度,推进互联网+、BIM 技术、大数据和云计算在建设行业的广泛应用。加强建筑性能、建筑节能、抗震防灾、新材料应用等方面研发,加快科技成果的转化和应用。

6.3.4　以创新土地利用方式为抓手,推进空间复合化利用

通过城市更新的手段对城市建成区进行功能优化调整来提升城市空间内涵的"存量规划"是上海未来城市规划的必然趋势。

一是转变土地利用方式,着力优化用地结构,以盘活存量、功能融合、地上地下统筹为主要路径,释放发展空间。

二是着力推广土地混合利用和建筑功能复合,加强商业、办公、居住、公共设施与市政基础设施等用地的复合开发。特别是近期可选择郊野公园、历史风貌区等,叠加公共活动、新型城市建设和管理技术试验等功能,营造功能丰富、景观多样、充满活力的城市公共空间。

专栏 6.4　国外地下空间的发展和经验启示

综合化

国外地下空间利用发展的主要趋势是综合化,其表现首先是地下综合体的出现。欧洲、北美和日本等一些大城市,在新城区的建设和旧城区的再开发过程中,都建设了不同规模的地下综合体,成为具有大城市现代化象征的建筑类型之一。其次是综合化表现在地下步行道系统和地下快速轨道系统、地下高速道路系统的结合,以及地下综合体和地下交通换乘枢纽的结合。此外,综合化表现在地上、地下空间功能既有区分,更有协调发展的相互结合模式。

分层化与深层化

随着一些发达国家地下空间利用先进城市的地下浅层部分已基本利用完毕,以及深层开挖技术和装备的逐步完善,为了综合利用地下空间资源,地下空间开发逐步向深层发展。如美国明尼苏达大学艺术与矿物工程系系馆的地下建筑物多达 7 层,加拿大温哥华修建的地下车库多达 14 层,总面积 72 324 平方米。以日本学者为主正在研究 30 米以下的深层地下空间利用的规划。深层地下空间资源的开发利用已成为未来城市现代化建设的主要课题。在地下空间深层化的同时,各空间层面分化趋势越来越强。这种分层面的地下空间,以人及为其服务的功能区为中心,人、车分流,市政管线、污水和垃圾的处理分置于不同的层次,各种地下交通也分层设置,以减少相互干扰,保证了地下空间利用的充分性和完整性。

城市交通和城际交通的地下化

城市交通和"高密度、高城市化地区"城市间交通的地下化,将成为未来地下空间开发利用的重点。交通拥挤是 20 世纪不变的城市问题,城市道路建设赶不上机动车数量的发展也是 20 世纪城市发展的规律。发展高速轨道交通也就成为主要的选择。21 世纪人类对环境、美化和舒适的要求越来越严格。人们的环境意识和对城市的环境要求将越来越加强和提高,以前修建的高架路,如美国波士顿 1950 年建成的中央干道将转入地下。地下高速轨道交通将成为大城市和高密度、高城市化地区城市间交通的最佳选择。据统计,城市规模越大、人口越多,采用地铁建设方式的比重越高。在轨道交通的建设方式上,人口 200 万以上的城市采用地铁条数占 77.5%,运营长度占 90.5%;人口在 100 万—200 万的城市,采用地铁线路条数占 69.3%,运营长度占 64.0%。即使采用轻轨,在市区也以地下为主,在郊区则居地面。而郊区铁路,进入市区也转入地下,如蒙特利尔。

先进技术手段的不断成熟和运用

随着地下空间开发利用程度不断扩展,长大隧道开挖以及遇到不良地层机会的增多,要求隧道开挖速度及开挖安全越来越高,在硬岩层采用 TBM 开挖,软岩中采用各种盾构等先进挖掘技术的使用越来越广泛。微型隧道是人进不去的隧道,直径一般在 25—30 厘米,最大可达 2 米。在隧道表面入口处采用遥控进行开挖和支护。这种方法快速、准确、经济、安全。所以适宜在高层建筑下,历史文化名胜古迹下,高速公路和铁路下,河道下安设管道。目前世界采用微型隧道技术已修建了 5 000 公里管道。由于地下管线不断增多,这种工程的应用将越来越广。另外,由于地下空间开挖中定位和地质地理信息、勘察现代化的需要,GPS(卫星全球定位)、RS(遥感)和 GIS(地理信息系统)技术在地下空间开发中的应用将会得到越来越大的推广。

市政公用隧道(共同沟)

"共同沟"即这个词语来自日语,英文名称为"utility tunnel",指的是将设置在地面、地下或架空的各类公用类管线集中容纳于一体并留有供检修人员行走通道的隧道结构,主要适用于交通流量大、地下管线多的重要路段,尤其是高速公路、主干道。共同沟犹如一个大口袋,袋口露出地面,人可在"袋"内直立行走、定期检查,防止重大事故发生;维修或增加排管只需从"口袋"进入,路人丝毫不觉。随着城市和生活现代化程度的提高,各种管线种类和密度、长度将快速增加,共同沟得到更广泛的应用和发展。共同沟的建设最早是在欧洲开始的,目前,法国、英国、德国、俄罗斯、日本、美国等国都建有共同沟,发达国家管线建设的经验表明,无论是在安全性、经济性、还是在确保道路的安全畅通、城市管线的共同管理以及城市环境保护等方面,共同沟的建设都是保证城市具有可持续发展能力的重要基础设施,这已成为 21 世纪城市基础设施现代化更新与改造以及城市现代化建设的趋势和潮流。

资料来源:孙海鸣等,《上海世界城市建设中的"地下空间"利用研究》。

6.3.5　以"三全四化"[①]为着力点,推进城市精细化管理

一是全面提升管理的全覆盖水平。深化城市管理体制机制改革,在将市城市综合管理推进领导小组调整为市城市管理精细化工作推进领导小组的基础上,优化市、区、街镇城市管理机构设置,明确管理责任。创新社会治理加强基层建设,坚持党建引领下的自治、共治、德治、法治一体化推进,完善基层治理格局,激发基层活力,提高治理成效,努力形成共治善治新局面。加强城市规划、建设、管理的系统优化。注重系统优化,把底线约束、内涵发展、弹性适应的理念融入城市规划全过程,建立统一衔接、功能互补、相互协调的空间规划体系。完善城市网格化管理体系。强化市、区、街镇城市网格化综合管理机构在城市管理中的协调指挥、监督评价作用,整合各类城市管理资源,不断拓展城市网格化管理范围,推进城市网格化

---

① 　"三全"即全覆盖、全过程、全天候;"四化"即法治化、社会化、智能化、标准化。

管理精细化过程全覆盖。加大社会协同共治力度,鼓励公众、企业、社会组织等多元主体在城市管理中发挥作用,推进城市管理参与主体全覆盖。

二是全面提升城市管理法治化水平。大力推进"法治上海""平安上海"建设,立足超大城市综合管理要求,健全城市管理重点领域法规体系。形成相对完整和健全的城市管理法规体系,对于一些与现实脱节较大的法律法规要及时立、改、废。树立法律权威,强化依法治理,切实做到执法必严、违法必究。提高城市管理执法效能,坚持集中整治与系统治理相结合,加强行业管理与综合执法的衔接,加大部门协作的统筹力度,完善执法协同机制,深化部门间信息交流和资源共享。加强执法能力建设,注重社会评价,着力提高城市管理执法水平。

三是全面提升城市管理的智能化水平。加强城市管理基础信息采集和基础信息库建设。建设涵盖空间地理数据、属性数据、业务数据的城市综合管理数据资源中心,丰富和完善数据信息采集手段。推进城市管理专业平台的互联互通和一体化综合智能平台建设。深化城市网格化管理平台应用,推进各专业平台间互联互通,加快建设上海城市管理综合信息数据中心。加强信息与智能化技术在城市管理中的深度运用。更多运用现代信息智能技术,深化互联感知、数据挖掘与分析、风险预警、智能决策技术等在城市管理中的应用。

四是全面提升城市管理的标准化水平。加快城市综合管理标准体系建设,以全领域覆盖为根本导向,注重突出重点、聚焦短板,提高要求,查漏补缺,对城市管理工作具体范围、职责、流程、标准和法律责任等做出全面详细的规定,为精细化管理提供标尺和依据。切实抓好标准的贯彻落实。严格按照标准要求推进城市管理。

6.3.6　以完善购租并举的住房体系为核心,健全房地产业健康平稳发展长效机制

一是促进购租并举的住房市场健康发展。建立多元参与的租赁市场体系。依托国有功能型企业、区级集团,通过新建、配建、收储、收租等多种方式,适量增加政

府持有的租赁住房比例,为政府发挥市场稳定器的作用以及市场平准功能奠定基础。培育机构化、连锁化、规模化的租赁企业发展,加快推动代理经租企业、集中式长租公寓经营企业等企业化和机构化租赁,逐步提高机构出租人的市场占有率,增加市场有效租赁房源,改善供应结构。推动住房租赁市场向规范化、有序化方向发展。

二是进一步完善"四位一体"住房保障体系的运行机制。在保障低收入、住房困难群体基本居住需求的基础上,按照"聚焦人才、规模合理、以供定需、循环使用",通过发展公共租赁住房、人才公寓,完善保障性住房供应分配机制等方式,着力优化"四位一体"的住房保障体系。

三是优化土地供应机制和节奏。优化建设用地供应结构,创新土地出让方式,合理把握供地节奏,优化中小套型住房建筑面积标准。结合实际,科学合理确定多层、小高层、高层的中小套型住房建筑面积标准。进一步加大商品住房用地中小套型住房供应比例,中心城区不低于 70%;保障性住房用地中小套型住房供应比例,中心城区为 100%,郊区不低于 80%。鼓励以公共交通为导向的社区开发模式,轨道交通站点周边区域商品住房用地中小套型住房供应比例提高到 80% 以上,实现城市组团式紧凑开发。提高住宅用地利用效率,以稳定住房市场预期,促进住房供应体系健康发展。

6.3.7　以自贸试验区建筑业改革试点为突破口,加大体制机制改革力度, 推动建设行业转型发展

一是深化建设管理体制机制改革。全面清理行政审批事项,推行行政审批标准化建设,实施权力清单、责任清单和负面清单制度。研究建立基于 BIM 的建设管理并联审批平台,建立建设管理行政审批事项的网上虚拟办事大厅。完善建筑市场管理法规体系,转变政府监管方式,加强市场和现场质量安全行为的事中事后监管。建立市场运行管理的大数据库,建立基于大数据分析为基础的执法监管体系。探索推行政府购买服务和专业人士认可制等,引入社会化工程监管方式。

二是创新建筑市场监管方式。深化建设工程招投标监管改革,全面推行工程设计、施工和竣工图数字化交付,加快推进数字化审图和建筑档案资料的电子化,实行全过程、全覆盖的工程建设电子化审查审批,提高审批效率。进一步加强事中事后监管,健全建筑市场诚信体系建设,加强信用评价在工程招标、市场准入、日常监管中的应用。

三是推进建筑业转型升级。加快建筑业向信息化和工业化转型升级,促进建筑行业持续健康发展。全面推广装配式建筑,创建国家住宅产业现代化示范城市,符合条件的新建建筑必须采用装配式技术,推动全产业链协同融合发展,打造具有国家影响力的建筑工业化产业联盟,加强建筑性能、建筑节能、抗震防灾、新材料应用等方面研发,加快科技成果的转化和应用。加快培育国家级建筑产业化示范基地。促进预制构件市场有序发展。

四是优化调整建筑业产业结构和生产组织方式。充分激发市场主体创新活力,健全创新创业政策和服务体系。支持国有企业股份制和混合所有制改革,拓宽非公经济发展的市场空间。鼓励企业通过企业转型、重组、并购等方式,通过项目设计施工组织方式的转变,优化产业组织结构。调整完善项目组织方式,完善与工程总承包和项目管理方式相适应的招标投标、施工许可、现场监管和结算审计等政府监管方式,加大在政府投资工程中推行力度,鼓励和支持设计施工总承包、项目管理等模式,实现项目组织方式向专业化、执业化、国际化转变。结合上海自贸试验区和浦东建筑业改革示范区建设,开展建筑师负责制等建筑业改革创新试点,充分发挥建筑师及其团队在前期咨询、设计服务、专业协同、工程造价和质量控制等方面的作用。

（高骞　彭颖）

第 7 章

上海城市生态环境建设研究

近年来,上海把生态文明建设放在城市经济社会发展全局的突出战略位置,始终把生态环境作为城市发展不可逾越的底线和红线,环保生态建设取得重大进展,有针对性地解决了一批重大环境问题。但与卓越全球城市定位和市民期盼相比,上海的生态环境质量仍有较大差距,环境基础设施仍不够完善。

今后五年上海的环境治理和生态建设将进入攻坚期,必须牢固树立和践行绿水青山就是金山银山的理念,实行最严格的资源节约和环境保护制度,推进绿色发展,着力解决大气、水、土壤、固废和生态建设等领域的突出问题,在调结构、转方式等源头防控上下功夫,加快推进环境治理体系和治理能力现代化,进一步提升科学治污和精准施策水平,加快建设天更蓝、地更绿、水更清的生态宜居城市。

7.1 上海生态环境建设面临的新要求

7.1.1 上海环保生态建设取得重大进展

2000 年以来,上海滚动实施了六轮环保三年行动计划,积极加强基本生态网络规划建设,全市环境保护和生态面貌显著改善。

一是全社会对环境保护的重视程度和认识水平不断提高。中央把环境保护和生态文明建设放在"五大建设"和"四个全面"的重要位置,上海市委市政府把生态文明建设和环境保护放在经济社会发展全局的突出战略位置,全市环境保护综合协调推进机制不断完善,全社会大环保格局初步形成。

二是攻坚克难,有针对性解决了一批重大环境问题。"两江并举、多源互补"饮水源地格局基本形成,水、固废基础设施建设取得长足进展并加快完善,全市全面实现取消分散燃煤,重点区域综合整治和转型发展取得重大进展,中小不规范养殖场得到全面整治。"绿林湿"三地协调发展,"环、楔、廊、园、林"生态体系框架初步形成。

三是源头防控和绿色发展加快推进。持续推动产业结构调整和转型升级,按照种养结合、生态循环的理念加快推动农业生产方式转变。工业煤炭消费率先实现负增长,绿色建筑、装配式建筑、新能源汽车等推广力度全国领先。

四是环保生态法规政策体系进一步完善。出台《上海市大气污染防治条例》等地方性法规和配套文件,制订《锅炉大气污染物排放标准》等地方标准规范,落实生态补偿、环保电价、超量减排奖励等一系列政策,区域大气污染协作机制、环境污染第三方治理、综合执法、行政执法和刑事司法相衔接等治理机制逐步完善,环境监测、监管和执法体系逐步加强。完成了《上海市绿化条例》修订工作,出台了《上海市促进生活垃圾分类减量办法》等一批政府规章和规范性文件。根据中央和国务院精神,结合上海实际,2017 年全面推行河长制,严格按照党政同责、一岗双责要求,建立更加严格、清晰的河湖管理保护分级责任体系,从制度上把促进绿色发展、保护河湖生态环境责任落到实处。

五是环境和生态质量持续改善。努力克服土地资源稀缺瓶颈,加强基本生态网络规划执行,加快生态建设项目落地,加大森林资源保护管理,全面促进"绿地、林地、湿地"三地融合发展。"环、楔、廊、园"生态网络框架基本形成,生态环境明显改善,生态安全持续巩固。在全市人口、经济、能源消耗和建设用地保持增加的同时,主要污染物排放量大幅下降,环境质量总体持续稳定改善。完成外环生态专项,

专栏7.1　上海全面推进河长制、加快补齐水环境治理短板

河长制是落实河湖管理与保护责任的一种制度创新,其核心是建立健全以党政领导负责制为核心的责任体系,明确各级河长职责,协调各方力量,形成一级抓一级、层层抓落实的工作格局。这是解决复杂水问题、维护河湖健康生命的有效举措,是完善治水体系、保障水安全的制度创新。2017 年 1 月,上海印发了《关于本市全面推行河长制的实施方案》,按照"党政同责"和"一岗双责"要求,建立更加严格、清晰的河湖管理分级责任体系。实施方案从组织体系、工作任务、组织保障及考核问责等方面明确了河长制建设的主要内容。

一是全面建立河长制组织体系。成立市、区、街镇三级河长制办公室,建立河长办工作机制。分批公布全市河湖的河长名单,接受社会监督,实现全市河湖河长制全覆盖。

二是全面推进城乡中小河道综合整治。按照"水岸联动、截污治污,沟通水系、调活水体,改善水质、修复生态"的治水思路,采取控源截污、沟通水系、生态修复、执法监督和长效管理等五方面 17 项措施,推进 631 公里城乡中小河道综合整治。重点推进河道周边"五违四必"、工业企业、禽畜牧场、截污纳管以及市政泵站等源头控污任务落实工作,做到城乡中小河道黑臭整治全覆盖。

三是全面推进本市水环境治理工作。以河长制的落实为抓手,围绕本市2017 年度国考、市考断面及重要水功能区水质达标,基本消除黑臭水体和集中式饮用水水源地水质达标等水环境质量目标,推进各区落实污水厂提标改造、污泥处理工程等水污染防治行动计划和落实最严格水资源管理制度等年度任务,确保完成既定的工作目标。

资料来源:中共上海市委办公厅、上海市人民政府办公厅印发《关于本市全面推行河长制的实施方案》的通知(沪委办发〔2017〕2 号)。

建成黄浦江贯通工程滨江绿地、虹桥商务区公共绿地、国际旅游度假区公共绿地、长兴岛公共绿地等，实现了廊下、长兴岛、青西、浦江、嘉北、广富林等郊野公园开园运行。完成崇明东滩生态修复项目，崇明成立禁猎区等，湿地和野生动植物保护得到加强。

专栏 7.2　上海土地整治将"释放"21 座郊野公园

郊野公园不同于一般意义上的城市公园，郊野公园不改变原有的农业生产、林水涵养功能，不改变原有自然生态格局和景观风貌，而是通过拆除区域内污染企业，对田、水、路、林、村进行综合整治，梳理、恢复自然生态功能，提升农耕文化和历史风貌，补充必要的休闲游憩服务设施，满足市民体验乡村风貌和乡村生活的需要。

上海嘉北郊野公园从一片冷清的农地和破败的自然村落，摇身一变为田丰、林茂、水美的"好江南"。在金山廊下郊野公园，万亩良田开始种上带有图案的彩色水稻，农家丢弃的小物件制成了工艺品，白墙黛瓦观音兜重现农舍，田园马拉松成了每年固定的特色活动。良田闻稻香，池塘听蛙叫，人们心目中可望而不可即的"外婆家"近在眼前。在拥有乡间田野原生态气质的长兴岛郊野公园，赏景和采摘两不误，橘子、樱桃、黄桃、水蜜桃、柿子、葡萄、树莓、草莓等 20 多种水果，以及毛豆、绿叶菜等，每个时节都有时令的蔬菜瓜果可供采摘，这让许多从小在都市长大的游客感觉新鲜。这一切，得益于上海土地整治理念和手段的改革创新。以前整治，主要是为土地"减负""去污"，恢复耕种和完善农业配套等原始功能。而现在，经过整治的土地被赋予了新使命：成为当地百姓安居乐业的乡土，成为城镇来客休闲休憩的郊野空间。在先进理念的引领下，上海新一轮的土地整治重在保留和提升原有土地的农业生产、林水涵养功能，以及原有自然生态格局和景观风貌，将"释放"出 21 座郊野公园，使上海市民有满满的"绿色"获得感。

　　遵循"保护优先、科学修复、适度开发、合理利用"的原则,青西郊野公园在开发中没有大拆大建,只对既有的田、林、水、路进行梳理和完善,公园内唯一一处低效工业作坊也是稍加改造,成了造型别致的游客中心。这样尊重乡土原有气质的开发方式,即使是对周边环境很敏感的白鹭也没有显示出不适,园内的池杉林更是栖息着近 200 种鸟类。类似青西郊野公园,"节制"的理念几乎被贯彻到了每一个郊野公园的开发中。

　　资料来源:根据中国上海网站资料整理。

7.1.2　美丽中国建设成为我国现代化强国发展战略的重要内容

　　当前,绿色低碳发展已成为全球共识,生态宜居已成为全球城市软实力和竞争力的重要体现。主动应对全球气候变化、引领全球绿色发展是我国新时代大国外交战略的重要方面。党的十八大以来,以习近平同志为核心的党中央高度重视生态文明建设,把生态文明建设放到"五位一体"的突出位置,提升到治国理政的新高度,积极贯彻绿色发展的新理念,加速推进生态文明体制改革,生态环境质量总体改善被列入主要目标,新环保法和大气、水、土壤专项行动计划相继出台。党政同责、终身追究、环保督查等要求更加明确,污染治理标准更加严化,环境保护的认识高度、推进力度、实践深度前所未有。党的十九大进一步把建设生态文明当作是中华民族永续发展的千年大计,提出我们要建设的现代化是人与自然和谐共生的现代化,既要创造更多物质财富和精神财富以满足人民日益增长的美好生活需要,也要提供更多优质生态产品以满足人民日益增长的优美生态环境需要。提出必须树立和践行绿水青山就是金山银山的理念,像对待生命一样对待生态环境,实行最严格的生态环境保护制度,坚定走生产发展、生活富裕、生态良好的文明发展道路,建设美丽中国,为人民创造良好生产生活环境,为全球生态安全作出贡献。

　　随着美丽中国战略的不断推进,以及市民和社会公众环境意识的日渐增强,上海也越来越重视环境保护,把生态文明建设放在城市经济社会发展全局的突出战略位置,把环境保护作为本市全局和长远发展的"三个导向"和"四个底线",协同推进产业结构调整、建设用地减量化、重点区域综合整治等重大举措。上海生态用地只增不减、锚固城市生态基底、确保城市安全运行。上海市十一次党代会提出了建设更具韧性的生态之城,把进一步改善环境作为城市发展的基本要求。

7.1.3　上海生态环境建设将进入攻坚期

一是目前环境生态质量与全球城市定位和市民的期盼仍有较大差距。大气方面,尽管 PM2.5 浓度水平大幅下降,但离国家标准还有较大差距(2016 年上海 PM2.5 为 45 微克/立方米,国家标准为 35 微克/立方米,其他国际同类城市为 10—20 微克/立方米),臭氧问题逐步凸显;水环境方面,环境功能区达标率仅为 50% 左右,在全面消除黑臭的基础上实现基本消除劣五类水体的任务更加繁重;城市生态功能不足,造林空间落地困难,林地绿地布局失衡,湿地生态空间减少明显,亟待更加有力的保护等。

二是源头防控、绿色发展力度需要进一步加大,难度也在不断提高。经过多年污染治理和高强度投入,上海污染治理标准要求已经逐步接近国际水平,进一步改善环境的末端治理空间越来越小、难度越来越大,更加需要各领域在强化源头防控、加大绿色发展上下更大力气。但同时,上海资源环境底线约束更加趋紧,经济保持稳定增长和转型升级面临的挑战增多,科技创新能力和活力明显不足,发展的质量和效益亟需提高。

三是水、固等环境基础设施仍不够完善。特别是污水、污泥收集处置能力和标准仍有差距,生活垃圾分类减量仍是短板,资源综合循环利用体系有待突破。最后,环境社会治理体系有待加快建立。新时期环保工作更加需要全社会的共同参与,但是目前从意识到行动,政府、企业和社会公众等各方责任还落实不够,社会治理、社会监督机制还不健全。

7.1.4　上海生态环境建设方式亟待创新

上海环境质量持续改善依赖于城市整体创新转型发展方式转变,必须在调结构、转方式等源头防控上下功夫。短期看,上海通过末端治理的难度越来越大,减排空间也更加有限。同时,能源结构以煤为主、产业结构较重、养殖总量和种植强度较大、建设用地比例过高等结构性问题难以根本解决。因此,必须在调结构、转方式等源头防控上下大决心、花大力气、下狠功夫,加快产业升级和发展动力转换。

破解环境生态体制机制瓶颈约束依赖于整个生态文明体制改革的加快推进,上海必须加快推进环境治理体系和治理能力现代化。新形势下,环保要求不断提高与环境治理能力相对不足之间的矛盾愈加凸现,要进一步提升环境监测、监管和执法能力,完善基层环保责任体系、环保考核奖惩机制、生态损害追究赔偿制度、市场化的环境治理机制,加快推进环境治理体系和治理能力现代化。

因此,上海要按照"绿色、循环、低碳"的要求,通过优化空间、节约资源、完善制度、保护环境,切实有效地将可持续发展要求、生态文明理念渗透到城市发展综合建设系统中,树立总体谋划、系统推进、建管并举、政策合力、全社会参与的工作原则,更加重视绿色发展、源头治理、精细化管理和社会共治。据此,要实现三大创新:

一是创新建设导向,既要"问题导向、重点突破",更要"绿色发展、源头防治",必须两者并重。一方面要坚持问题导向、重点突破,聚焦水、气、土、固废等各领域亟待解决的突出矛盾和主要问题,按照治理上要彻底、源头上要突破、推动上注重制度政策创新等"补短板"要求,谋划一批针对性强、带动性强、能解决突出问题、体现精细化管理水平的重大任务项目。同时,突出绿色发展,源头防控。各环保专项结合各自领域的实际情况,从推动生产生活方式转变和促进绿色转型角度,安排一批体现源头防控和绿色发展要求、体现引领示范作用的重点项目。特别是针对垃圾等固体废弃物处理难题,除了克服处理设施建设用地落地难的问题,更重要的是要建立垃圾减量化、资源化利用,促进上海循环经济发展的一整套政策制度体系,同时加强环保科技和信息支撑能力,提升整个社会的环保意识等。

二是创新推进重点,要从"重建轻管、管理粗放"进一步向"建管并举、精细化管理"转变。经过多轮环保行动,上海的环保和基础设施已经积累了一定的资产存量,关键是如何加强运营和维护管理,让设施发挥更大的效益,促进可持续发展。

当前市域生态网络框架已经基本成型,关键是如果进一步精细化管理,在空间资源利用上见缝插绿,在标准规范建设上形成体系,在科技手段利用上提高智能化水平等。在功能化方面,强化生态效益、拓展社会效益、提升经济效益、追求综合效益,让市民更好亲近自然、享受自然、融入自然。

三是创新工作机制,要从"部门作战、政府为主"进一步向"政策合力、社会治理"转变。当前实际工作中部门条线分割,责任不明确,多部门协同效应尚未充分显现。各项规章、政策、标准碎片化、衔接性差,集成效应不明显,特别垃圾减量、处理、收费、资源利用等核心难题长期得不到解决。要细化落实大气、水、土壤和崇明生态岛建设等各项生态环保规划和政策的衔接。要突出任务的可操作性,做到任务明确,重大项目、重大政策落地、责任分解到位、进展可评估、效果可考核等,充分发挥各部门的政策合力、资金合力。要积极吸引社会资本参与环保项目建设和运营管理。要积极发挥镇村等基层治理和网格化单元管理在环保和生态建设中的积极作用,进一步引导社会各界参与和监督,形成全社会共治格局。

7.2　上海生态环境建设的目标与思路

《上海市国民经济和社会发展第十三个五年规划纲要》提出,必须始终把生态环境作为城市发展不可逾越的底线和红线,决不以牺牲环境为代价求发展,切实把科学发展落实到生态环境改善上,把绿色作为增强可持续发展能力的必要条件,加快形成绿色发展方式和生活方式,提出了推进创新发展,激发发展新动力,推进绿色发展,共建生态宜居家园的主要举措,为"十三五"时期上海环保生态工作绘就了蓝图。

2017 年 5 月召开的上海市第十一次党代会提出今后五年"生态环境持续改善,PM2.5 年均浓度力争降至 40 微克/立方米以下,消除劣 V 类水体"和"生态之城更具韧性、更可持续。拥有绿色、低碳、健康的生产方式和生活方式,人与自然更加和谐,天蓝地绿水清的生态环境更加怡人"奋斗目标。第十一次党代会报告提出要贯彻落实绿色发展理念,深入推进生态文明建设。统筹推进生产、生活、生态协调发展,大力发展循环经济,实施最严格的环境和能效标准,倍加呵护会呼吸、有生命的基础设施,持续实施环保行动,为环境保护与生态建设指明了方向。

为此,上海生态环境建设工作,主要是紧紧围绕"十三五"规划和市第十一次党代会的要求,以改善生态环境质量为核心,以生态文明建设为统领,着力解决大气、水、土壤、固废和生态建设等领域的突出问题,加快推动工业、农业等领域绿色循环低碳发展,加快形成资源节约、环境友好的生产生活方式,确保全面完成上海"十三五"规划的目标和任务,为建设"卓越的全球城市"提供更加有力的环境生态支撑,让人民群众具有更强的生态环境改善获得感。

一是更加注重"绿色发展"和"底线思维"。在转型发展中坚持保护和改善生态环境的导向,把绿色发展作为增强可持续发展能力的必要条件,把环境保护作为保障全局和长远发展的主要底线,把可持续发展和生态文明理念渗透到城市发展综合建设系统中,以环保和低碳发展倒逼发展动力转换,加快推动发展模式和生产生活方式绿色转变。进一步发挥崇明世界级生态岛建设在长江流域"共抓大保护、不搞大开发"中的引领示范作用。

二是更加注重"接轨国际"和"率先引领"。围绕建设卓越的全球城市这一目标,在环境质量上,瞄准现代化国际大都市生态宜居标准,逐步提高要求,水、大气等主要指标在达到国家阶段性要求的基础上,要力争取得更大改善;在环保标准上,按照国内最严、接轨国际的标准推进污染治理,体现率先引领;在环保措施上,借鉴国际先进经验和做法,先行先试,加快推进实施。

三是更加注重"深化改革"和"依法严管"。坚持依法治理和改革创新并举,深化生态文明体制改革,完善环保责任和法制体系,强化执法监管机制,健全市场化治污机制,积极稳妥推进 PPP 在环保生态项目建设和运营管理中的运用,大力提升上海垃圾减量化、资源化、无害化水平,加大环境执法力度,为深入推进环境保护提供强大动力和制度保障。

四是更加注重"科学治理"和"创新驱动"。加强环境保护科技支撑力度,进一步提升科学治污和精准施策水平,积极对接上海自贸试验区制度创新和上海科创中心建设成果,强化环境保护制度创新、政策创新和技术创新,积极培育绿色环保产业,加快形成产业新高地,成为经济转型升级新增长点。

争取到 2022 年,全市主要污染物排放总量继续下降,生态环境质量、生态空间规模、资源利用效率显著提升,生活垃圾源头减量、全程分类、末端无害化处置和资源化利用能力大幅提升,环境风险得到有效管控,绿色生产和绿色生活水平明显提升,生态环境治理体系和治理能力现代化取得重大进展,公众对环境满意度进一步提升,为在全面建成高质量小康社会、基本建成"四个中心"和社会主义现代化国际大都市、基本形成具有全球影响力科技创新中心框架基础上,向卓越的全球城市目标迈进,奠定良好环境生态基础。

7.3 上海生态环境建设的重大举措

党的十九大提出加快生态文明体制改革、建设美丽中国的重大战略举措,提出必须坚持节约优先、保护优先、自然恢复为主的方针,形成节约资源和保护环境的空间格局、产业结构、生产方式、生活方式,还自然以宁静、和谐、美丽。上海要进一步加快创新驱动、转型发展步伐,大力推进绿色发展,着力解决突出环境问题,加大生态系统保护力度,改革生态环境监管体制,谱写美丽中国上海篇章。

7.3.1 持续加大环境治理力度,提升生态环境质量

重点是补足水环境治理短板,以实施 PM2.5 和臭氧污染协同控制为中心,继续强化大气污染防治。加快建立资源整合、权责明确的土壤环境管理体系。滚动实施重点区域生态环境综合治理,协同推动节能低碳和污染防治。

1. 重点补足水环境治理短板,保持地表水水质持续改善

一是强化饮用水水源安全保障,完善水源地布局建设。加强水源地环境监管,严格控制水源地环境风险,全面提升饮用水供水水质。加快实施完成黄浦江上游水源地工程和闵奉、青浦、金山、松江原水支线工程,全面实现集中式水源地取水。

实施青草沙原水系统与黄浦江上游原水系统互联互通建设。全面落实《上海市水污染防治行动计划实施方案》，深化中小河道综合整治，巩固水环境管理长效机制。

二是完善水环境基础设施建设。继续提高城镇污水处理能力和水平，加快建设污水收集管网，全面加强污泥处理处置和臭气治理。全面启动苏州河环境综合整治四期工程，推进苏州河两岸污染治理、防汛墙改造和公共空间贯通。加大城市面源污染治理力度，全面启动城市地表径流和市政排水设施污染控制，全面解决市政管道雨污管网混接问题。

三是有序推进海绵城市建设。建立符合上海特点的海绵城市建设技术标准和管控体系，稳步推进海绵城市建设。郊区新城、重点功能区域、重点转型区域、成片开发区域和郊野公园建设中全面落实海绵城市建设要求。加强水环境综合治理和生态修复，不断深化河道综合整治，力争全面消除黑臭河道。持续推进河湖水生态保护，加强近岸海域污染防治，加强海上溢油、危化品泄漏等应急处理能力建设。研究设立国家级海洋特别保护区，全面推进海洋生态文明建设。

表 7.1　《上海市水资源保护利用和防汛"十三五"规划》部分指标

类别	内　　容	指标属性	2020 年发展目标
水资源	供水水质综合合格率等	约束性	≥97%（按国际考核）
	用水总量	约束性	≤129.35 亿立方米
	万元 GDP 用水量	预期性	较"十二五"期末下降 23%
	万元工业增加值用水量	约束性	教"十二五"期末下降 20%
	年地下水开采量	预期性	≤500 万立方米
	年地下水回灌能力	预期性	≥2 300 万立方米
	公共供水管网漏损率	预期性	10%
水环境	城镇污水处理率	约束性	≥95%
	污水厂污泥无害化处理处置率	预期性	≥95%
	重要水功能区水质达标率	约束性	78%，基本消除劣 V 类水体
	农村生活污水处理率	预期性	≥75%，村庄改造和美丽乡村建设可达地区农村生活污水全收集、全处理

资料来源：《上海市水资源保护利用和防汛"十三五"规划》。

2. 以实施 PM2.5 和臭氧污染协同控制为中心,继续强化大气污染防治

一是深化推进能源、工业、建设、交通等重点领域污染治理,更加突出源头防控,持续改善空气质量。全面落实清洁空气行动计划要求,围绕能源、产业、交通、建设等重点领域,进一步深化强化防控措施,继续加大治理力度,加快改善环境空气质量。深化燃煤污染控制,强化能源消耗总量控制和结构优化,加大非化石能源发展力度。通过转变能源发展方式,带动产业结构升级和生产生活方式转变,实现以较少能源消费支撑经济社会发展。

二是把节能优先贯穿于生产生活、能源发展等全过程。全面推进石化、化工、涂料、涂装、印刷等重点行业、重点企业挥发性有机物(VOCs)综合治理。继续深化重点行业大气污染综合治理,实施污染物排放总量和排放浓度控制相结合管理制度。

三是加强流动源污染治理,推进绿色交通体系建设。坚持公交优先发展战略,继续推广使用清洁能源和新能源汽车,适度发展新型无轨电车,鼓励自行车等绿色出行。加强机动车污染防治。坚持小客车总量控制,优化完善不同号牌车辆的差别化管理政策。实施普通柴油用品升级。加强长三角区域在用车公安、交通、环保信息共享,实现在用车异地协同监管,强化港口船舶大气污染防治,加强非道路移动机械污染控制。深化扬尘污染防治,大力推进装配式建筑,强化码头堆场环境整治,加强道路扬尘、工业扬尘污染控制,推进社会生活源整治。

3. 以保障农产品质量和人居环境安全为出发点,加快实现污染土壤和污染场地的安全利用

一是加快建立资源整合、权责明确的土壤环境管理体系。编制实施上海土壤污染防治行动计划实施方案,坚持预防为主、保护优先、风险管控,使土壤环境质量总体保持稳定,土壤环境风险得到基本管控。完成全市土壤环境状况调查,构建土壤环境质量监测网络,划定农用地土壤环境质量类别,实施分类管控,优先实施耕地和水源保护区土壤保护。建立肥料、农药、饲料使用等档案制度,强化农产品质量检测。

二是实施建设用地准入管理。防止新建项目对场地土壤和地下水环境造成新的污染,加强工业企业和工业园区土壤(地下水)污染防控。按照"谁污染、谁治理"的原则,明确土壤治理修复主体责任,强化治理与修复工程监管,实行土壤污染治理与修复终身责任制。建立完善场地土壤(地下水)环境监管体系,加强土壤(地下水)污染防治执法监管。加强土壤污染防治和技术支撑,培育一批相关企业,推动产业化示范基地建设。

4. 全面提升适应气候变化能力,在全国率先形成绿色低碳的发展方式、生活方式和消费模式

一是坚持协同推进节能减排和污染防治。以能耗和碳排放总量及强度双控为统领,以产业结构调整和能源结构优化为关键,以强化法律约束和完善市场机制为保障,以节能低碳技术创新和产业发展为支撑,以全社会共同参与和监督推进为基础,有效控制能源消费和温室气体排放,全面提升适应气候变化能力。

二是深化强化总量和强度"双控"。聚焦重点行业和重点企业,继续落实能耗、碳排放的强度控制,完善并强化能耗和煤炭消费的总量控制制度。继续坚持减缓和适应气候变化并重,积极控制温室气体排放,加强气候变化影响风险评估,提升应急预警和基础设施适应能力。聚焦重化工等高载能、高排放行业,聚焦煤炭、油品等高碳能源品种,严控增量、压缩存量、优化结构,从源头上降低化石能源消耗对碳排放和环境污染的影响。

三是全面实施国际先进水平对标。瞄准国际最先进水平,完善本市产品能耗限额标准和合理用能指南等能效标准体系,全面实施主要用能领域、重点行业以及主要用能产品的能效对标达标。持续完善引逼结合机制制度,加大政府资金、价格、金融等政策支持和引导力度。建立健全政策法规体系,加强监管执法,督促用能排放主体切实履行各项法定义务。

5. 更加重视和充分发挥市场机制作用,强化全社会多方共治

一是加强碳金融创新。依托上海建设国际金融中心建设,深入推进碳交易,积极发展碳排放现货市场,稳步推进远期等衍生品市场,努力将上海建成全国重要的碳交易平台和碳金融创新中心。

二是进一步加大对合同能源管理项目的财政支持力度。在公共机构率先推行合同能源管理。取消节能服务公司审核备案制度,加强事中事后监管,提供项目对接、培训宣传等服务。

三是完善绿色投融资机制。组织推动相关金融机构和企业发行绿色金融债券和绿色企业债券。积极支持符合条件的绿色企业上市融资和再融资,支持开发绿色债券指数、绿色股票指数以及相关产品。大力推进政府和社会资本合作(PPP),吸引更多的社会资本进入节能低碳和应对气候变化领域。加快金融机构产品和服务创新,不断完善节能低碳领域小微企业的金融服务。

表 7.2　"十三五"上海节能低碳和应对气候变化主要目标

类　别	指标名称	单　位	2020 年目标	指标性质
总体指标	全市能源消费总量净增量	万吨标准煤	970 以内	约束性
	全市二氧化碳排放总量	万吨二氧化碳	25 000 以内	约束性
	单位生产总值能源消耗降低率	%	17	约束性
	单位生产总值二氧化碳排放量降低率	%	20.5	约束性
能源低碳化	光伏装机容量	万千瓦	80	预期性
	风电装机容量	万千瓦	140	预期性
	2020 年非化石能占一次能源消费比重	%	14	预期性
	2020 年本地非化石能占一次能源消费比重	%	1.5	预期性
	2020 年天然气占一次能源消费比重	%	12	预期性
增强碳汇	新增碳汇能力	万吨二氧化碳/年	60	预期性
	森林覆盖率	%	18	约束性

资料来源:《上海市节能和应对气候变化"十三五"规划》。

7.3.2　加快转变产业发展方式,走绿色可持续发展之路

重点是推动工业绿色转型,促进绿色农业和生态循环农业发展,建设系统完善

的固废分类收运、处置和循环利用体系,深挖"城市矿山",大力促进循环经济发展。

1. 工业领域关键是推动实现绿色转型发展

坚持调整淘汰与提质增效并举,加强产业环保准入,着力推进工业污染防治和结构调整,加强工业企业事中事后监管,深化工业园区环境设施建设和清洁生产改造。

一是严格产业环境准入。按照上海发展定位和更高的节能环保要求,制定实施严于国家要求的产业准入标准和名录,动态更新上海产业结构调整负面清单和能效指南。研究绿色制造标准,探索不同类型产业园区的差别化准入制度。

二是加快产业结构调整和区域转型。坚定不移加大劣势产业和落后产能淘汰力度,完成水泥、有色金属冶炼、再生铅、再生铝等11个行业整体调整,全面取缔不符合国家产业政策的造纸、制革、印染、染料、电镀等严重污染环境的"十小"工业企业,关停调整小型危废焚烧装置和落后焚烧产能。加快推进桃浦、南大、吴淞、高桥、吴泾等地区产业转型升级,分类推动普陀桃浦科技智慧城等50个重点区域结构调整。率先推进外环线以内、郊区新城、大型居住区周边、虹桥商务区及其拓展区、饮用水水源保护区、崇明生态岛(本岛)等六个重点区域内"三高一低"企业关停调整。

三是加强工业企业事中事后监管。建立健全企业排污许可证制度,对不能达标排放的企业一律停产整顿,限期治理后仍不能达到要求的依法关闭。建立环境管理台账制度,开展自行监测或委托第三方监测,设立企业环保违法曝光台。加快推进企业环境信息公开,完善建设项目事前、事中、事后环境影响评价信息公开机制,接受社会公众监督。以"聚焦行业、突出重点"为主线,围绕清洁空气行动计划、水污染防治行动计划和重点区域生态环境综合整治等工作,积极推进钢铁、水泥、化工、石化等重点行业开展清洁生产审核,加大清洁生产技术改造的财政支持力度,引导和激励企业采用先进适用的技术、工艺和装备实施清洁生产技术改造,不断提升行业清洁生产整体水平。

四是开展绿色园区、绿色工厂和绿色产品创建。试点绿色供应链体系建设,继续推进一批循环经济产业示范项目。加快推进工业集聚区污水管网建设和截污纳管,推进工业园区内部公共绿地、防护绿地建设,鼓励有条件的工业区实施集中供热。全面完成重点产业园区特征污染因子监控网建设,提升环境质量监控预警和应急响应能力。

五是积极发展环保产业。大力推进大气污染防治、水污染防治、土壤污染防治、垃圾处理、挥发性有机物治理、环境监测系统等领域环保技术和设备;大力发展汽车尾气净化器、空气净化器、油烟净化器等环保产品;推进环境污染第三方治理,做强环境工程承包服务,做实环境信息服务,逐步推动环境监测服务规范化、市场化。重点培育再制造专业技术服务公司,鼓励发展循环经济咨询服务业。加大环保产业支持力度。结合上海实际,落实环保服务企业纳入营业税改增值税试点范围,加大政府采购力度,研究出台合同环境服务项目扶持办法,完善环保产业投融资体系,促进创新成果的产业化和商业化。

2. 农业农村要控制农业面源污染,促进绿色农业和生态循环农业发展,建设绿色美丽乡村

一是完成养殖总量削减和布局优化。大幅削减畜禽养殖总量,加快畜禽养殖户关停整治,开展畜禽养殖场标准化建设,争取所有规划保留的规模化畜禽养殖场实现粪尿资源化利用和达标排放。

二是加强种植业面源污染防治。按照"源头防控、过程拦截、末端处理"的原则,推进化肥农药减量、节水节肥等种植业农业面源污染防治工作。优化调整茬口布局,鼓励使用商品有机肥,农作物配方肥料和缓释肥料,大力推广应用高效低毒安全农药替代,发展水肥一体化装备,提升农业设施装备水平。继续开展化肥农药流失定位监测。

三是促进生态循环农业发展。结合国家现代农业示范区创建,推广种养结合、平衡施肥、农作物病虫绿色防控、农业废弃物循环利用等农业面源污染控制治理技术。进一步推进秸秆禁烧与多元综合利用,建立健全农药包装废弃物回收、转运和处置体系。

四是推进美丽乡村建设。优化村庄规划布局,聚焦规划保留的农村居民点,加强农村基础设施建设和村容环境整治,保障"村收集、镇收运、区处理"的农村生活垃圾管理系统有效运行。因地制宜开展农村生活污水治理,完善农村生活污水处理长效管护机制,改善农村人居水环境,建设美丽乡村。

3. 固废领域重点是突破减量化瓶颈,打通资源化渠道

基本建成系统完善的固废分类收运、处置和循环利用体系,深挖"城市矿山",大力发展循环经济。以"减量化、无害化、资源化"为核心,加快推进生活垃圾分类和资源综合利用,强化一般工业固废和建筑垃圾等的综合利用,提升再生资源回收利用水平,实现各类资源高效循环利用。

一是提高生活垃圾减量化、资源化、无害化水平。坚持源头减量、全程分类、末端无害化处置和大幅提升资源化利用能力,推进生活垃圾分类投放、收集、运输和处置,推动垃圾收运和再生资源回收"两网融合",开工建设一批生活垃圾和建筑垃圾资源化利用设施。进一步提高城市生活垃圾可再生资源回收利用效率和湿垃圾资源化利用的标准化、规范化管理水平。完善生活垃圾末端处置体系,完成"一主多点"末端处置设施建设并全量运行。建立建筑垃圾源头分类减量管理体系,落实源头申报制度,推进建筑工地垃圾"零排放"。完善转运网络,研究跨区处置补偿机制,形成建筑垃圾产生消纳总体平衡的新格局。

二是完善工业固废综合利用与处置体系。规范工业企业工业固体废物源头分类收集、贮存和处理处置活动。启动工业固体废物申报信息平台建设,实现工业固体废物全过程动态管理。按照处置利用的合理半径,统一规划建设若干综合利用和循环经济产业园区,推进现有企业的调整提升和聚集。

三是完善废弃电器电子产品回收处置体系。继续依托有关企业和市场化机制,完善多元化回收渠道,建立社区回收网络、区域回收中心、交易市场等,加快形成多元化废弃电器电子产品回收网络体系。推进废弃电器电子产品深度处理项目建设。积极开展深度处理、再制造和再生加工,实现废物资源化和再循环。鼓励废物拆解综合化、规模化、专业化的深度加工利用的新改扩建项目。

四是提升再生资源回收利用水平。探索再生资源回收与生活垃圾清运体系的"两网协同",逐步推进再生资源回收设施与市容环卫设施的规划与建设衔接。优化固废综合利用和循环经济产业园区布局,推进现有企业产业聚集和能级提升。培育再生资源回收主体企业,拓展多元化回收渠道,推进实施再生资源回收示范工程。

表7.3 "十三五"上海湿垃圾资源化利用处理设施项目一览表

	设施名称	已有规模 (吨/日)	"十三五"新增 规模(吨/日)	备 注
已有设施	青浦综合处理厂	150	150	技术改造
	嘉定综合处理厂	350	0	技术改造
	松江综合处理厂		500	技术改造
	崇明综合处理厂	30	170	扩建
	浦东北片综合处理厂	200	800	扩建
	小计	730	1 620	
"十三五"新增设施	浦东南片综合处理厂		500	
	宝山神工综合处理厂		500	
	普陀综合处理厂		500	
	闵行生活固废资源化利用中心工程	200	500	
	奉贤综合处理厂		500	
	金山综合处理厂		250	
	老港湿垃圾资源化利用厂		1 000	
	小计	200	4 000	
合 计		930	5 620	

资料来源:《上海市绿化市容"十三五"规划》。

7.3.3 优化生态空间格局,提升精细化保护管理水平

根据《上海市生态空间规划》,坚持推进生态环境的"系统化、精细化、功能化"。按照全市生态空间布局,着力构建绿色基础设施骨架,加快建设"多层次、成网络、功能复合"的生态网络框架体系,为上海形成"江海交汇、水绿交融、文韵相承"绿色

生态格局奠定基础。在空间资源利用上见缝插针,在标准规范建设上形成体系,在现代信息化科技手段运用上提高智能。强化生态效益,拓展社会效益,提升经济效益,追求综合效益。在优化生态空间格局,加快基本生态网络规划建设,系统提升生态建设的规模、质量的同时,整体提升精细化保护管理水平。

1. 实施生态空间分区管控

落实主体功能区规划,优化生态空间格局,推进生态保护红线划定、环境功能区划与主体功能区建设相融合,加强环境分区管治,充分发挥环境保护政策的导向作用。

一是划定生态保护红线,有效保障城市生态空间。实施分级分类管控,配套实施生态补偿等相关制度,严格控制城市建设用地比例。

二是重点实施"两道""两网""两园"建设,优化生态空间格局。逐步推进"水、林、田、滩"复合生态空间格局优化,初步建成"多层次、成网络、功能复合"的以城市森林为显著特征的生态网络框架体系。重点实施生态廊道和城市绿道"两道"建设,构建健康、多元、互通、易达的都市绿色休闲网络,加快实施城市立体绿网和郊区农田林网"两网"建设。继续完善"口袋公园—社区公园—地区公园"三级公园绿地建设,完善城市公园和郊野公园"两园"体系建设。在城市外围区域加强国际重要湿地、国家重要湿地的保护管理,积极推进自然保护区、野生动物禁猎区、湿地公园及野生动植物重要栖息地的建设工作。

三是落实主体功能区规划,实施分类环境管治。进一步削减都市功能优化区和都市发展新区污染物排放总量,加快产业结构调整和转型升级,着力推进以集约高效、功能完善、环境友好、社会和谐、城乡一体为特点的新型城市化。全面推进综合生态发展区生态建设和环境保护,引导人口合理分布,切实增强可持续发展能力,提升崇明生态岛建设品质。

2. 加强生态环境建设和保护

加快基本生态网络规划落地,千方百计增加绿色休憩空间,系统推进绿地林地建设,加快建设崇明世界级生态岛,全面推动自然生态保护,促进人与自然和谐共处。

一是大力推进绿地林地建设,构建城乡立体绿网。推进实施沿江、沿海、沿路、沿河生态廊道建设,实施城市绿道体系,形成本市生态系统安全格局的基本骨架。推进实施立体绿化网络空间,推动农田林网建设。推进各类公园绿地建设,推进郊野公园及郊区休闲林地建设和改造开放,构建城市公园体系和郊野公园体系。积极推进交通干道两侧生态建设,推进工业园区、大型环境基础设施和生态环境综合整治区域及周边的防护林建设。

专栏 7.3 崇明加快打造世界级生态岛

《崇明世界级生态岛发展"十三五"规划》(以下简称《规划》)指出,崇明作为最为珍贵、不可替代、面向未来的生态战略空间,是上海重要的生态屏障和 21 世纪实现更高水平、更高质量绿色发展的重要示范基地,是长三角城市群和长江经济带生态环境大保护的标杆和典范。未来要努力建成具有国内外引领示范效应、社会力量多方位共同参与等开放性特征,具备生态环境和谐优美、资源集约节约利用、经济社会协调可持续发展等综合性特点的世界级生态岛。

《规划》提出,要优化生态功能空间布局,强化生态空间底线约束,统筹人口、土地、空间等资源要素,进一步厚植生态优势,促进水、林、土、气等环境综合整治,超前谋划、管理引领、弹性适应覆盖农场等全域范围的基础设施和基本公共服务体系,把生态理念与新型城镇化、城乡一体化发展要求相结合,促进生态空间水清地绿、生产空间集约高效、生活空间宜居适度,推动生态、生产和生活空间"三生"共赢融合发展。力争到 2020 年,形成现代化生态岛基本框架。生态环境建设取得显著成效,水体、植被、土壤、大气等生态环境要素品质不断提升。生态人居更加和谐,基础设施更加完善,基本公共服务水平明显提高,生态发展水平明显提升,生态环境与农业、旅游、商贸、体育、文化、健康等产业融合发展。

资料来源:《崇明世界级生态岛发展"十三五"规划》。

二是加强自然生态系统保护,拓展生物多样性保护基础空间。加大对全球生态保护具有重要意义的沿江沿海滩涂湿地生态系统的保护力度。按照生态保护红线的要求,强化长江口水源地、自然保护区、野生动植物重要栖息地、野生动物禁猎区、湿地公园、重要海岛及其他生态红线区域的保护和管理。

表 7.4 "十三五"期间崇明世界级生态岛建设主要指标

序号	指标名称	单位	属性	2015 年现状	2020 年
1	森林覆盖率	%	约束性	22.53	30
2	自然湿地保有率	%	约束性	38.07	43
3	占全球种群数量 1%以上的水鸟物种数	种	预期性	7	10
4	地表水环境功能区达标率	%	约束性	78	95 左右
5	城镇污水处理率	%	约束性	85	95
6	农村生活污水处理率	%	预期性	16	100
7	生活垃圾资源回收利用率	%	预期性	28.8	80
8	环境空气质量优良率(以 AQI 表征)	%	约束性	74.8	78
9	常住人口规模	万人	约束性	69.6	70 左右
10	建设用地总量	平方公里	约束性	262	265(比原 268 的规划建设用地目标减少 3)
11	能源消耗总量年均增速	%	约束性	/	不高于 2
12	单位生产总值能源消耗降低率	%	约束性	/	17
13	可再生能源装机量	万千瓦	预期性	29	50
14	千兆网络覆盖率(城镇化地区)	%	预期性	/	100
15	绿色交通出行比重	%	预期性	76	80 以上
16	绿色食品认证率	%	预期性	27.5	90
17	居民人均可支配收入增长	%	预期性	/	比 2010 年翻一番以上

资料来源:《崇明世界级生态岛发展"十三五"规划》。

三是深化崇明世界级生态岛建设。进一步发挥崇明生态岛建设在引领长江大保护中的示范引领作用,围绕世界级生态岛建设总目标,以建设国家生态文明先行示范区为契机,创新机制体制,深化崇明生态岛建设。创新生态文明制度,完善生态环境预警监控体系,加强土壤和地下水环境保护,继续推进环境基础设施建设,提高监测能力、监管能力、应急处理能力。

四是提升生态示范建设、保护和管理水平。按照国家生态文明建设示范区的要求,全面提升上海各级生态示范建设、保护和管理水平,引领生态文明建设新方向。坚持生态工程建管并举,改变重建设、轻管理倾向,发挥生态项目更大效益。

7.3.4　强化环境风险防范,确保城市环境安全

1. 加强环境安全管理

一是加强辐射环境安全管理。以确保辐射环境安全为核心,全面提升辐射环境监测、预警和应急能力,健全完善市区两级辐射安全监管体系,进一步降低辐射环境风险。二是确保危险废物安全处置。以优化布局、提升能力和确保安全为重点,强化危险废物源头管控和全过程监管,进一步完善危险废物收运和处置体系,提升资源化利用水平。大力推进危险废物处置设施建设,不断提升危险废物资源化利用水平,加强对危险废物处置单位行业监管,探索开展危废处置企业经营情况的第三方环境审计工作。

2. 完善风险防控与应急管理体系

一是落实企业环境安全主体责任。全面实施企业环境应急预案备案管理,加强企业环境安全隐患排查治理监督管理,推动重点企业环境风险评估和应急响应能力建设。二是进一步优化市区两级环境应急管理体系。继续完善重点工业区环境监测预警体系建设,实现环境应急管理过程信息化。三是完善跨区域、跨部门的突发环境事件应急协调机制。实施环境应急分级响应,健全突发环境事件现场指挥和指挥协调机制。

3. 强化其他环境风险防控

一是加强噪声污染防治。修订完善上海市声环境功能区划,完善噪声污染防

治制度体系。加强交通噪声污染防治,新建、改扩建交通建设项目严格执行环境影响评价制度,对噪声污染严重、群众投诉多的铁路、轨道交通、主要道路沿线区域,加大噪声治理力度。严格新项目审批和执法监管,强化工业噪声污染源头控制,严格落实声环境功能区划要求。二是加强有毒有害污染物排放控制。继续推进持久性有机污染物(POPs)统计调查和开展环境激素本底调查。加强特征污染物排放监测与能力建设,落实企业环境安全主体责任。加强重金属污染防治。以铬、汞、镉、铅、砷等为重点,开展涉重企业重金属污染物产生和排放状况调查,建立涉重企业全口径环境信息清单。力争重金属环境风险监测预警水平明显提升,重金属突发环境污染事件得到有效控制。

7.3.5　深化环保体制改革, 完善环境治理体系

重点是落实中央生态文明体制改革要求,推进体制、机制、法制、政策等改革创新,完善环境治理市场化机制,加强公众环境宣传教育,强化环境社会治理机制创新,夯实全社会环保责任,进一步提高城市环境管理和生态建设的科学化、精细化水平。

1. 强化环境保护责任体系

一是严格落实环境保护党政同责、一岗双责。地方各级党委政府要对本地区生态环境保护负总责,建立健全职责清晰、分工合理的环境保护责任体系。制定明确责任清单,各相关工作部门要在各自职责范围内实施监督管理,管发展必须管环保,管行业必须管环保。二是探索建立环境保护重点领域分级责任机制。分解落实重点领域、重点行业和各区污染减排指标任务,完善体现生态文明要求的目标、评价、考核机制,建立环保责任离任审计、环境保护督察和履职约谈等制度,实施生态环境损害责任终身追究制度,加快推动环境保护责任的全面落实。

2. 完善环境治理体制机制

一是按照"统一、权威、高效"的原则,推进实施环保机构监测监察执法管理体制改革。健全市—区—街镇三级环保监管体系。探索建立跨区域监测执法机制,

上收生态环境质量监测事权。二是强化战略环评和规划环评。以简政放权、加强事中事后监管为原则,深化环评等环保审批分类改革,建立健全以排污许可证管理为核心的总量控制和污染源全过程管理体系。三是完善环境保护投融资机制。深化推进资源环境价格改革和环境税费制度改革,综合运用土地、规划、金融多种政策引导社会资本投入。充分发挥市场机制作用,鼓励支持污染第三方治理。积极稳妥推进 PPP 模式在环保生态项目建设中的运用,探索排污权交易、绿色信贷、绿色债券等机制,在高风险行业推行环境污染责任保险。四是完善生态补偿制度。扩大生态补偿范围,加大对重点区域生态补偿转移支付力度。

3. 加强环境法规标准建设

一是加强环境法治建设。按照法定程序,完成《上海市环境保护条例》修订,开展土壤污染防治相关立法研究,研究修订《上海市实施〈环境影响评价法〉办法》,研究制定上海排污许可证管理规定,推动辐射、危险废物等领域相关立法工作。二是完善地方环境标准体系。参照国际先进水平,以污染物排放控制为重点制定更严格的环境标准。制定出台燃煤电厂超低排放、城镇污水处理厂大气排放、建筑扬尘排放、非道路移动机械大气排放、恶臭污染物排放、畜禽养殖业污染物排放、电镀废水排放等一批地方标准,修订《上海市污水综合排放标准》和燃气锅炉排放标准,继续完善 VOCs 排放重点行业排放标准研究制定。探索废水中重金属、微量有机物等新型污染物标准规范研究。持续提高在用车污染排放标准,内河船舶、非移动机械油品标准实施柴油车同等标准。研究制定污染场地风险评估、场地调查、修复治理、验收、监测等技术规范,开展 VOCs 控制运行管理、畜禽固体粪和污水还田、关停企业突发性危险废物处理处置等方面技术规范研究。加强与标准衔接的环境分析方法研究制定,完善特征因子在线监测方法和技术规范。完善电磁辐射环境标准体系。

4. 实施最严格的环境执法

全面落实新《环境保护法》等法律法规,加强环境监察执法队伍建设,推进环境监察标准化建设和环境监督网格化建设,构建市、区、乡镇的三级环境监督网络,切实提升环境监察执法能力。围绕提升环境质量、保障环境安全等目标,加大区域环境综合整治、挥发性有机物排放治理、河道黑臭等重点领域监督执法力度,专项执法与"双随机"执法检查并举,强化联合联动综合执法,继续推进行政执法和刑事司法相衔接。落实环境生态损害赔偿制度,通过诉讼等方式对造成环境污染或生态损害的单位追究环境生态损害赔偿责任。

5. 加快生态环境监测网络建设

逐步构建市区之间、部门之间,资源互补、共建共享的生态环境监测网络体系。建立以 PM2.5、臭氧为重点的监测网络,完成长三角区域空气质量预测预报系统建设,基本形成功能完备的复合型大气污染监测预警体系;构建以省界来水、水源地和区级断面为主的上海市地表水环境预警监测与评估体系,完善自动监测站点布设,实现水质、水文数据实时共享;整合完善土壤(地下水)环境监测网络;建成覆盖全市各类功能区的声环境自动监测网络;完善辐射应急及在线监测网络,提升辐射预警监测和应急能力;完善污染源监测体系建设,提高污染源现场和周边环境监测能力;大幅提高污染源在线监测覆盖范围,污染源在线监测体系全面覆盖国家、市、区三级重点监管企业,与环保部门联网并向社会公开;逐步建立天地一体化的生态遥感监测系统,加强卫星、航空、无人机遥感监测和地面生态监测,实现对区域重要生态功能区、自然保护区生态保护红线区的跟踪监测;全面完成重点产业园区特征污染因子监控网建设;加强环境应急监测能力建设,提升现场快速应急监测水平;填补现有标准的环境分析能力空白,优化水质分析能力,扩展化工特征因子环境监测能力,开发金属形态分析能力,完善环境监测质量监管体系;制订环境监测社会化服务机构备案管理办法和质量管理方案,开发社会化服务监管考核信息平台。

6. 全面提升环境信息化水平

完善环保数据中心,构建"环保云"平台,建立污染源统一编码体系,加快推进智慧监测、智慧监管、智慧门户建设以及环保信息资源的整合共享,提升环境管理与决策支撑能力。组织推进污染源一证式管理、长三角空气质量预警预报、水环境监测预警、环境应急、移动执法、辐射管理、固废管理等应用系统建设和完善,构建全市环保管理"一张图",实现环境质量评价、污染源监管等信息的可视化。推进环保大数据建设和应用,通过环境质量、污染源、风险源、环保舆情等数据融合和外部关联分析,促进环境综合决策的科学化;通过监测、执法、信用评价、信访投诉等信息的综合分析,促进污染源监管的精准化;创新"互联网＋环保政务"服务模式,进一步完善"一站式"网上办事平台,促进环境公共服务的便民化。

7. 加大环境科技创新支撑力度

以推进大气、水、土壤等污染防治和破解环境热点、难点和前沿问题为重点,加大环保科技研发支持力度,支持环保产业发展。继续推进环境保护部复合型大气污染研究重点实验室和城市土壤污染防治工程技术中心建设,加快长三角大气污染预警预报中心二期建设,建设上海城市环境噪声控制工程技术中心,推动上海市环境标准科创中心建设。

8. 积极推进社会共治共享

加强环境宣传教育,积极弘扬生态文明主流价值观,发布公众环境友好行动指南,鼓励公众自觉践行绿色生活、绿色消费,形成低碳节约、保护环境的社会风尚,提高全社会生态文明意识。整合各类社会资源,建设完善一批环境宣传和科普教育基地。全面推进环境信息公开,充分发挥广播、电视、报纸和各类新媒体宣传作用和舆论监督,推动全社会共抓环境保护。完善企业环保诚信体系,建立企业环境信用评价制度,扩大企业环境责任报告发布范围,推进绿色供应链管理体系试点。探索建立环保志愿者制度,积极推动环保志愿者参与环境保护行动。完善有奖举报制度,搭建环境保护网络举报平台。探索环境公益诉讼制度,支持和鼓励社会组织提起环境公益诉讼,维护环境公共利益。

9. 加强环境合作协作交流

积极实施长江经济带生态环境大治理、大保护,强化立法、规划、标准、政策、执法等领域协同与对接。深化长三角大气污染联防联控机制,积极推动机动车异地同管、船舶排放控制区建设、高污染天气协同应急等重点工作。建立长三角区域水污染防治协作机制,持续推进太湖流域水环境综合治理。配合完成长三角地区战略环评,完善区域环评会商机制。健全区域环境应急联动机制,提高突发环境事件应急协作水平。加强区域和流域环境科技协作。继续深化国际环境合作与交流，加强环境科技、人才多边或双边交流，积极履行国际环境公约。

专栏 7.4　长三角三省一市建立大气污染防治协作机制

根据国务院《大气污染防治行动计划》相关精神，经国务院同意，2014 年 1 月，由长三角三省一市和国家八部委建立的长三角区域大气污染防治协作机制正式启动，推进大气污染联防联治。

协作机制明确了协商统筹、责任共担、信息共享、联防联控的原则，并建立了会议协商、分工协作、共享联动、科技协作、跟踪评估五个工作机制。重点是十个方面的协作和联合行动：

一是严控燃煤消耗总量，推进中小燃煤锅炉清洁能源替代；二是严控产能过剩，加快污染企业结构调整和高标准治理；三是加强交通污染治理，加快落实油品升级，推广清洁能源车应用，全面淘汰黄标车；四是加强扬尘污染控制，对建设工地、道路保洁、渣土运输、堆场作业落实扬尘控制规范措施；五是通过法律、技术、经济等多种措施推进秸秆禁烧；六是加强大气重污染预警应急联动，做好空气重污染预警和应急预案的对接，加快建成长三角区域大气污染预测预报体系；七是加快推进大气污染防治政策和标准的逐步对接，优先推进油品标准、机动车污染排放标准、重点污染源排放标准实施的对接；八是推动大气污染第三方治理，构建开放统一的环境服务市场；九是共同组织开展区域大气污染成因溯源和防治政策措施等重大问题的联合研究；十是根据《大气污染防治目标责任书》要求，做好责任分解落实，加强跟踪评估和考核，确保各项措施落到实处。

资料来源：中华人民共和国环境保护部网站。

（高骞　朱咏）

第8章

新阶段上海城乡发展一体化思路

推进城乡发展一体化,是上海坚持农业农村优先发展、破解城乡二元结构,切实解决"三农"问题的根本途径,也是上海全面建成小康社会、推进区域协调发展的客观要求。近年来,上海积极推进"三倾斜一深化"[①],城乡发展一体化水平进一步提高,一系列的瓶颈症结逐步被打破,但上海城乡发展之间不平衡不协调的问题仍未根本消除,一些新的城乡发展问题逐步显现。迈入新阶段后,上海应当按照"改革开放排头兵、创新发展先行者"的要求,以超大型城市综合承载能力为支撑,聚焦重点领域和重点环节,进一步完善城乡发展一体化的体制机制,优化政策供给方式,不断提高社会主义新农村建设水平,力争率先走出一条以人为本、四化同步、经济活跃、文化传承、生态宜居、乡风文明、治理有效、生活富裕的高质量的城乡发展一体化道路。

8.1 上海推进城乡发展一体化的成效

近年来,面对错综复杂的国际国内环境,在全市推进产业大转型、城市发展动

---

① "三倾斜一深化"即基础设施建设投入向郊区倾斜、公共服务资源配置向郊区人口集聚地倾斜、执法管理力量向城乡接合部倾斜,以及深化农村土地制度改革。

能转换、加快推进补短板的背景下，上海始终把推进城乡发展一体化作为建设国际化大都市的重要内容，着力按照"三倾斜一深化"的要求，以加快转变农业农村发展方式为主线，以镇村规划体系为引领和依据，以改革创新为动力，积极建立健全新型的工农城乡关系。截至 2017 年 6 月，全市城乡发展一体化"十三五"规划主要指标基本实现时间过半、任务过半（如表 8.1），城乡基础设施差距、收入差距、保障差距进一步缩小，城乡发展一体化的机制基本形成。

表 8.1　上海城乡发展一体化"十三五"部分主要指标完成情况

序号	指标	"十二五"期末值	"十三五"规划目标	完成进度
1	镇村规划覆盖率	—	100%	镇域规划已完成，村庄规划按工作目标推进中
2	水功能区达标率	53%	在全面消除河道黑臭的基础上，达到 78%	53.9
3	低效现状工业用地减量面积	—	累计完成 40 平方公里	43
4	城乡基本社会保障制度统一	—	全面实现	基本实现
5	有就业意愿的离土农民就业服务覆盖率	—	95% 以上	100%
6	城乡义务教育五项标准统一	—	基本实现	基本达标
7	国家现代农业示范区建设目标达标率	—	基本达标	基本达标
8	农村居民家庭人均可支配收入	23 000 元	增速高于城镇居民	年均增速均实现目标

资料来源：课题组根据各委办提供信息整理。

8.1.1　注重制度建设，着力构建城乡发展一体化的政策框架

1. 政策的指导作用进一步增强

2014 年，上海积极开展"推进本市城乡发展一体化"调研，全面梳理城乡一体化

发展的现状、问题及制约因素,并于2015年2月出台了《中共上海市委、上海市人民政府关于推进新型城镇化建设促进本市城乡发展一体化的若干意见》,描绘了上海城乡发展一体化路线图。各职能部门针对具体任务相继出台了21个推进城乡一体化发展的政策文件,形成了"1"+"21"的政策框架体系。2016年上海进一步制订发布了《上海市城乡发展一体化"十三五"规划》,对"十三五"期间城乡发展一体化的目标与具体要求进行了安排。上述文件的出台为一体化推进工作的开展提供了有力的政策指引。

2. 工作推进机制不断完善

上海明确了"条块结合、工作统筹、监督管理"的城乡发展一体化工作机制。其中,市级部门着重立足市域城乡一体,进一步加强了在规划标准制定、重要改革措施推进、项目政策协调、资金资源配置和监督执法检查等方面的工作机制和合力。各区均成立了城乡发展一体化工作推进小组和办公室,定期召开工作例会通报工作推进情况并加强问题的协调解决,区的主体责任得到进一步落实。此外,市政府还将一体化的推进工作任务纳入了市政府目标管理系统,由看"进展"到看"进度",为各项工作的推进开展奠定了制度基础。

8.1.2　注重规划引领,着力优化城镇空间布局科学性

1. 城乡规划体系逐步健全

上海制定了进一步加强城市规划建设管理工作的实施意见,基本完成新一轮城市总体规划编制,各区已基本完成总体规划,新市镇总体规划暨土地利用总体规划正按年度计划稳步推进,预计到2020年将实现新市镇总规全覆盖,村庄布点规划及保留保护村的村庄规划也在稳步推进中。

2. 因地制宜、分类推进城镇发展的步伐加快

新城功能建设推进有力,城市功能配套及公共服务设施加快导入,重点区域和项目建设稳步推进,产城融合的局面进一步形成。浦东新区及各郊区均各有一镇入选两批国家试点特色小镇名单,各区着力强化特色小镇的产业功能定位,完善推

进特色小镇专项规划的制定和实施。

表 8.2　上海两批国家级特色小镇试点名单

区	特色小镇	备　注
金山区	枫泾镇	第一批
松江区	车墩镇	
青浦区	朱家角镇	
浦东新区	新场镇	第二批
闵行区	吴泾镇	
崇明区	东平镇	
嘉定区	安亭镇	
宝山区	罗泾镇	
奉贤区	庄行镇	

资料来源：国家住建部。

3. 以土地整治助力城乡统筹发展的格局正在形成

上海积极利用城乡建设用地增减挂钩工具和宅基地转换政策，探索形成了一批可供推广、借鉴的多种新型土地整治范例。如城乡统筹式的镇区上楼安置型外冈项目、乡村复兴式的村内安置型庄行项目、风貌保护式的跨村近镇安置型廊下项目等。土地整治不仅减量减排、有效改善了生态环境，而且对耕地集中连片，发挥规模经济效应，促进郊区农民相对集中居住，引导农民到新型社区生活发挥了十分重要的促进作用。

8.1.3　注重统筹推进，着力加强城乡基础设施体系建设和农村环境综合整治

1. 城乡基础设施体系不断健全

近年来，上海大力推进城乡基础设施建设，枢纽型、功能性、网络化的城市基础设施体系基本形成。通过逐步加大对郊区，特别是农村地区的投资建设力度，农村路、水、电等设施进一步完善。郊区路网进一步完善，镇村公交基本实现全覆盖，农

村生活垃圾末端处理设施基本建成。截至2017年底,上海轨道交通运营里程达到666公里,跃居世界城市首位,并进一步向郊区城镇延伸。

2. 城乡生态环境显著改善

上海通过滚动推进六轮环保三年行动计划,全社会大环保格局初步形成,有针对性地解决了一批重大环境问题,"环、楔、廊、园"生态网络框架基本形成,"绿林湿"三地协调发展,主要污染物排放量大幅下降,生态安全持续巩固,"两江并举、多源互补"饮水源地格局基本形成。到2017年底,全市中小河道已基本消除黑臭。水、固废基础设施建设取得长足进展并加快完善,全市全面实现取消分散燃煤。加快打通黄浦江沿岸人行通道,加大苏州河上游生态建设,郊野公园相继建成开放。

3. 城乡人居面貌显著提升

"五违四必"区域环境综合治理工作有力推进,截至2017年底,三批共50个市级和666个区级地块整治全面完成,全市拆除违法建筑1.6亿平方米,基本消除"五违"问题集中成片区域。加大农村环境整治力度,美丽乡村建设逐步深入。2014年,上海在总结近年来新农村建设经验的基础上,启动了以村庄改造工作为载体,以"美在生态、富在产业、根在文化"为主线,以优化农村人居环境为目标的美丽乡村建设工作。到2017年,已完成涉及30万户的村庄改造、27万户农村生活污水设施改造,村内基础设施、农村环境面貌、乡村产业发展、乡村文化建设等有了较大的提升。

8.1.4　注重缩小差距,着力增强农村基本公共服务供给能力

1. 不断完善城乡社会保险体系

实现了城乡户籍职工一体化参保,明确农民合作、家庭农场中的上海户籍从业人员可通过集体参保的方式参加职工养老和医疗保险,统一了上海城乡户籍职工参加失业保险办法。整合建立城乡居民社会保险制度。2016年城镇居民医保和"新农合"正式合并实施,建立了统一的城乡居民医疗保险制度,实现了城乡户籍居民参保的对象范围、筹资标准、待遇水平、经办服务的四个统一。通过改革,农村居

民与城镇居民政策范围内住院费用的实际报销水平都超过了 75%。农村居民在各级医院住院,医保基金的支付比例有所提高,特别是在三级医院住院,支付比例比原来提高 10%—20%。此外,上海积极推进"镇保"制度调整,通过加大财政投入,将被征地人员纳入"职保"和城乡"居保",并尽可能向"职保"靠,从而提高保障水平。

2. 公共资源配置进一步向郊区倾斜

教育方面,全市深化教育综合改革,全面推进市义务教育城乡一体化"五个标准统一"项目,郊区一批优质学校相继建成,2017 年底,学区化集团化办学达到50%,区区之间结对共建、农村学校接受中心区学校(机构)对口管理等模式逐步涌现并初见成效,生均经费稳步提升。卫生方面,基本公共卫生服务均等化初步实现,基本完成"5+3+1"郊区三级医院建设工程,区域医疗联合体进一步完善。文体方面,文体服务覆盖面不断扩大,村居基层综合文化服务中心覆盖率以及公共体育场馆开放率进一步提升,郊区基本管理单元、大型居住社区内的社区文化活动中心建设稳步推进。为老服务方面,初步建立服务供给、需求评估、服务保障、政策支撑、行业监管"五位一体"的社会养老服务体系,2013 年以来,养老床位累计新增 4.9 万张,社区综合为老服务中心累计新增 100 家,329.7 万老年人享受老年综合津贴。此外,根据农民居住较为分散的特点,各郊区利用现有村内老年活动室或部分闲置资源,建设日间服务中心、助餐点、老年睦邻点互助式养老设施,受到了各区居民的普遍欢迎。

8.1.5 注重改革创新,着力释放农村发展活力

1. 农村集体经济组织运行机制不断健全

到 2017 年底,上海村级集体产权制度改革基本完成,土地承包经营权确权登记颁证全面完成。新一轮农村综合帮扶取得预期效果。

2. 农村集体产权改革持续深化

截至 2017 年 6 月,全市农村集体总资产 5 430 亿元,经营收入 56.2 亿元,累计对外投资 417.73 亿元,累计经营性固定资产 571.05 亿元。2016 年度农村集体经济组织收益分红比上一年度有所增长,有 10 个镇级、362 个村级改制集体经济组织进

行了 2016 年度的分红,分红总额 14.38 亿元,涉及分红股民数 127.04 万人,人均分红 1 132 元。全市经济相对薄弱村依托农村综合帮扶,构建集体经济联合发展平台,扩大经营性资产规模,获得项目收益分红。列入全国农村改革试验区的闵行区积极开展对农村集体资产股份的占有、收益、有偿退出及抵押、担保、继承等六项权能改革的试点,农民获得感明显增强,11.68 万人年度人均分红 3 764 元,户均15 056元,成为全国城乡差距最小的地区之一(1.45∶1)。

3. 做实郊区基本管理单位

对郊区导入人口 5 万以上的集中城市化地区,推动新建街道,近两年来共析出 5 个街道,将 1 个镇转为街道。对暂时不具备析出街道条件,但集中城市化地区达到 2 平方公里以上、常住人口在 2 万人以上,区域边界清晰,群众认同的,如撤制镇区、大居基地、实行镇管社区的片区等,划定为基本管理单元,重点配置"3＋3"的服务管理资源,分别是社区事务受理、卫生服务、文化活动、城市管理、市场监管、公安警力等设施和力量。到 2017 年底,全市 66 个基本管理单元建成运转,社区工作者职业体系基本建立。第二批 23 个基本管理单元资源配置和功能建设正在推进。

4. 多元探索农村基层民主治理新模式

在"村经分离"的基础上,上海逐步理顺新型集体经济组织和村委会之间的关系,以村级党组织为领导核心,村委会自治管理,村级集体经济组织自主经营,村务监督委员会民主监督,村级各类社会、经济组织共同参与的村级组织运行机制初步形成。通过构建村规民约,上海郊区逐步建成"村情民知、村策民决、村财民理、村绩民评、村利民享"的村级治理机制,受到了基层群众的欢迎,形成一道维护农村社会和谐稳定的"防火墙"。通过推进智慧村庄、智慧社区试点建设,信息技术与农村治理紧密结合,打破了城乡数字鸿沟,村庄治理信息化水平进一步提升。

8.1.6　注重转变方式,着力提升农业综合生产能力和经营水平

1. 农业现代化程度不断提升

上海农业主要农作物生产综合机械化水平从 2010 年的 72％提高到 2017 年的

89.3％,嘉定区、闵行区被评为第二批全国率先基本实现主要农作物生产全程机械化示范县(市、区)。农业科技进步贡献率从 2010 年的 60％提高到 2017 年的 70％。

2. 农业品牌建设取得新成效

上海"三品一标"认证农产品占地产农产品上市量的比例不断提高,从 2008 年的 9.9％,逐步提高到 2016 年的 72.8％,超过全国平均水平 20 多个百分点。上海还全力推进农产品质量安全可追溯体系建设。2016 年,全市 202 家规模化蔬菜园艺场实现田间档案电子化管理,覆盖面积 5.45 万亩。321 个合作社、1 072 户种植户实现农业档案电子化,覆盖面积 9.97 万亩。对 9 个区 559 个水产养殖场、4 132 个养殖户进行了信息采集,覆盖水产养殖面积 9.55 万亩。地产农产品抽检合格率继续保持高位。

3. 农业组织化水平不断提高

通过加快构建新型经营体系,上海积极推行农业适度规模经营,全市初步形成了家庭农场(种养大户)、合作社、农业企业分工协作的农业产业链条,为上海农业现代化发展提供了条件。2017 年,全市农村承包地流转率达到 75.1％,土地规模经营比重达到 80％。2017 年度,家庭农场累计达到 4 516 户。

8.2　上海城乡发展一体化的薄弱环节

尽管近年来上海在推进城乡发展一体化过程中取得了显著的成绩,但也应当看到,距离中央对上海的要求,距离社会发展的诉求,上海城乡发展一体化水平仍存在差距,城乡发展不平衡不充分的矛盾依然存在,仍需高度重视。

8.2.1　城乡之间发展不平衡的现象仍然突出

1. 城乡提供基本公共服务的能力存在一定差距

近年来,由于经济基础、人口规模、区域地理环境差异等因素,纯农地区与非纯农地区之间财力不均衡的现象日趋突出,经济薄弱村已成为消除城乡二元结构的最大短板。如青浦区的青西纯农地区过去五年的一般公共预算收入平均增速低于全区和全市水平;浦东新区目前仍有103个经济薄弱村,占全区村总数的27%,其中80%以上的经济薄弱村是在南片区。特别是当前大多基础设施建设资金投入均需要区、镇进行项目资金配套,纯农地区和经济薄弱村所在镇配套资金往往难以跟上,导致部分项目推进困难。

2. 区域间公共服务设施的结构性差距明显

近年来,城乡之间基本公共服务在数量上的差距有所减少,但资源布局的结构性不均衡现象仍较突出,中心城区与郊区、郊区内中心街镇与农村地区在教育、卫生、文化资源供给上的优质性、可及性和便利性仍存在一定的差距。如浦东新区,全区市、区两级实验性示范性中学(包括初中和高中)分别有11所和14所,绝大部分布局在外环以内的中心城区和近郊区,外环以外的郊区只有2所市级实验性示范性中学、4所区级实验室示范性中学。

3. 城乡居民绝对收入差距呈扩大趋势

当前,上海农村居民收入总体增长较快,但城乡居民绝对收入差距在拉大。2016年上海农村居民人均可支配收入为25 520元,年增幅达10%,城乡居民收入比缩小至2.26∶1,但绝对收入差距从2006年的11 455元拉大到2016年的32 172元。同时,远郊农村居民与近郊农村居民收入差距日益扩大。2016年,近郊农村居民收入中闵行区以55 851元位列第一,远郊区崇明30 503元居末位,近远郊差距由1993年的2 791元增加至2016年的25 348元,扩大了近10倍。从收入层级看,农村居民中高收入户与低收入户收入绝对差距由2005年的11 962元扩大至2014年的22 155元,低收入户增收仍是难点问题。

4. 郊区公共服务专业人员较为缺乏

相较于设施的差距,城乡公共服务之间人才的差距更为显著,成为制约公共服务城乡一体化发展的重要因素,表现为两个方面:一方面,随着人口向郊区导入加速,公共事业专业人员的需求持续旺盛。但尽管近年来上海采取了鼓励高校毕业生到农村基层工作、中心城区优质学校到郊区农村办分校等措施,但激励性政策力度不够,远郊区的吸引力仍旧不足,城乡之间、校际之间老师队伍的差距明显,各郊区普遍反映近年来新教师的招聘层次偏低,基本管理单元内各社区服务分中心工作人员的工作经验和业务水平不足,各社区卫生服务中心均存在规培医学生招录困难的问题。如金山区多家社区已连续十年未招录到年轻医生,基层卫生人员队伍年龄结构日益老化。另一方面,由于各区激励标准不一,乡村学校名单无法及时更新,新开单位无法享受到与周边学校同等的政策等原因,近年来教师、医务人员跨区、不合理流动愈加频繁,如金山区每年约有 60 多名优秀骨干教师流失,特别是高中阶段教师、乡村教师流出人数有增加趋势。

8.2.2　农村产业经济发展不充分

1. 郊区农村产业能级有待进一步提升

农业方面,农业发展对区域经济的带动力不足,农业的发展,很大程度上得益于政府的高补贴与高投入,农业生产功能相对集中后,尚未处理好个别农户增收,与面上的农民就业、农民增收贡献的关系,农业劳动生产率、农业规模化、组织化和品牌化程度需要进一步提高。制造业方面,郊区镇产业园区土地产出率普遍较低,转型升级的压力和任务较重。目前产业结构升级推进成效总体不大,特别是 104 地块,二次开发过程中面临土地成本高企、项目审批和落地慢、企业引进标准缺乏、土地减量化政策覆盖面不全,无针对 104、195 地块的具体政策等问题,企业引进来难度大,"边伐边种"的"种"的进度跟不上,土地闲置的情况较为突出。服务业方面,部分镇商业发展严重滞后于制造业发展,产业转型升级和人才配套服务受到城镇功能不足的制约。休闲农业、旅游农业等新业态发展还面临着投入和政策制约,可复制、可推广的供地模式和流程尚未形成,限制了农业一、二、三产的融合发展。

2. 集体经济发展基础极为薄弱

各村镇集体资产保值增值缺乏有效路径和手段,绝大多数村镇集体经济的收入来自经营性物业。随着土地减量化过程中部分集体经济组织的经营性资产被拆除,集体经济基础进一步削弱。在这一背景下,多数区集体经济资产的物权形式以货币为主,由于缺乏产业基础、发展经验以及专业人才,面临"有钱无投向"的局面。此外,农村三次产业联动发展所涉及的农产品加工和销售、休闲农业和乡村旅游等均需要建设用地,由于缺少新的增收途径和渠道,随之将引发集体经济收入增长乏力而刚性支出不断增加的突出矛盾。

3. 农村产业发展缺乏人才支撑

一方面,由于农村青壮年劳动力到新城、中心城区就业较多,鲜有大学毕业生回到农村,村庄空心化、村民老龄化现象突出,加剧了产业人才和社会治理主体的弱化。另一方面,新型农民队伍后继乏人,务农人员年龄老化、管理弱化等问题客观存在,年轻人员不愿意务农的情况普遍存在。上述两个"老"问题的存在,不仅使得农村财产空置化问题严重,影响了农村公共资源的配置,而且制约了农村的发展动能。

8.2.3 郊区建设和生态建设的欠账较多

1. 城乡基础设施仍需进一步完善

上海郊区内外部交通联系仍存在短板。郊区与中心城区交通联系还不紧密,快速的交通通道还没有建立起来。郊区内部交通建设仍有待加强,区域内交通出行方式较为单一,单纯依靠地面交通出行,区域内道路通行压力极大。农村基础设施和管理基础薄弱,特别是承担着基本农田保护任务的农村地区,普遍存在村级道路建设和养护资金投入不足,乡村公路、农村道路级别标准低,难以满足现代出行需求,农村"最后一公里"问题还未彻底解决。农民居住问题也较突出,农民房多为20世纪八九十年代建造,房屋质量状况普遍较差,客观上需要更新,但由于农民建房和规划土地等政策原因,村宅更新受到严格控制,农民翻建意愿和实际动力之间也存在一定矛盾,此外,农村自来水、污水处理、天然气、垃圾处置等市政公用设施仍有待进一步健全完善。

2. 城乡环境治理和生态建设任务艰巨

近两年,上海进一步加大了对城乡生态环境基础建设投入,在河道综合整治、重点区域综合整治等方面取得很大进展。但展望未来,生态质量与全球城市的定位和市民的期盼仍有较大差距,特别是农村地区,由于生态环境基础建设欠账较多,资金投入和管理执法力量不足,生态环境建设任务更加艰巨。水环境方面,环境功能区达标率仅为 50% 左右,在全面消除黑臭的基础上实现消除劣五类水体的任务更加繁重,农村水环境问题更加突出;城市生态功能不足,林地绿地布局失衡,湿地生态空间减少明显,亟待更加有力的保护;垃圾处理方面,垃圾容载能力面临挑战,生活垃圾分类减量仍是短板,特别是建筑垃圾、农业生产垃圾缺乏有效的处理手段,尚未建立便捷高效的综合处理体系。

3. 城镇长效管理的任务重、机制不健全

当前城乡项目推进"重'建'轻'管'"的情况较为明显,往往重视项目建设,但对项目的后续维护的资金和管理机制建设重视不够。如村庄改造、污水纳管等项目更重要的是常态化的管理,但现在维修管护资金投入较少,造成部分设施损坏维修跟不上,并且缺乏统一的维护标准和长效监管机制。特别是,远郊地区长效管理起步晚、任务重,管理制度还需进一步完善,面临管护资金压力较大,管理方式有待创新和提升。

8.3 上海推进城乡发展一体化的目标与思路

8.3.1 发展新要求

1. 决胜全面建成小康社会的内在要求

党的十九大报告指出,当前是全面建成小康社会的决胜阶段,要紧扣我国社会主要矛盾变化,突出抓重点、补短板、强弱项,特别是要坚决打好精准脱贫等攻坚战,使全面建成小康社会得到人民认可、经得起历史检验。上海在全面建成更高水平小康社会中,农村是急需补齐的最大短板。农业是全面建成小康社会、实现现代化的基础。小康不小康,关键看老乡。当前,全市城乡居民收入差距依然较大,农民持续增收的难度有所加大,经济薄弱地区和低收入农户增收尤为困难。与城市相比,农村基础设施和居民收入还有较大差距,基本公共服务和社会保障水平也需要进一步提高。未来,必须采取多种措施,大力促进农民增收,着力解决人民日益增长的美好生活需要和不平衡不充分的发展之间的矛盾,在更高水平上统筹城乡发展、进一步缩小城乡发展差距。

2. 贯彻落实新发展理念的重要内容

党的十九大报告指出,发展必须是科学发展,必须坚定不移地贯彻创新、协调、绿色、开放、共享的发展理念。目前,上海郊区在落实城市战略定位和推进城乡协调发展方面,相对于城区而言,还有很大差距。当前上海郊区正处于退出低端产业和引进高端产业的"换档期",产业结构转型升级任务艰巨,农村资源、资产配置效率有待改进,农村经济发展质量和效益不是很高,农村发展活力亟须激活。上海郊区还是上海城市重要的生态屏障和水源涵养区,但整体的生态文明建设水平还需要进一步提高。因此,未来必须坚持贯彻新发展理念,加快农村产业结构调整,深化农村改革增强农村发展活力,进一步加大生态文明建设力度,为推进城乡协调发展和建设国际化大都市提供支撑。

3. 加快推进新型城镇化的重要动力

"十三五"期间,上海要把握国家新型城镇化战略机遇,致力于推进更高质量、更高水平的城乡发展一体化,持续推动公共服务资源配置向郊区人口集聚地倾斜,基础设施建设投入向郊区倾斜,执法管理力量向城乡接合部倾斜,加快推进生态环境建设、产业转型升级、建设用地减量化等,促进城乡区域协调发展,提高社会主义新农村建设水平。因此,上海作为超大城市,以新型城镇化推动城乡发展一体化,重点要提高城镇化的质量和水平,加快城乡基础设施互联互通,健全覆盖城乡的基本公共服务体系,与城乡发展一体化协同推进,不断缩小城乡发展差距。

4. 提升全球城市功能的客观需要

在新的历史条件下,上海建设全球城市需要在更广的空间内配置各类资源,需要进一步优化城市空间布局和产业布局,治理"大城市病"。其中,重点要加快新城建设的能级和步伐,增强新市镇承上启下的功能,成为上海疏解非核心功能的重要承载区。但目前,郊区的供水管网、污水管网、垃圾清运网、电网、乡村路网、互联网等基础设施建设亟须加强。今后,必须加快推进新型城镇化,优化城市发展空间布局,加大投入力度,提升郊区基础设施和公共服务水平,在缩小城乡差距的同时提高对城市功能的承载能力,为疏解非核心城市功能、治理"大城市病"创造条件。

8.3.2　发展目标

透视国际大都市的城乡关系、变化趋势和发展规律,中心城区和郊区的发展从来都是相互联系、相互促进的,两者是命运共同体。党的十九大报告明确提出,农业农村农民问题是关系国计民生的根本性问题,要积极实施乡村振兴战略,坚持农业农村优先发展,按照产业兴旺、生态宜居、乡风文明、治理有效、生活富裕的总要求,加快推进农业农村现代化。可以说,进一步推动城乡融合发展,是新时代我国决胜全面建成小康社会、全面建设社会主义现代化强国的重大战略任务,这表明我国的农业农村进入了一个优先发展的新阶段。

因此,进入新阶段,上海要坚持以人民为中心的发展思想,不断促进人的全面发展、全体人民共同富裕,全面提升城乡发展一体化质量和水平;要以缩小城乡差距为主攻方向,以实现更高水平、更高质量的城乡发展一体化为目标,进一步加大对郊区"三个倾斜"的支持力度,努力在破解城乡不平衡不充分不协调不可持续发展问题、促进城乡融合发展上取得更大的突破。

具体来看,要以超大型城市综合承载能力为支撑,继续推动公共服务资源配置向郊区人口集聚地倾斜,基础设施建设投入向郊区倾斜,执法管理力量向城乡接合部倾斜,深化完善城乡发展一体化的体制机制,显著改善农村人居环境面貌,均衡配置城乡基础设施和公共服务,加快推动城乡资源有序流动和等值交换,基本完成农村重要领域和关键环节的改革,继续保持农村家庭人均可支配收入增速高于城镇居民收入增速;要不断增强郊区发展活力,持续提升农村功能品质和可持续发展能力,进一步优化城乡空间布局形态,力争走出一条以人为本、四化同步、经济活跃、文化传承、生态宜居、乡风文明、治理有效、生活富裕的高质量的城乡发展一体化道路,实现农业农村现代化和乡村治理体系现代化水平,实现农业发展、农民增收、农村美丽,努力使上海成为全国城乡发展一体化最好的地区之一,从而为上海的国际经济、金融、贸易、航运中心、全球科创中心和现代化国际大都市建设提供坚实的支撑。

8.3.3　发展重点

近年来,上海城市和农村居民在发展权利平等、发展成果共享方面的差距逐步缩小,城乡规划、功能布局、基础设施、公共服务、社会管理和城乡信息等领域一体化的步伐加快推进,城乡发展一体化的基础进一步夯实。但应当看到,上海城乡之间的经济、社会差距并未得到彻底消除,城乡资源要素双向合理流动的格局尚未形成,建设及投入标准仍存在"城高郊低"状况,公共服务"硬"的一体化水平高于"软"的一体化水平,农村地区内生发展动力依旧不足,农村"人、业、财、貌"的关系有待理顺,城乡发展一体化水平与全球城市目标定位和市民的期盼相比仍有差距。

未来,上海在城乡发展一体化方面,要围绕党的十九大报告提出的"建立健全城乡融合发展体制机制和政策体系"的要求,和"人民生活更为宽裕,城乡区域发展差距和居民生活水平差距显著缩小,基本公共服务均等化基本实现,全体人民共同富裕迈出坚实步伐"的目标,重点做到五个"进一步"。

1. 完善规划,进一步推动市域空间发展一体化

要围绕全球城市建设的总体要求,着力优化和完善城镇规划体系。新城建设要充分发挥其在优化空间、集聚人口、带动发展中的作用,承载部分全球城市职能,强化枢纽和交通支撑能力,培育区域辐射、服务功能,成为相对独立、产城融合、集约紧凑、功能混合、生态良好的城市,进一步提升松江、嘉定、青浦、南桥、南汇等新城作为长三角综合节点城市的功能和作用;新市镇建设要加强规划、政策引导和聚焦,有序推动农民向城镇集中居住,更加突出镇的关键支撑作用。以特色镇建设为引领,充分发挥市场作用,强化分类、分区指导,强化相对独立的特色功能、公共服

务、环境品质和吸引力,突出其在支撑新城、带动农村地区发展中的作用,因地制宜走产业特色鲜明、文化内涵丰富、绿色生态宜居的特色化发展道路,不断提升发展活力,使之成为上海城乡发展一体化的重要载体;乡村规划建设要以全面建设全球城市美丽乡村为目标,尊重乡村文脉和自然风貌,加强村庄分类引导,推进分类建设和差异化发展,在推进保护、保留村庄美化的同时,研究建立农村农民住房改善的长效机制,全域推进美丽乡村建设。

2. 以人为本,努力实施乡村振兴战略,进一步提升郊区农民的获得感和幸福感

要坚持以人民为中心,把人民对美好生活的向往作为奋斗目标,全面贯彻落实党的十九大精神,以习近平新时代中国特色社会主义思想为指导,按照产业兴旺、生态宜居、乡风文明、治理有效、生活富裕的总要求,坚持党管农村工作,坚持农业农村优先发展,坚持农民主体地位,坚持乡村全面振兴;依托现代化国际大都市的优势,以推进都市现代绿色农业为重点,以转变农业农村发展方式为主线,以完善乡村规划体系为引领,以深化农村改革创新为动力,建立健全城乡融合发展的体制机制和政策体系;探索在土地等资源紧约束条件下走农业持续发展、农村面貌持续改善、农民收入持续增长的新路,实现更高水平的小康社会,更高水平的城乡融合发展。

3. 深化改革,进一步促进城乡资源要素有序流动

要进一步推进城乡劳动力、人才、资金、技术、土地、水资源等资源要素配置的市场化,促进城乡人口、技术、资本和资源等要素持续交流、融合与贯通,形成城乡一体化的均衡效率型要素配置体系,建立起城乡之间经济、社会的内在联系和一体化网络,实现经济效益、社会效益、生态效益的最大化和最优化。巩固和完善农村基本经营制度,深化农村"三块地"改革,在市场定价的基础上推进土地承包经营权规范有序流转及农村土地制度改革工作,在做好农村土地承包经营权确权登记颁证工作的基础上,推进土地承包经营权规范有序流转;加快建立城乡统一的建设用地市场,在符合规划、用途管制和依法取得前提下,推进农村集体经营性建设用地与国有建设用地同等入市、同权同价。加快推进高效现代农业发展,引进城市先进

生产力,促进农村三次产业融合发展,不断提升农业效益。积极稳妥地推进农民集中居住工作,鼓励引导农民向城镇集中居住,整体提高农民生活质量和获得感,让农民共享城镇化建设成果。

4. 四化联动,进一步增强郊区经济社会发展能级

要注重多轮驱动,推进城镇化、农业现代化、工业化良性互动、相互协调。坚持创新驱动,加快农业科创中心建设,实施"互联网＋"现代农业行动,推动农业科研工作,拓展都市农业多种功能。加快推动农业结构调整,优化农业产业布局和结构,着力构建都市现代农业产业体系、生产体系、经营体系,大力培育以家庭农场、农民合作社、农业龙头企业为主体的新型农业经营主体,发展多种形式适度规模经营,健全农业社会化服务体系。以新型工业化引领城镇化水平提升,以新型城镇化支撑工业化优化升级,着力促进郊区新城新市镇产城融合,促进产业功能、城市功能、生态功能融为一体,实现园区经济、生态、人口、文化、空间的多向融合,推动新型工业化与新型城镇化良性互动。着力推进新型城镇化与农业现代化协调发展,稳步推进城乡规划、产业布局、基础设施、公共服务等方面的一体化,鼓励社会资本投向农村建设,赋予农民更多财产权利,推进城乡要素平等交换和公共资源均衡配置。发挥信息化对郊区工业化、城镇化和农业现代化的促进作用,不断完善郊区现代农业产业体系和价值链,不断提升郊区发展活力。

5. 精准施策,进一步提高城乡发展一体化的显示度

要坚持目标导向和问题导向,优化完善城乡发展一体化的政策供给方式,进一步提高政策的精准度。全市上下要树立全市城乡一盘棋的思想,坚持多予少取、以工促农、以城带乡方针不动摇,加强政策整合,在生态转移支付、农民建房、休闲农业设施用地供给、流转土地后农民就业、土地减量化后集体经济发展、大居管理、市级项目选址布局等基层关注和农民诉求比较集中的地方,进一步完善政策和加大支持。在人力资源配置、收入和福利激励政策、职业发展通道等方面,进一步向郊区农村倾斜,减少郊区专业人才流失,集聚要素和人才,提升农村发展活力。推进交通、文化、体育、信息、生态环境等基础设施建设,统筹城乡教育、医疗卫生、养老、

社会保障等社会事业发展,推进基本公共服务均等化发展。市区联手,加强项目集成,推动郊区城镇产业和各类园区创新升级,引导优质产业项目、品牌企业和功能性载体平台落户郊区新城和大镇,支持新城和有条件的镇依托优势资源,集聚完善产业链、发展特色产业和配套性产业,推动郊区农民增收和促进就业,提高城乡发展一体化的显示度。

8.4 上海推进城乡发展一体化的主要举措

上海不平衡不充分发展的矛盾焦点在郊区农村,发展潜力也在郊区农村。更快提升郊区发展能级,更大力度推动乡村振兴,在更高层级上推动上海城乡一体化加快发展,是上海未来发展的重中之重和工作着力点。

8.4.1 促进产城融合和一二三产业协同发展,加快构建新型高能级、高效益郊区经济体系

建立高端高效的郊区产业体系是上海实现更高水平城乡一体化发展的基础。要大力推进农业供给侧结构性改革,依托农业科技、管理和信息化升级,推动一二三产业融合发展,不断提高农业供给体系质量和效率,满足城乡居民对农产品品质不断提升的需求。加快推动郊区城镇产业和各类园区创新升级,加强新城和镇域空间内的产城融合步伐。积极培育发展新型集体经济,通过激发郊区经济发展内生动力,提升造血功能。

1. 大力提升农业科技、管理和信息化水平

重视激发农业发展的内生动力,积极构建现代农业产业体系、生产体系、经营体系。强化农业科技创新和推广体系,实施"互联网+"现代农业行动,加强智慧农业建设,打造农业科创中心。以整建制推进上海市国家农业示范区建设为抓手,大力培育以家庭农场、农民合作社、农业龙头企业为主体的新型农业经营主体,积极推进多种形式适度规模经营,进一步减少农业发展对低端农业劳动人口的依赖,强

化农业社会化服务体系。以培养造就现代农业生产经营者队伍为目标,加快培养一批有文化、懂技术、善经营、会管理、能担当的新型职业农民队伍,提升上海农业可持续发展能力。

2. 拓展都市农业多种功能,强化农业对上海全球城市食品安全保障能力

结合美丽乡村和郊野公园建设,推进农业与旅游休闲、教育文化、健康养生等深度融合,发展观光农业、体验农业、创意农业、科技农业、休闲农业与乡村旅游等新业态,打造农业综合体,增加农民就业和致富机会,为市民提供绿色休憩空间。持续开展畜禽养殖业减量提质行动,促进蔬菜标准化生产和集约经营。发挥崇明生态岛等生态资源优势,完善主要农产品最低保有量制度,确保粮食、蔬菜等农产品有效供应和质量安全。大力推进农药、化肥减量化和农产品有机化、品牌化行动,满足市民对农产品质量不断提升的消费需求。

3. 推动郊区产业和各类园区提质增效

按照建设具有全球影响力的科技创新中心的战略布局,推进郊区以科技创新为引领的全面创新,吸引集聚创新要素和人才,重点发展先进制造业。构筑智能制造与高端装备制造高地,突破一批高端智能装备和产品关键技术,推动制造业与互联网技术融合发展。鼓励乡镇工业区通过"区区合作、品牌联动"等方式,提升能级和档次。完善支持市郊产业园区二次开发的政策,推进195区域现状工业用地转型发展生产性服务业。加强市区联手,引导优质产业项目、品牌企业和功能性载体平台落户郊区新城和重点镇,支持新城和有条件的镇依托优势资源,集聚产业链上下游企业和配套生产性服务业。

4. 强化产城融合,引导主城区非核心功能和就业疏解

加强新城和镇域空间内的产城融合,促进具备条件的开发区向产城融合、集约紧凑、功能完善、生态良好、管理高效的现代化城市综合功能区转型,加快新城、镇区与产业区块间的公共交通系统建设,促进人员要素在产业空间和居住空间之间流动,打造职住平衡的新型产业社区。提升大型居住社区和产业区的社区服务功能,加强商业餐饮、娱乐休闲、健康养老等配套设施建设,促进生活性服务业发展。

通过产业结构升级引导就业结构优化,引导主城区非核心功能和就业岗位疏解,加强郊区城镇的就业集聚。

5. 积极发展新型集体经济,提升农村经济造血功能

推进城乡发展一体化,不仅要提高政府对农村地区的投入,还必须建立起推动农村地区发展与农民收入增长的动力,更充分地利用市场手段实现城乡发展一体化。要建立农村产业结构调整的长效机制,在腾出转型发展的资源和空间后,加快新型产业的导入和集聚,促进产业结构优化和升级,推进镇、村集体经济转型,注重村级经济组织造血功能和可持续发展。认真总结青浦练塘等经济薄弱镇、村集体在青东地区重点开发区域购置商办物业,松江新桥、九亭等镇以集体资产入股上市公司发展新型集体经济,以及奉贤百村公司等的探索经验,总结宝山罗泾镇等在集体物业有效管理方面的新做法,积极探索适合上海全球城市郊区集体经济特点的新经济、新业态、新模式,推进上海村级集体经济转型升级,提升村级经济组织造血功能和可持续发展能力。支持和鼓励农民就业创业,拓宽增收渠道,为农村经济增添新的活力。

8.4.2　打造疏密有序、特色鲜明的网络化城镇组团体系,增强城乡一体化的空间支撑功能

构建层级清晰、功能明确的城镇空间布局和城镇等级体系是推进城乡发展一体化的基础。要围绕提升新城和镇的城乡一体化载体和带动功能,在日益完善松江、嘉定、青浦、南桥、南汇等新城长三角城市群综合性节点城市功能的同时,特别注重镇的特色化发展,发挥其在城乡一体化发展中的枢纽和带动作用,吸引人口、人才集聚,提升郊区发展活力,防止出现郊区新城与镇、村之间新的城乡差异。

1. 分类推进城镇发展,发挥镇的枢纽和带动作用

按照人口规模和区域位置,针对不同类型、层次和规模的镇分类施策,着力发挥镇在城乡一体化发展过程中的枢纽和载体作用,通过稳定镇、依托镇、建设镇、管好镇,走出一条带动面广、综合效益高、全市农业转移人口受益多的新型城镇化道

路。推进 TOD 发展模式,充分发挥公共交通复合廊道对城镇体系的支撑和引导作用,突出以轨道交通站点为核心的土地复合利用。特别是要注重培育中心镇的相对独立服务功能,强化对区域辐射能力和综合服务、特色产业功能。要突出一般镇的现代农业、生态保护等功能,发挥引导农村居民就近集中居住、带动邻近农村地区发展、提高城镇化水平的作用。充分发挥市场作用,因地制宜、突出特色,培育一批产业特色鲜明、文化内涵丰富、绿色生态宜居的特色小镇,使之成为上海城乡发展一体化的重要载体。

2. 以特色镇建设为引领,推进镇域经济特色化发展

加快建设和充分发挥特色镇的示范和引领作用,推动镇域经济特色化发展。因地制宜发展先进制造业、现代服务业、都市现代农业、科技创新产业、文化创意产业,积极推进有条件的镇承接全球城市功能,大力发展新经济。结合特色镇建设、交通设施完善和大居布局等,市、区应积极推动城市功能、项目、产业向有条件的镇布局,提升镇级产业发展能级,改变目前只做“减法”的产业空心化被动局面。支持镇工业区通过“区区合作、品牌联动”等方式,加快转型升级。青西三镇可以依托华为、乐高等项目,以及通用机场、沪苏湖高铁、郊野公园建设等机遇,高起点谋划特色发展。市、区结合中央要求和上海特色镇推进过程中的迫切需要,尽快研究出台支持上海特色镇发展的指导意见。

专栏 8.1　上海推进特色小镇的政策思路

特色小镇作为城乡一体化和新型城镇化的抓手,在促进城乡区域协调发展、促进新型工业化与农业现代化同步发展、增强薄弱地区发展后劲方面具有重要意义。从上海情况来看,镇是推进城乡发展一体化和新型城镇化的重要载体,推进特色小镇建设应从城乡发展一体化的角度出发,充分体现国际化大都市的特点,主动适应区域环境综合整治、土地减量化背景下郊区农村经济可持续发展的新要求,发掘并支持有基础、有条件的特色镇探索符合本地实际的发展路径。

因地制宜"一镇一策"

按照分类施策、"一镇一策"原则,根据每个特色小镇的产业特征及发展基础,在融资便利、市场准入、高效审批、人才支持、用地保障、公建交通等方面实行分类施策,突出政策的针对性、实效性、精准性、灵活性。

创建开发把握节奏

总体评估现有城镇发展的资源和水平,采取有快、有慢、有轻、有重的开发策略,充分考虑地区发展基础、产业集聚水平、城市未来拓展走向、重大交通设施布局等因素,按照国家级特色小镇、市级特色小镇、区级特色小镇顺序,依次创建开发,避免一哄而上。

资源集聚"蒸小笼"

特色小镇建设的关键在于"特"字,"特"字的形成,需要资源的高度集聚,浙江梦想小镇和基金小镇分别由省委书记和省长牵头,举全省之力推动优质产业资源、开发资源、招商资源的集聚。上海特色小镇的建设开发要转变过去"平均用力"方式,集中力量高标准打造国家批复的首批三个特色小镇(朱家角、枫泾、车墩),以此为带动和示范,推动其他特色镇的开发。

坚持市场化的运作方式

特色小镇建设、运营要处理好政府和市场的关系,政府做要做好规划协调、政策配套等工作,可作为参与方,引导市场主体有序开发,具体推进中,注重运用商业化理念加大引入社会资本力度,重视引入实力型龙头企业作为投资建设主体,尤其是一些上市公司的介入,重视小镇开发的品质,资金相对充裕,短期利益行为比较少,融资渠道相对顺畅,让专业的人干专业的事,解决政府在资金和招商等方面的压力,用市场来消化开发成本。

环境生态突出以人为本

未来城市发展,相对于城市服务和交通便捷,对自然环境的需求程度更大。环境的质量在一定程度上能够冲抵距离的障碍。下一步特色城镇体系的开发,应突出环境特色,在不破坏原有自然环境的基础上,突出以人为本、因地制宜,从现代化、人性化的角度着手进行功能布局、能源利用和建筑设计,改善居民生活环境,提高生活品位,让人民在特色城镇建设中有获得感。

加快推进体制机制创新

释放特色小镇的内生动力关键要靠体制机制创新,加强土地要素保障,积极盘活存量土地,建立低效用地再开发激励机制,多渠道完善交通和公建设施配套,完善财税资金支持,重视人才引进扶持,推动体制机制创新。

资料来源:《上海推进特色小镇发展的政策思路及典型案例研究》,《科学发展》,2017 年 1 月。

3. 提升镇的功能品质,吸引人口集聚

突出镇在支撑新城、带动农村地区发展中的作用,加大轨道交通基础设施建设力度,形成镇与中心城区、新城等的便利交通体系。支持有资源优势的镇积极发展文化创意等现代服务业和"四新经济",打造历史文化名镇。加快布局郊野公园、体育场馆、特色图书馆、特色博物馆等文化设施,强化特色功能、公共服务、环境品质和吸引力,吸引人口、人才集聚,提升郊区发展活力。

4. 编制乡村振兴规划,完善乡村规划与形态布局

抓紧制定上海乡村振兴规划,明确乡村功能定位,确定部署若干重大工程、重大计划、重大行动,细化实化工作政策措施。健全规划实施保障机制,落实与规划相匹配的财力投入和用地等相关政策。落实城市总体规划,完善村庄布点规划,确定保护村、保留村、撤并村范围,修订出台村庄规划导则,加快村庄规划编制,注重保留历史形成的自然肌理和传统文脉。

8.4.3 健全城乡环境整治长效机制,全域打造与全球城市地位相适应的美丽乡村,优化市域生态空间格局

良好的生态环境是高品质城乡生活的重要内容,也是绿色发展的必要条件。

要围绕建设上海全球城市美丽乡村,打造绿色生态、宜业宜居的美丽乡村环境,提升农村可持续发展的能力与活力这一目标,推进村庄分类建设和差异化发展,通过生产方式转变带动农民生活方式的转变,改善村庄人居环境、保护传统风貌和自然生态,强化农村生态发展优势。

1. 推进村庄分类建设和差异化发展

加强村庄分类引导,推进分类建设和差异化发展。近期重点聚焦保护村、保留村的布局和建设,撤并村有序安排农民进城入镇。保留现状规模、区位、产业、历史文化资源等综合评价较高的村庄,对列入中国传统村落、历史文化名村和上海保护村名单的村庄,进一步加强村庄特色风貌保护,合理布局公共服务设施。逐步撤并受环境影响严重、居民点规模小、分布散,以及位于集建区内的村庄,引导农民进城进镇集中居住。

2. 加强农村环境治理和绿化建设,彰显都市美丽乡村特色

结合郊野公园建设、耕地、林地、湿地和水源地保护,强化农村环境绿化和生态功能建设,提升郊区生态服务功能,逐步形成"水、林、田、滩"复合生态优化格局,全域推进美丽乡村建设。充分发挥"河长制"作用,以水环境为重点加强农村环境治理,提高河道沿线环境质量和农村水系沟通水平。加强农村面源污染治理和垃圾分类管理,提升郊区绿色生态和宜居水平,彰显乡村生态发展优势。

3. 建立区域环境综合整治长效机制

明确镇村环境整治责任和财权配套。依托信息化平台,加强"五违"现象动态监控和及时处置。合理规划整治后的土地利用,明确土地二次开发原则和开发方式。统筹规划农业废弃物处置、循环利用的方式和区域,通过专业第三方机构统一收集各村农业废弃物,利用财政专项资金,支持和引导以农业废弃物循环利用为方向的创新企业发展。

8.4.4　构建均衡优质、城乡一体的基础设施和公共服务体系,提升郊区生活品质和便利化水平

多样、均衡、优质的城乡一体化公共产品和服务体系是高水平城乡一体化发展

的重要目标。要进一步加大郊区交通基础设施建设力度,加强供水、能源、信息等基础设施建设,坚持就业是最大的民生,持续提升城乡社会保障和基本公共服务均等化水平,加强文化、体育设施建设,丰富农村居民精神文化生活,提升郊区生活品质和生产生活便利化水平。

1. 进一步加大交通基础设施建设力度

充分发挥基础设施对城镇发展和人口集聚的支撑作用,针对郊区局部交通网络功能不完善、部分地区市政设施薄弱等突出问题,切实提高郊区农村基础设施建设管理水平。构建新城与中心城、新城之间、新城与近沪地区多层次交通联系通道,研究利用既有铁路资源开行市域列车,建设市域快速轨道交通骨干线路,完善射线高速公路和国省干线建设。维护和充分发挥郊区老公路的交通和旅游景观功能。同时,进一步突出镇在城乡发展中的重要地位,分类推进镇村交通体系的发展,完善镇内外交通联系,缩小城乡公交服务和管理差距。完善农村交通设施长效管理养护制度,落实管护资金安排,培育社会化的管理养护队伍。未来五年,要尽快启动上海南部"川南奉—南奉—南亭—亭枫"公路沿线轨道交通建设,打造连接南桥新城,奉城、朱泾等老县城,庄行、亭林、枫泾等中心镇(特色镇),以及青村、洪庙等建制和撤制镇,具有全球城市特色的上海南部特色城镇带,带动上海南部城乡一体化发展并促进杭州湾北岸开发。

2. 加强供水、能源、信息等基础设施建设

进一步加强饮用水水源地风险源管控,新建及改扩建一批中心水厂,进一步提高城乡供水安全度和水质。启动实施郊区建成区排水系统提标改造,新城和新市镇范围内新建项目分别按照五年一遇和三年一遇标准设计建设。着力完善能源、信息等基础设施。加快农村电网升级改造,基本实现城乡供电服务均等化。天然气管网延伸到有条件的非建制镇镇区、新建的大型居住社区和部分保留型、保护型村庄。基本建成覆盖城乡的通信网络基础设施,光网全面覆盖城乡,郊区城镇化地区规模化接入能力大大提升,郊区主要公共场所实现无线网络全覆盖。在部分农村地区、镇区和新城推进智慧试点示范建设,不断提高郊区农村信息化水平。

3. 完善城乡社会保障体系，加大非农就业支持力度

坚持广覆盖、保基本、多层次、可持续的方针，进一步健全覆盖城乡居民的社会保障体系。完善城乡劳动者平等就业制度，保障城乡劳动者平等就业权利。加强覆盖城乡的公共就业创业服务体系建设，完善城乡统一的就业失业登记管理制度，有针对性地强化对离土农民的职业技能培训。通过完善失业保险参保及待遇享受制度、出台实施针对性的政策措施，努力探索形成促进离土农民就业的多层次、全方位的政策服务体系。构建以最低生活保障、特困人员供养为基础，支出型贫困家庭生活救助、受灾人员救助和临时救助为补充，医疗救助、教育救助、住房救助、就业救助等专项救助相配套，社会力量充分参与的城乡一体社会救助体系。构建与全面建成小康社会相适应的社会福利体系和慈善事业。

4. 统筹城乡社会事业发展，促进基本公共服务均等化

加大统筹力度，优化基本公共服务事权和支出责任，完善公共服务设施布局，引导公共服务领域的优秀人才到郊区工作。以义务教育资源配置标准化、均等化为目标，实施全市基本统一的校舍建设、设施设备配置，教师基本配置等义务教育五项标准，推进全市基本形成学区化、集团化办学新格局。优化城乡医疗卫生资源合理布局，加大郊区和农村卫生人才队伍建设力度，发挥市级医学中心学科引领和技术辐射作用，带动提升郊区医疗服务水平。健全完善财政投入保障、卫生人力保障、规划建设保障等政策保障体系。提高郊区农村养老服务水平，在农村地区加快形成涵盖养老服务供给体系、保障体系、政策支撑体系、需求评估体系、行业监管体系"五位一体"的社会养老服务体系，农村居民基本养老公共服务和社会保障水平明显提高，多层次、多样化的养老服务需求进一步得到满足。

5. 加强文化、体育设施建设，丰富农村居民精神文化生活

上海作为国际化的大都市，城市生活品质不断提升，文化生活相对丰富，但对于乡村来说，其生活品质，特别是文化生活与国际化大都市还不相称。上海在推进城乡一体化发展的过程中，不仅要关注收入的差距，关注基础设施的差距，还要关注农村生活品质的差距，特别是进一步提高上海农村居民的精神文化生活。坚持公益性、基本性、均等性、便利性的原则,加快推进区级图书馆、文化馆总分馆体系建设,兼顾服务人口和辐射半径,完善标准化的"15分钟公共文化服务圈"。依托有线、无线广播电视覆盖、东方社区信息苑、公共图书馆电子阅览室,实现城乡公益性文化信息服务全面有效均等覆盖。鼓励社会力量参与城乡公共文化产品生产和服务供给。打造"文化上海云"——数字公共文化服务体系,逐步建立覆盖全市公共文化服务机构、文化非营利组织、群众文化的信息化管理系统。推进美丽乡村文化建设,加强农村非物质文化遗产的挖掘、保护、传承和利用,加强历史文化名镇名村和传统村落保护与利用工作,丰富上海农村居民的精神文化生活。加快农村体育设施建设,开展农民体育活动,向农民普及健身知识,指导农民科学健身,提升农民健康素养。

8.4.5　构建更具发展活力、更加科学高效的郊区治理体系,加大农村改革力度

构建科学高效的治理体系是建设更高水平的城乡一体化的重要支撑。对于上海来说,农业所占比重较小,大部分农村居民也不再从事农业,改革的空间相对较大。尽管近年来上海在农村集体资产改革、土地确权等方面走在了全国的前列,但相对上海农村改革的条件以及城乡发展一体化的要求,依然存在一定的差距。因此,围绕构建具有发展活力、更加现代化的郊区治理体系这一目标,上海应进一步加大农村地区的改革力度,攻坚克难,推动上海郊区农村治理水平更上新台阶。

1. 继续推进集体经济组织产权制度改革

进一步建立归属清晰、权责明确、保护严格、流转规范的农村集体经济组织产权制度,积极有序开展镇级集体资产产权界定和产权制度改革试点。坚持由集体经济组织掌握集体土地和不动产项目,实现农村集体资产保值增值。进一步完善农村集体经济组织机构和资产经营管理等配套政策。加强农村"三资"监管,探索将镇、村、组三级管理的集体资产委托集中到镇一级管理。理顺村经关系,完善集体经济组织的治理结构,建立行之有效的运营机制和监管模式。

2. 推进土地承包经营权规范有序流转及农村土地制度改革

保持土地承包关系稳定并长久不变,第二轮土地承包到期后再延长三十年。深化农村土地制度改革,完善承包地"三权"分置制度。切实做好农村土地承包经营权确权登记颁证工作,为推进土地承包经营权规范有序流转打好基础。引导承包农户委托村集体经济组织统一流转,规范流转行为。加强以镇为主的土地流转平台建设,在市场定价的基础上,发挥政府流转补贴的引导调节作用,形成合理定价机制。加快建立城乡统一的建设用地市场,在符合规划、用途管制和依法取得前提下,推进农村集体经营性建设用地与国有建设用地同等入市、同权同价。

3. 积极稳妥地推进农民集中居住工作

顺应农民特别是远郊纯农地区农民进城进镇居住的愿望,鼓励引导农民向城镇集中居住,让农民共享城镇化建设成果。在城镇化地区优化选址,建设节地型农民集中居住社区,并给予政策支持,整体提高农民生活质量和获得感。探索对农民集中居住实施差别化的安置和补偿方式,为农民提供商品住宅、经营性物业、货币补偿、股权等多种置换方式。重视发挥集体经济组织民主自治管理作用。

4. 加强郊区农村社会治理,提高管理服务水平

加强农村基层基础工作,健全自治、法治、德治相结合的乡村治理体系,不断提高社会治理社会化、法治化、智能化、专业化水平。以基本管理单元和做实街镇网格化综合管理中心为突破口,提高农村基层治理水平,提升综合服务管理效能。加快实现管理网格在城乡各类区域的全覆盖,做实街镇城市网格化综合管理中心,更加注重从"物"的管理向与"人"的服务相结合转变,运用信息化手段,不断拓展管理新方式。创新镇域社会治理模式,分批推进做实基本管理单元,完善社区事务受理、医疗卫生、文化活动、助老助残等服务机构,重点充实城市管理、市场监管及物业管理力量,加强社区一线警务力量配备,增强基本公共服务的便捷性和执法管理的有效性。

8.4.6 强化政策支持、协同与创新，加快构建土地市场化配置机制和多元化投融资新格局

进入新阶段,上海要进一步攻坚克难,建立健全城乡融合发展体制机制和政策体系,推动上海郊区农村工作更上新台阶。

1. 强化政策集成和改革协同

全市上下真正树立全市城乡一盘棋的思想,继续加大对郊区发展的政策支持力度,坚持多予少取、以工促农、以城带乡方针不动摇。全面落实"三倾斜一深化"各项要求,在生态转移支付、农民建房、休闲农业设施用地供给、流转土地后农民就业、乡镇企业整治后集体经济发展、远郊专业人才流失、大居管理、市级项目选址布局等基层关注和农民诉求比较集中的地方,进一步加大政策支持力度。积极落实已经出台的各项政策,加强政策实施过程中的协调配合,加强政策跟踪和实施效果评估,切实推动各方面政策和改革举措协同推进、发挥实效。市有关部门要立足城乡一体、打破条块分割、统筹整合资源,形成工作合力。加大财政对农村基础设施建设和"三农"的倾斜力度,加大各类资金的整合力度,最大限度发挥资金的使用效率。加大对口帮扶和财政转移支付力度。进一步理顺乡镇事权与财权的关系,为乡镇社会事业发展和公共服务能力提升提供资金保障。

2. 回应基层关切,完善政策创新

特别是在镇域经济发展方面,改变传统单一、固化的镇域产业发展和管理模式,建立起差异化、动态调整的产业发展体制,差别化对待各镇产业发展、赋予各镇经济体量相匹配的产业发展权重。在特色小镇推进方面,发改、财政、建设、农业等相关部门应抓紧出台推进特色小镇建设的相关指导意见,指导基层更好开展工作。在拓展都市农业功能方面,相关部门要抓紧研究出台支持民宿、休闲农业发展的建设用地供给及消防、公安等配套政策,推动郊区一二三产业融合发展。在加强农村综合帮扶和促进农民长效增收方面,特别是要加大产业类和公共服务类帮扶项目建设,增强农村集体经济自主发展能力。放开政策约束,由区统筹确定造血项目投

资主体和受益对象,确保财政资金投入的普惠性。强化政策配套,完善农民长效增收机制,提供对集建区外农民长效增收的政策扶持,探索农民生态直接补偿制度等。

3. 重点推进土地市场化配置和投融资创新

要改变政府单一主导推进的模式,允许土地复耕单位、国有企业、开发公司、企业等多元主体参与土地减量化工作,形成以政府为主导的多元化融资模式,激发相关利益主体的积极性和创造性,实现合作共赢。从长远来看,可以借鉴重庆、成都等地推行地票制度的经验,逐步推进土地交易市场改革,全面激活土地要素资源,以适应城乡一体化水平不断提高的要求。推进城乡一体化需要投入大量建设资金,目前,郊区仍然是以政府和国资为主导的传统投融资模式占主导,以财政资金、土地融资为主,这既不能适应中央对地方债务管理的新要求,也不能适应多样化、特色化和更高水平城乡发展格局的要求。因此,要构建以市场化为导向的多元化投融资新格局,既要加快推进国有融资平台公司市场化转型,发挥国资在推进更高水平的城乡一体化中的主力军作用,也要大力推进 PPP 模式,发挥社会力量推动更高水平的城乡一体化的作用,特别是要在养老、文化、医疗等公共服务领域创新推进 PPP 模式。还可以利用财政资金依法设立城乡一体化建设引导基金、推进保险资金融资、探索资产证券化融资、引导社会各界积极援建等,不断拓宽更高水平的城乡一体化的多元化投融资渠道。

专栏 8.2　上海城乡基础设施一体化融资政策研究

上海城乡公共基础设施投融资现状及存在的问题

从 21 世纪初开始,在上海公共基础设施投资中,市级财政支出所占比重均在 45% 以下,其中,2008 年、2009 年分别达到 13.2% 和 11.8%。目前,上海城市基础设施投资虽然仍然以财政性城市基础设施为主,但已经形成多元融资方式的发展趋势,主要运用了政府性融资平台、BT/BOT/PPP 等市场化融资方式。其中,政府性融资平台通过对投资平台采取"政府—城投公司—工程管理公司"三级管理模式,从而做到政企分开、权责明确。从郊区来看,上海早期基本上是单独依靠政府的财政收入,为缓解政府在城镇化建设中的资金压力,上海市政府探索通过政府性投资公司举债融资,先后成立了一批政府性融资平台筹集资金。随后,通过对城市和郊区土地批租为重点,利用土地级差资源,采用土地使用权有偿转让等办法,吸引国内外资金推进郊区城镇化建设。另外,为盘活公共基础设施现有存量资源,上海运用 BOT 等形式将盈利能力较好的项目转让给社会资本经营,开创了以土地批租为代表,政府性资金资产、资源相互联动的城镇基础设施建设融资机制。

虽然在总量上上海的投资重点在向郊区倾斜,但力度还需加强。从公共基础设施的投资强度看,相对于狭小的辖区面积,市区投资相对过剩,投融资结构也不尽合理,需要推进相应的融资体制创新。一是基础设施融资结构亟待调整。从现有基础设施建设状况看,主要运用了政府性融资平台、BT/BOT/PPP 等市场化融资方式,但社会化资金利用率仍然不足。二是城乡投资总量差距依然存在,投资强度差距更为明显。从总体上看,城乡基础设施投资政策在总量上逐渐向郊区倾斜。当考虑辖区面积时,可以发现城区与郊区的投资失衡问题依然比较突出。三是郊区基础投资不平衡较为突出,镇村基础设施投资严重不足。郊区内部的投资总额也存在较大差距。从纵向行政层级看,乡镇一级的基础设施投资与城市差距更大。

推进上海城乡基础设施一体化投融资方式改革的政策建议

一是创新一体化投融资方式,合理开发城乡非经营性项目。可采取两种方式,一种是政府完全承担起投资职责,但在投资形式上可实行"代建制"市场化形式;另一种是建立政府购买服务的方式,建设融资由私人资本项目公司负责,政府购买建成基础设施的服务,对于固定成本较大但具有一定收费机制的准经营项目,此类公共基础设施以地铁、轻轨为代表。二是综合利用多种融资政策,分类开发经营性项目。对资金流稳定、收费机制健全的经营性公共基础设施,可吸引社会资本进入,采用 BOT 或 ABS 等形式。对准经营性公共基础设施项目需要通过财税手段进行补贴。三是盘活城市基础设施存量资产,开拓郊区融资渠道。上海中心城区大量建成的基础设施资产,并未通过资本运作有效利用,城乡统筹政策尚未考虑到通过统筹城乡基础设施存量资产,为郊区增量资产提供资金。四是创新社会资本参与基础设施融资的激励机制。采取一揽子扶持举措,确保公共基础设施特别是郊区基础设施建设,包括利用政府财政作为担保,降低私有资本进入基础设施领域的风险,从而鼓励其大规模参与基础设施投融资建设。推行公私合营的模式,农村基础设施既包括自然垄断业务又包括竞争业务部分,可实行业务分离,即部分业务采用市场竞争经营,其余部分则采取变通竞争经营,公共机构与私人企业机构通过签署基础设施运营合作协议,明确各自的权利及义务,共同出资经营、风险共担、利益共享。

资料来源:《上海城乡基础设施一体化融资政策研究》,《科学发展》2016 年 12 月。

4. 强化组织和人才保障

依托推进城乡一体化的市级协调推进机制,明确市、区分工,协同推进城乡发展一体化工作。将城乡发展一体化工作纳入市政府系统运行目标管理,全链条加强过程管理和组织领导,发现问题及时协调解决。上海城乡人力资本差距非常巨大,农村人力资源相对匮乏。要聚焦经济结构转型升级、都市现代农业发展、集体经济产权制度改革、社会管理方式转变等重点领域,通过培养、引进、交流等多种方式,统筹推进城乡党政人才、企业经营管理人才、高科技人才、社会工作人才和农村实用人才队伍建设,培养造就一支懂农业、爱农村、爱农民的"三农"工作队伍。建议市级层面组织系统的专项业务培训,平衡中心城区与郊区医疗急救人员、车辆及设备的投入机制,加强全科医生、乡村医生等郊区医疗紧缺岗位人员培养,出台鼓励市级医、技力量下沉基层一、二级医疗机构的政策等。在人力资源配置、收入和福利激励政策、职业发展通道等方面,进一步向郊区农村倾斜,加快城乡人才要素自由有序流动。

(高骞　向明勋　朱咏　彭颖)

图书在版编目(CIP)数据

迈入新时代　谋划新发展:未来上海发展思路研究/
上海市人民政府发展研究中心编.—上海:格致出版社:
上海人民出版社,2018.6
ISBN 978 - 7 - 5432 - 2880 - 1

Ⅰ.①迈…　Ⅱ.①上…　Ⅲ.①区域经济发展-研究-
上海②社会发展-研究-上海　Ⅳ.①F127.51

中国版本图书馆 CIP 数据核字(2018)第 121752 号

责任编辑　忻雁翔
封面设计　人马艺术设计·储平

迈入新时代　谋划新发展
——未来上海发展思路研究
上海市人民政府发展研究中心　编

出　　版　格致出版社
　　　　　上海人民出版社
　　　　　(200001　上海福建中路 193 号)
发　　行　上海人民出版社发行中心
印　　刷　浙江临安曙光印务有限公司
开　　本　787×1092　1/16
印　　张　15.75
插　　页　3
字　　数　226,000
版　　次　2018 年 6 月第 1 版
印　　次　2018 年 6 月第 1 次印刷
ISBN 978 - 7 - 5432 - 2880 - 1/F·1117
定　　价　80.00 元